Fortschritt-Berichte VDI

Reihe 8

Meß-, Steuerungs- und Regelungstechnik

Dipl.-Math. Jörg Sonnenberg,
Clausthal

Nr. 811

Verfahren zur linearen Modellierung dynamischer ereignisdiskreter Systeme mittels Walsh-Funktionen

Sonnenberg, Jörg

Verfahren zur linearen Modellierung dynamischer ereignisdiskreter Systeme mittels Walsh-Funktionen

Fortschr.-Ber. VDI Reihe 8 Nr. 811. Düsseldorf: VDI Verlag 2000.
192 Seiten, 31 Bilder, 3 Tabellen.

Für die Dokumentation: Ereignisdiskretes System – Ereignisdiskrete Steuerung – Walsh-Funktionen – Walsh-Fourier-Transformation – Deterministischer Automat – Lineares Modell

Es wird ein neues Verfahren vorgestellt, welches mittels einer Walsh-Fourier-Transformation eine Modellierung deterministischer dynamischer ereignisdiskreter Systeme in einer mathematisch einfach handhabbaren Form erlaubt. Im Falle autonomer Systeme handelt es sich hierbei um eine lineare Differenzengleichung. Eingangsbehaftete Systeme können in einer der linearen Darstellung nahekommenden Form beschrieben werden. Damit wird die einfache Untersuchung ereignisdiskreter Systeme und auch von Petri-Netzen beispielsweise auf zyklisches Verhalten oder auf Verklemmungszustände hin ermöglicht. Aufgrund der Ähnlichkeit der neuen Beschreibungsform zu der Darstellung, die durch äquidistante Abtastung eines zeitkontinuierlichen Systems gewonnen wird, können Analyse- und Entwurfsverfahren aus der Theorie linearer Abtastsysteme entlehnt werden, wie anhand von Beispielen gezeigt wird.

Die Reihen der FORTSCHRITT-BERICHTE VDI:

1 Konstruktionstechnik/Maschinenelemente
2 Fertigungstechnik
3 Verfahrenstechnik
4 Bauingenieurwesen
5 Grund- und Werkstoffe/Kunststoffe
6 Energieerzeugung
7 Strömungstechnik
8 Meß-, Steuerungs- und Regelungstechnik
9 Elektronik/Mikro- und Nanotechnik
10 Informatik/Kommunikation
11 Schwingungstechnik
12 Verkehrstechnik/Fahrzeugtechnik
13 Fördertechnik/Logistik
14 Landtechnik/Lebensmitteltechnik
15 Umwelttechnik
16 Technik und Wirtschaft
17 Biotechnik/Medizintechnik
18 Mechanik/Bruchmechanik
19 Wärmetechnik/Kältetechnik
20 Rechnerunterstützte Verfahren (CAD, CAM, CAE, CAP, CAQ, CIM, . . .)
21 Elektrotechnik
22 Mensch-Maschine-Systeme

D 104

Als Manuskript gedruckt. Printed in Germany.
ISSN 0178-9546
ISBN 3-18-381108-1

Vorwort

Anlagensteuerungen, die auf diskrete Signale reagieren, deren Auftreten weder einem festgelegten zeitlichen Muster folgt noch in ein zeitliches Raster fällt, sind schon seit langem bekannt und im Einsatz. Die Analyse und der Entwurf solcher Steuerungen finden jedoch weitgehend immer noch ohne die Anwendung generalisierter Verfahren statt, wie dies beispielsweise in der klassischen Regelungstheorie der Fall ist. Ein Grund hierfür liegt darin, daß die Übertragung eines solchen *ereignisdiskreten* Automatisierungsproblems in ein mathematisches Modell keineswegs trivial ist. Aufgrund steigender Anlagenkomplexität existiert jedoch ein Bedarf nach Methoden und Verfahren zur Modellierung, so daß sich in jüngerer Zeit ein breites Interesse auf dieses Gebiet der Automatisierungstechnik richtete.

In der vorliegenden Arbeit wird eine Methode zur mathematischen Modellierung deterministischer ereignisdiskreter Systeme entwickelt. Basierend auf der Modellierung des ereignisdiskreten Systems als Automat erfolgt eine Beschreibung der Systemdynamik in Form einer Differenzengleichung, die in vielen Fällen linear ist. Insbesondere wurde hierbei auf die Einfachheit des mathematischen Modells Wert gelegt.

Diese Dissertation entstand während meiner Tätigkeit als wissenschaftlicher Angestellter am Institut für Elektrische Informationstechnik der Technischen Universität Clausthal. Als Mathematiker hatte ich dort Gelegenheit, im Bereich der Ingenieurwissenschaften viele für mich neue Erfahrungen zu sammeln. Mein besonders herzlicher Dank gilt deshalb Herrn Prof. Dr.–Ing. U. Konigorski. Er hat nicht nur meine Arbeit an der Dissertation stetig gefördert, sondern gab mir ebenso die Gelegenheit und die Freiheit, mich auch auf anderen Arbeitsgebieten zu betätigen. Die Anregung zum Thema dieser Dissertation gab ein Buch [16] von Herrn Prof. Dr.–Ing. D. Franke, dem ich ausdrücklich für die Übernahme des Korreferats und sein Interesse an meiner Arbeit danken möchte.

Meine Kolleginnen und Kollegen am Institut für Elektrische Informationstechnik haben in den letzten Monaten der Anfertigung der Dissertationsschrift sehr viel Rücksicht auf mich genommen. Dafür gilt ihnen mein Dank. Ebenso werde ich die ungezählten Kaffeerunden in schöner Erinnerung behalten. Namentlich erwähnen möchte ich insbesondere meinen Freund und Kollegen Herrn Dipl.–Ing. Jens Pfeiffer, mit dem ich einige Jahre am Institut für Elektrische Informationstechnik zusammengearbeitet habe.

Meine Familie gab mir stets großen Rückhalt, bei meiner Lebensgefährtin Sabine Schmidtke fand ich Verständnis und viel Liebe.

Clausthal, im Dezember 1999

Bärbel & Horst

Sabine

Inhaltsverzeichnis

Symbolverzeichnis

$\boldsymbol{A}$	Systemmatrix eines linearen Differenzengleichungssystems, welches ein ereignisdiskretes System beschreibt
$\boldsymbol{A}_c$	Systemmatrix eines kontinuierlichen Systems
$\boldsymbol{A}_d$	Systemmatrix eines Abtastsystems
$\boldsymbol{B}_c$	Eingangsmatrix eines kontinuierlichen Systems
$\boldsymbol{B}_d$	Eingangsmatrix eines Abtastsystems
$\mathbb{C}$	Menge der komplexen Zahlen
$\boldsymbol{C}$	Ausgangsmatrix des Differenzengleichungssystems
$\boldsymbol{D}$	Rotationsnormalform von $\boldsymbol{A}$
$\mathbb{E}$	Kantenmenge eines Graphen
$\mathcal{F}, \mathcal{G}, \mathcal{P}$	gerichteter Graph bzw. Pfad
ψ, χ	Eingangsgrößenzuordnungsfunktionen für nichtautonome ereignisdiskrete Systeme
$\boldsymbol{I}_n$	n–reihige Einheitsmatrix
$\boldsymbol{J}$	Jordansche Normalform von $\boldsymbol{A}$
$\mathcal{K}$	starke Komponente eines Graphen
l, p	Länge eines Zyklus
λ_i	Eigenwert von $\boldsymbol{A}$
N	Zustandsanzahl, in den meisten Fällen eine Potenz von 2
$\mathbb{N}$	Menge der natürlichen Zahlen
$\mathcal{N}$	S/T–Netz
$\boldsymbol{N}$	Inzidenzmatrix eines S/T–Netzes
$\boldsymbol{m}$	Markierung eines S/T–Netzes
$\hat{p}$	Maximallänge eines Zyklus
$\boldsymbol{P}$	Produktmatrix $\boldsymbol{P} = \boldsymbol{X}^T \cdot \boldsymbol{X}$; ihre Elemente geben die Winkelabstände der Zustände zueinander an
$\boldsymbol{P}^{\Delta}$	Matrix der Hamming–Distanzen der Zustände zueinander
$\boldsymbol{Q}_l, \boldsymbol{Q}_l^*$	Koeffizientenmatrizen der Erreichbarkeitsbedingung für Abtastsysteme bzw. für ereignisdiskrete Systeme

$\mathbb{Q}$	Menge der rationalen Zahlen
$\boldsymbol{S}$	Ähnlichkeitstransformation zur Rotationsnormalform
T	Abtastzeit
$\boldsymbol{T}$	Ähnlichkeitstransformation zur Jordanschen Normalform $\boldsymbol{J}$
τ	Überführungsfunktion eines Automaten
$\mathbb{V}, \mathbb{W}$	Knotenmengen von Graphen
$\boldsymbol{W}_n$	Walsh–Matrix der Ordnung n
$\mathbb{X}$	Zustandsmenge eines Automaten
$\boldsymbol{x}_k$	Zustandsvektor des Differenzengleichungssystems
$\boldsymbol{X}_k$	Matrix, deren Spalten die Zustandsvektoren enthalten
$\tilde{\boldsymbol{X}}_k$	Walsh–Transformierte von $\boldsymbol{X}_k$
$\overline{\boldsymbol{X}}_p$	Matrix der Differenzen zwischen den Zuständen und ihren p–ten Nachfolgern
$\overline{\boldsymbol{X}}_1^{\triangle}$	Matrix der Differentiale (Boolsches Differentialkalkül)
$\boldsymbol{y}_k$	Ausgangsvektor des Differenzengleichungssystems
$\mathbb{Z}$	Menge der ganzen Zahlen
$\mathcal{Z}$	Bezeichung des jeweils betrachteten Automaten

1 Einführung und Übersicht

Neben kontinuierlich arbeitenden Regelungen kommen in der automatisierungstechnischen Praxis auch Verarbeitungseinheiten zum Einsatz, die zur Anlagenüberwachung und übergeordneten Steuerung des Prozeßablaufs dienen. Sie reagieren auf asynchron – also nicht notwendig zeitabhängig – auftretende, diskrete Ereignisse mit entsprechenden diskreten Steuersignalen oder Umschaltbefehlen. Im Gegensatz zur klassischen Theorie der Abtastsysteme wird hier also nicht nur der Zeit– sondern auch der Zustandsachse eine diskrete Punktemenge entnommen, deren Elemente nicht notwendig äquidistant sind. Diese Mengen sind im Praxisfall immer endlich. Die Zustände des Systems können nur einen der ausgewählten Werte annehmen, und sie sind nur zu den ausgewählten Zeitpunkten bekannt. Darüberhinaus müssen diese Zeitpunkte nicht notwendigerweise – wie bereits erwähnt – einen wirklichen zeitlichen Bezug besitzen. Sie können auch nur Zustandsveränderungen markieren. In diesem Fall spricht man von einem *ereignisdiskreten dynamischen System*, da seine Dynamik nicht durch die Änderung seines Zustandes im Verlauf eines festen Zeitabschnitts, sondern durch den Einfluß von *Ereignissen* beschrieben wird.

Ereignisdiskrete Systemmodelle finden bereits seit Jahrzehnten auf nicht den Ingenieurwissenschaften zuzurechnenden Gebieten Verwendung, beispielsweise in den Wirtschaftswissenschaften zur Beschreibung organisatorischer und logistischer Abläufe im Rahmen des Operations Research. In der Informatik wird die Theorie erfolgreich bei der Analyse von Mehrrechnersystemen, Betriebssystemen und Datennetzen angewandt.

In der Automatisierungstechnik treten ereignisdiskrete Systeme überall dort auf, wo auf zeitlich nicht festgelegte, diskrete Ereignisse reagiert werden muß. Solche Systeme finden sich bei der Steuerung von Transportprozessen einzelner (zählbarer) Güter, bei Maschinensteuerungen in der Fertigungstechnik, Chargenprozessen in der Verfahrenstechnik oder auch im relativ jungen Gebiet der Verkehrstelematik.

Parallel zum oben genannten Begriff des ereignisdiskreten dynamischen Systems sind auch Bezeichnungen wie *Binäre dynamische Systeme* [6], *Sequentielle Steuerungen* oder *Sequentielle Systeme* in Gebrauch. Sie alle stehen für ein Themengebiet innerhalb der Automatisierungstechnik, welches in den vergangenen Jahren in zunehmendem Maße auch interdisziplinäres Interesse gefunden hat, da es eine Verbindung zwischen klassischer Systemtheorie und moder-

ner Informationstechnik darstellt.
Denn heutige industrielle Anwenderprobleme bestehen im allgemeinen sowohl aus einem zeit– und wertkontinuierlichen dynamischen Systemteil als auch einem durch Ausgabe diskreter Ausgangsgrößen auf asynchrone Ereignisse reagierenden Teilsystem. Oftmals ist der erste Teil der Prozeß selbst – eventuell inklusive untergeordneter Regelungen –, während der zweite Teil in Form einer übergeordneten Steuerungs– und Überwachungsanlage vorliegt.

Weder die Mittel der klassischen Systemtheorie noch die aus der Informationstechnik bekannten Theorien sind für sich allein gesehen in der Lage, eine ganzheitliche Behandlung derartiger Problemstellungen zu gewährleisten. Aus diesem Grund finden in der Forschung derzeit Bestrebungen statt, die zum Ziel haben, eine einheitliche Betrachtungsweise solcher kontinuierlich–diskreter Systeme zu schaffen oder eine mathematische Modellierungsform zu finden, die die beiden Systemtypen integriert. Beispielhaft sei hier das DFG–Schwerpunktprogramm KONDISK genannt, in dessen Rahmen der genannten Fragestellung nachgegangen wird.

Systeme, die auf zeitlich diskret eintretende Ereignisse reagieren, weisen eine schrittweise Arbeitsweise auf. Dies ist auch ein Merkmal der klassischen zeitdiskreten Systeme, die beispielsweise durch Abtastung aus kontinuierlichen Systemen hervorgehen. Als Hindernis erweist sich jedoch, daß Abtastsysteme zwar zeitdiskret, aber *wertkontinuierlich* sind. Ereignisdiskrete Systeme oder diskrete Steuerungen hingegen sind durch einen *diskreten Wertevorrat jeder Prozeßgröße* gekennzeichnet, sie sind also amplitudenquantisiert. Bei digitaltechnisch realisierten Abtastregelungen findet eine solche Quantisierung zwar auch statt; jedoch ist sie im allgemeinen so fein, daß sie vernachlässigt werden kann.
Des weiteren verfügt eine diskrete Steuerung auch nur über eine endliche und damit diskrete Menge von Steuerbefehlen, mit denen sie auf das Eintreten eines Ereignisses reagieren kann.

Damit liegt ein zeitlich schrittweise arbeitendes System mit diskretem Wertevorrat aller Systemgrößen vor, und ein solches System heißt ein *Automat* [20].

Die zur systematischen Analyse und Synthese ereignisdiskreter Systeme notwendige mathematische Modellierung erweist sich als schwierig, da die aus der Theorie kontinuierlicher Systeme bekannten Beschreibungsformen nicht unmittelbar auf ereignisdiskrete Systeme übertragbar sind, sondern diese vielmehr neue Modellformen und darauf zugeschnittene mathematische Methoden erfordern.

Dies zeigt sich in der Vielfalt von Beschreibungsmöglichkeiten für ereignisdiskrete Systeme wie Warteschlangensysteme und Markov–Prozesse [29], Petri–Netze [4] oder Entscheidungsprozesse. Ausführliche Übersichten hierzu sind in [34] und [37] sowie in allgemeinerer Form in [48] zu finden.

Zu den heute am weitesten verbreiteten und eingesetzten Beschreibungsformen ereignisdiskreter Systeme zählen Petri–Netze [2, 32, 45] und die daraus abgeleiteten bzw. modifizierten netzbasierten Beschreibungsformen [23]. Diese Formen entstammen der Graphentheorie, die auf eine lange Geschichte zurückblicken kann und daher eine breite und sehr gut erforschte Basis bildet.

In jüngerer Zeit wurde darüber hinaus in verstärktem Umfang nach neuen Ansätzen zur mathematischen Behandlung ereignisdiskreter Systeme gesucht [6, 42, 34]. Diese neuen, oftmals von der Grundlage graphentheoretischer Beschreibungsformen ausgehenden Modellierungsansätze versuchen, die in der Graphentheorie überwiegend algorithmisch angelegten Analyse– und Entwurfsmethoden durch mathematisch leichter faßbare Ansätze zu ersetzen. Zu nennen ist hier die Max–Plus–Algebra [42], die bei der Analyse von Petri–Netzen und dem Entwurf passender Schaltfolgen eingesetzt wird.

Eine weitere dieser neuen Beschreibungsformen geht auf D. Franke zurück und wird von ihm als *arithmetische Modellierung* bzw. *arithmetische Logik* bezeichnet [16]. Zentraler Aspekt dieses neuen Ansatzes zur mathematischen Modellierung ereignisdiskreter Systeme ist die arithmetische Beschreibung logischer Ausdrücke mittels sogenannter *Shegalkin–Polynome*. Dadurch gelingt es, endliche deterministische Automaten in Form einer im allgemeinen nichtlinearen Differenzengleichung zu beschreiben, die dann auf Grund ihrer gewöhnlichen Arithmetik unter Rückgriff auf die aus der klassischen Abtasttheorie bekannten Methoden analysiert werden kann. Dieser „Brückenschlag“ zwischen diskreten Steuerungen und klassischen Abtastregelungen geht in speziellen Fällen sogar so weit, daß zur Analyse und insbesondere zum Entwurf ereignisdiskreter Steuerungen auf die gut ausgebaute Theorie der linearen Abtastregelungen zurückgegriffen werden kann [17, 18].

1.1 Einordnung und Gliederung der vorliegenden Arbeit

Im folgenden soll, wenn von einem ereignisdiskreten System die Rede ist, stets davon ausgegangen werden, daß seine sämtlichen Systemgrößen nur endlich viele Werte annehmen können. In der Praxis ist dies immer der Fall, so daß hiermit keine wesentliche Einschränkung gegeben wird. Des weiteren werden fortan nur solche Systeme betrachtet, die deterministisch sind; stochastische Einflußgrößen werden außer acht gelassen.

Das in dieser Arbeit vorgestellte Verfahren zur linearen Beschreibung eines ereignisdiskreten Systems führt die Beschreibung seiner Dynamik formal auf ein lineares Differenzengleichungssystem zurück. Daher ist diese Arbeit dem Gebiet der *algebraischen Modellierung ereignisdiskreter Systeme* zuzuordnen, dem zugehörig auch die Methode von D. FRANKE und die durch die Max–Plus–Algebra gegebenen Beschreibungsformen gewisser Klassen von Petri–Netzen angesehen werden können.

Im Gegensatz zu [16] werden hier nicht Shegalkin–Polynome, sondern *Walsh–Funktionen* als Entwicklungsbasis genutzt. Dies hat den Vorteil, daß eine lineare Beschreibung in *jedem* Fall möglich ist.

In Kapitel 2 wird zunächst von der einfachsten Form eines als ereignisdiskretes System interpretierten Automaten ausgegangen: des *endlichen, deterministischen autonomen Automaten*. Ein Zustand eines solchen Automaten geht immer und unabhängig von äußeren Einflußgrößen in denselben Folgezustand über. Der abgebildete *Zustandsgraph* eines solchen Automaten bietet hierfür ein Beispiel.

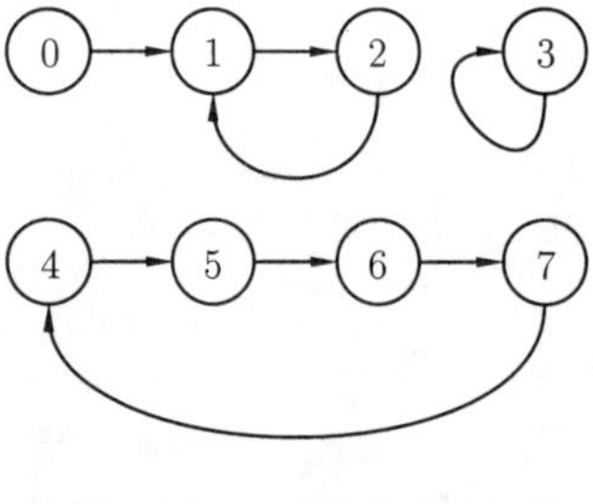

Einem Zustand eines Automaten kann eine natürliche Zahl, also ein Wert zugeordnet werden. Zu jedem Zustand x_k existiert aufgrund der Determiniertheit und Autonomie des Automaten ein eindeutig festgelegter Folgezustand x_{k+1}. Diese Zustandspaare bilden Punkte in einem zweidimensionalen Korrdinatensystem und können auf dessen Ordinate und Abszisse abgetragen werden. Durch Verbinden dieser Punkte erhält man eine Treppenfunktion.

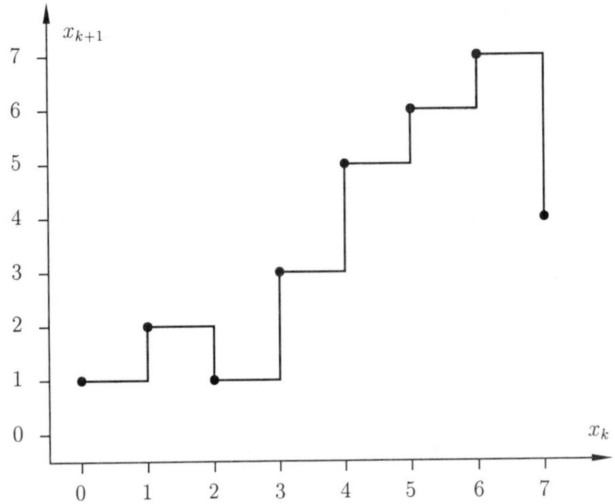

Die Walsh–Funktionen bilden eine Basis des Raumes solcher Treppenfunktionen, so daß eine Entwicklung in eine Linearkombination aus Walsh–Funktionen existiert. Diese Entwicklung geschieht nach demselben Prinzip wie bei der Fourier–Transformation, weshalb man hier auch von einer *Walsh–Fourier–Transformation* spricht [19]. Die kennzeichnende Unterscheidung zwischen beiden Transformationen liegt dabei nicht im Verfahren, sondern in der Art der den Funktionenraum aufspannenden Basisfunktionen.

Unter bestimmten und im folgenden immer zutreffenden Umständen ist die bei der Walsh–Fourier–Transformation entstehende Linearkombination endlich. Durch die binäre Darstellung der Zustandswerte bilden sich Zustands*vektoren*, deren Elemente die Binärziffern beinhalten, und es ergibt sich die Möglichkeit, eine vektorielle *Zustandsdarstellung* in Form eines linearen Differenzengleichungssystems für den Automaten herzuleiten.

Diese algebraische Beschreibungsform bietet den Vorteil, daß sie mathematisch sehr einfach ist. Ihre Systemmatrix gibt Auskunft über das dynamische Verhalten des Automaten, denn die Lage ihrer Eigenwerte wird von der dynamischen Struktur des Automaten bestimmt. Trotzdem sich Parallelen zu klassischen Abtastsystemen zeigen, ist ein als lineares Differenzengleichungssystem vorliegendes Modell eines Automaten im allgemeinen nicht als ein durch äquidistante Abtastung eines kontinuierlichen Systems gewonnenenes Abtastsystem interpretierbar. Eine Transformation in ein zeitkontinuierliches System ist dann nicht möglich.

Daß die Analyse eines ereignisdiskreten Systems anhand seiner linearen Differenzendarstellung ohne die – oftmals aufwendige – Berechnung der Eigenwerte der Systemmatrix durchgeführt werden kann, zeigen die Ausführungen in Kapitel 3.

Ein Problem bei der Berechnung des Differenzengleichungssystems ist, daß seine Ordnung sehr groß werden kann, was eine ebenso hohe Zeilenzahl seiner Systemmatrix nach sich zieht. Es zeigt sich, daß sich die Zeilenzahl bei geschickt gewählter Numerierung der endlich vielen Systemzustände minimieren läßt. Im 4. Kapitel wird diese Problematik behandelt und ein Ansatz angegeben, wie eine optimale Darstellung für autonome Automaten aufgefunden werden kann.

Das vorletzte Kapitel widmet sich der Behandlung ereignisdiskreter Systeme, auf die von außen durch Anlegen einer Steuergröße Einfluß genommen werden kann. Diese werden zunächst als *nichtautonome* Automaten modelliert und dann in Form einer linearen Matrix– bzw. Differenzengleichung beschrieben. Das Vorhandensein einer Steuergröße wirft sogleich die Frage nach einer Methode auf, wie eine Steuerung zu gefunden werden kann, die das System von einem Zustand in einen gewünschten anderen Zustand überführt. Mit graphentheoretischen Begriffen formuliert heißt dies: Ist der Endknoten (Endzustand) vom Startknoten (Startzustand) aus erreichbar, d.h. existiert ein gerichteter Pfad zwischen beiden, und welche Kanten (Steuergrößen) bilden diesen Pfad? Dieser Fragestellung ist ebenfalls ein Abschnitt gewidmet.

Eine zusammenfassende Darstellung der Ergebnisse findet sich in Kapitel 6, wobei einige noch offen gebliebene Fragen nicht unerwähnt bleiben sollen. Auch haben sich im Verlauf der Forschungen zu dieser Arbeit ganz neue Fragestellungen ergeben. In Form eines Ausblicks sind diese ebenfalls im letzten Kapitel versammelt.

1.2 Bezeichnungsvereinbarungen

Skalare Werte und Veränderliche werden in Form kursiver lateinischer oder griechischer Zeichen und meist klein geschrieben. Fette kursive Kleinbuchstaben $\boldsymbol{x}$, $\boldsymbol{y}$ kennzeichnen Vektoren; fette kursive Großbuchstaben $\boldsymbol{W}$, $\boldsymbol{U}$ Matrizen.
Mengenbezeichnungen erscheinen als nichtausgefüllte fette Großbuchstaben: $\mathbb{N}$, $\mathbb{R}$. Die Benennung von Automaten, Netzen und Graphen erfolgt in kalligraphischer Schrift: $\mathcal{Z}$, $\mathcal{G}$.

2 Lineare Beschreibung mittels Walsh–Funktionen

2.1 Walsh–Funktionen

Zu Beginn des 20. Jahrhunderts gab es viele Versuche, neue orthogonale Funktionensysteme mit stückweise konstant verlaufenden Elementen als Basen für den Raum der auf dem Intervall $[0,1]$ definierten und quadratisch Lebesgue–integrablen Funktionen (im folgenden mit $\mathbb{L}^2$ bezeichnet) zu bestimmen.

Die Triviallösung ist ein System von endlich vielen Blockimpulsen

$$b_n^{(k)}(\theta) \quad = \quad \begin{cases} \sqrt{n} & \text{für } \frac{k-1}{n} < \theta < \frac{k}{n} \\ 0 & \text{sonst} \end{cases} \quad , \qquad \theta \in [0,1] \; , \; k \in [1;n] \; .$$

Dieses System ist orthonormal, aber nicht vollständig bezüglich der $\mathbb{L}^2$–Norm

$$\left\| b_i^{(k)} \right\|_2 \quad =_{Df.} \quad \int\limits_0^1 \left[b_i^{(k)}(\theta) \right]^2 d\theta \, .$$

Approximiert man eine Funktion mittels dieses Systems, so muß für eine Erhöhung des Approximationsgrades das gewählte Funktionensystem mitsamt der berechneten Fourierkoeffizienten verworfen und ein völlig neues Funktionensystem mit kleinerer Unterteilung gewählt werden. Sich diesem Problem widmende Veröffentlichungen stammen unter anderem von Haar [21] und Rademacher [46]; den Abschluß dieser Reihe von Arbeiten bildet diejenige von Walsh [56].

Die ursprünglich von Walsh verwendete Definition für das System der Walsh–Funktionen lautet

$$
\begin{aligned}
\Phi_0(\theta) &= 1 \\
\Phi_1(\theta) &= \begin{cases} 1 & \text{für } \theta \in \left[0, \frac{1}{2}\right) \\ -1 & \text{für } \theta \in \left[\frac{1}{2}, 1\right) \end{cases} \\
\Phi_2^{(1)}(\theta) &= \begin{cases} 1 & \text{für } \theta \in \left[0, \frac{1}{4}\right) \cup \left[\frac{3}{4}, 1\right) \\ -1 & \text{für } \theta \in \left[\frac{1}{4}, \frac{3}{4}\right) \end{cases} \\
\Phi_2^{(2)}(\theta) &= \begin{cases} 1 & \text{für } \theta \in \left[0, \frac{1}{4}\right) \cup \left[\frac{1}{2}, \frac{3}{4}\right) \\ -1 & \text{für } \theta \in \left[\frac{1}{4}, \frac{1}{2}\right) \cup \left[\frac{3}{4}, 1\right) \end{cases} \\
\vdots & \qquad \vdots
\end{aligned}
$$

und führt auf die Rekursionsformel

$$
\begin{aligned}
\Phi_{n+1}^{(2k-1)}(\theta) &= \begin{cases} \Phi_n^{(k)}(2\theta) & \text{für } \theta \in \left[0, \frac{1}{2}\right) \\ (-1)^{k+1}\Phi_n^{(k)}(2\theta - 1) & \text{für } \theta \in \left[\frac{1}{2}, 1\right) \end{cases}, \\
\Phi_{n+1}^{(2k)}(\theta) &= \begin{cases} \Phi_n^{(k)}(2\theta) & \text{für } \theta \in \left[0, \frac{1}{2}\right) \\ (-1)^{k}\Phi_n^{(k)}(2\theta - 1) & \text{für } \theta \in \left[\frac{1}{2}, 1\right) \end{cases}.
\end{aligned}
\qquad (2.1)
$$

Die Funktionen $\Phi_n^{(k)}$ sollen an den Sprungstellen – genau wie die Blockimpulse – als arithmetisches Mittel des links– und rechtsseitigen Grenzwertes definiert werden. Für $\theta = 0$ bzw. $\theta = 1$ seien sie mit den Werten 1 bzw. $(-1)^{k+1}$ belegt.

Der untere Index n von Φ kennzeichnet jeweils eine Gruppe von Funktionen, bei der die Länge des kürzesten Teilintervalls auf dem Definitionsbereich gleich $\frac{1}{2^n}$ ist. In allen Funktionen mit einem kleineren unteren Index kommen nur längere Teilintervalle vor. Der obere Index (k) dient zur Numerierung der Funktionen mit dem gleichen unteren Index, wobei der jeweils höchste Wert die Funktion kennzeichnet, bei der die Anzahl der Vorzeichenwechsel von $\Phi_n^{(k)}$ maximal ist, nämlich gleich 2^n. Die Kennzahl n ist mit der Anzahl der Bits der Binärvektoren, deren Entwicklung in Walsh–Funktionen in Abschnitt 2.2 erläutert wird, identisch.

Die ersten 16 Walshfunktionen sind in Abbildung 2.1 aufgeführt.

Die heute übliche Bezeichnungsweise für die Walsh–Funktionen ist

$$
\begin{aligned}
\mathrm{wal}(0, \theta) &= \Phi_0(\theta) \\
\mathrm{wal}\left(2^{\nu-1} + k - 1, \theta\right) &= \Phi_\nu^{(k)}(\theta)
\end{aligned}
$$

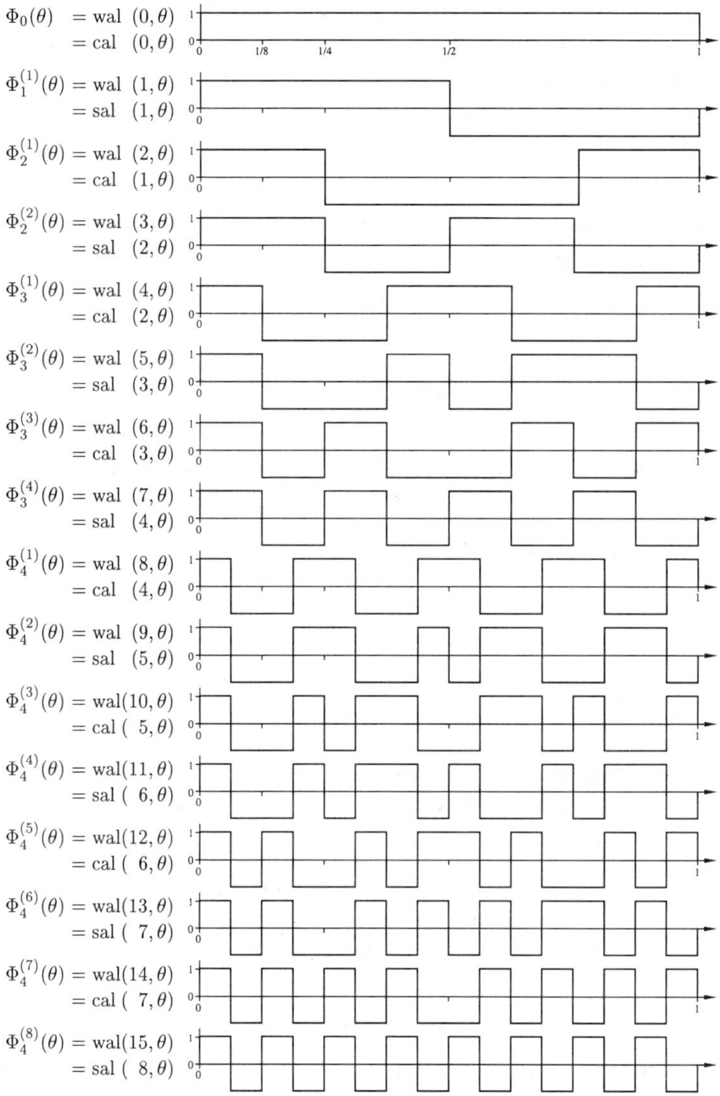

Abbildung 2.1: Die ersten 16 Walsh–Funktionen in der Anordnung nach Kaczmarz

mit $k = 1, 2, \ldots, 2^{\nu-1}$, $\nu = 1, 2, \ldots, n$ und $n \in \mathbb{N}$. 2^n ist die Dimension des durch die wal–Funktionen aufgespannten Raumes $\mathbb{S}_n$ von Treppenfunktionen, eines Unterraumes des $\mathbb{L}^2$. Das Walsh–Funktionensystem ist ein im $\mathbb{L}^2$ vollständiges Orthonormalsystem, d.h. jede stetige Funktion f kann durch eine gleichmäßig konvergente Reihe

$$f(\theta) = \sum_{i=0}^{\infty} c_i \mathrm{wal}(i, \theta)$$

dargestellt werden. Doch Walsh–Funktionen besitzen darüber hinaus auch einige Gemeinsamkeiten mit Sinus- und Cosinusfunktionen:

1. Die ν–te Walsh–Funktion $\mathrm{wal}(\nu, \theta)$ hat im Definitionsintervall genau ν Vorzeichenwechsel.
2. Die eine Hälfte der Funktionen ist ungerade bezüglich der Mitte des Definitionsintervalls, die andere gerade.
3. Keine der Funktionen verschwindet auf irgendeinem Teilintervall des Definitionsbereiches.
4. Die Funktionen sind gleichmäßig beschränkt.

Dies rechtfertigt die Definition

$$\mathrm{cal}(\nu, \theta) =_{Df.} \mathrm{wal}(2\nu, \theta) ,$$
$$\mathrm{sal}(\nu, \theta) =_{Df.} \mathrm{wal}(2\nu - 1, \theta)$$

mit $\nu \in \mathbb{N}_0$.

Die den $\mathbb{S}_n$ aufspannende Walsh–Basis ist nicht eindeutig bestimmt. Alle möglichen Walsh–Basen enthalten zwar dieselben Funktionen, unterscheiden sich aber in deren Numerierung. Die Anzahl der Möglichkeiten wird mit der Dimension von $\mathbb{S}_n$ sehr schnell sehr groß:

in $\mathbb{S}_2$ gibt es	4	Walsh–Basen
in $\mathbb{S}_3$ gibt es	28	Walsh–Basen
in $\mathbb{S}_4$ gibt es	448	Walsh–Basen
	⋮	
in $\mathbb{S}_8$ gibt es	28897705984	Walsh–Basen

Die Walsh–Basis des $\mathbb{S}_4$ in Abbildung 2.1 enthält eine von Kaczmarz [27] angegebene Ordnung der Funktionen. Wenn im folgenden von einer Walsh–Basis die Rede ist, wird eine solche Anordnung der Basisfunktionen vorausgesetzt.

Für eine detaillierte Darstellung der Theorie und Eigenschaften der Walshfunktionen sei auf [19] verwiesen.

2.2 Entwicklung der linearen Darstellung autonomer endlicher deterministischer Automaten

Eine Walsh–Funktion ist auf 2^n gleichgroßen Intervallen ihres Definitionsbereiches jeweils stückweise konstant, und zwar mit den Werten $+1$ oder -1. Daher läßt sich die Walsh–Basis des $\mathbb{S}_n$ in einer 2^n–reihigen Matrix darstellen. Beispielsweise erhält man für die Walshbasis des $\mathbb{S}_3$:

$$\boldsymbol{W}_3 \quad =_{Df.} \quad \begin{pmatrix} 1 & 1 & 1 & 1 & 1 & 1 & 1 & 1 \\ 1 & 1 & 1 & 1 & -1 & -1 & -1 & -1 \\ 1 & 1 & -1 & -1 & -1 & -1 & 1 & 1 \\ 1 & 1 & -1 & -1 & 1 & 1 & -1 & -1 \\ 1 & -1 & -1 & 1 & 1 & -1 & -1 & 1 \\ 1 & -1 & -1 & 1 & -1 & 1 & 1 & -1 \\ 1 & -1 & 1 & -1 & -1 & 1 & -1 & 1 \\ 1 & -1 & 1 & -1 & 1 & -1 & 1 & -1 \end{pmatrix} .$$

Im folgenden soll zur besseren Übersichtlichkeit die Schreibweise

$$\boldsymbol{W}_3 \quad = \quad \begin{pmatrix} + & + & + & + & + & + & + & + \\ + & + & + & + & - & - & - & - \\ + & + & - & - & - & - & + & + \\ + & + & - & - & + & + & - & - \\ + & - & - & + & + & - & - & + \\ + & - & - & + & - & + & + & - \\ + & - & + & - & - & + & - & + \\ + & - & + & - & + & - & + & - \end{pmatrix} \tag{2.2}$$

Verwendung finden. Offensichtlich ist eine Walsh–Matrix symmetrisch.

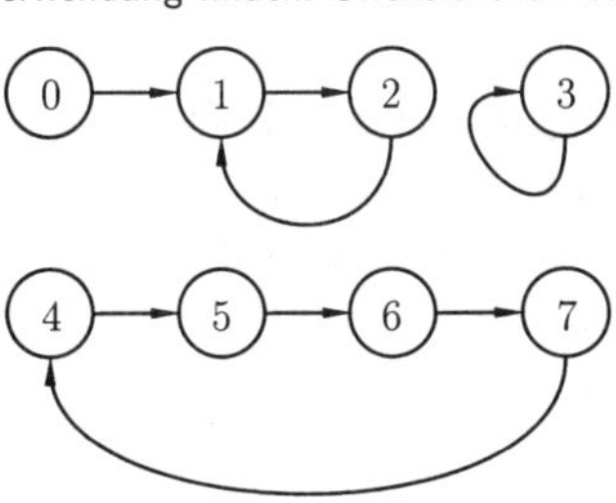

Abbildung 2.2: Zustandsgraph von $\mathcal{Z}$

Sei nun der deterministische, endliche, autonome Automat $\mathcal{Z}$ definiert durch das Tripel

$$(\mathbb{X}, x_0, \tau) \; ,$$

wobei $\mathbb{X}$ die endliche, N–elementige Zustandsmenge, $x_0 \in \mathbb{X}$ den Anfangszustand und $\tau : \mathbb{X} \mapsto \mathbb{X}$ die eindeutige Überführungsfunktion darstellen.

Von dieser Definition wird im folgenden stets ausgegangen, so daß die Definiertheit und Endlichkeit des Automaten nicht mehr gesondert erwähnt wird. $\mathbb{X}$ ist isomorph zu den ersten N

nichtnegativen ganzen Zahlen, so daß $\mathbb{X}$ geschrieben werden kann als Vektor

$$\boldsymbol{g}^T =_{Df.} (0, 1, \ldots, N-1)\,.$$

Entsprechend der Zuordnungsvorschrift τ ergibt sich zu jedem Zustand $x_k \in \mathbb{X}$ ein eindeutig bestimmter Folgezustand $x_{k+1} \in \mathbb{X}$. Damit kann ein zweiter Vektor $\boldsymbol{h}$ definiert werden:

$$\boldsymbol{h}^T =_{Df.} \Big(\tau(0), \tau(1), \ldots, \tau(N-1)\Big)\,.$$

Die Zustandsmenge eines autonomen endlichen Automaten zerfällt in paarweise disjunkte Zyklen. Der Automat, dessen Zustandsgraph in Abbildung 2.2 zu sehen ist, besitzt die Zyklen $(0), (1, 2), (3), (4, 5, 6, 7)$. Der Zyklus (0) stellt einen Spezialfall dar, auf den später noch näher eingegangen wird.

Nimmt man $N = 2^n$, $n \in \mathbb{N}$ an, so gelangt man durch Binärschreibweise der Elemente von $\boldsymbol{g}$ zu einer Matrix

$$\boldsymbol{G} =_{Df.} \begin{pmatrix} 0 & 0 & 0 & 0 & \ldots & 0 & 1 & \ldots & 1 & 1 & 1 \\ & \vdots & & & & & & & & \vdots & \\ 0 & 0 & 1 & 1 & \ldots & 1 & 0 & \ldots & 0 & 1 & 1 \\ 0 & 1 & 0 & 1 & \ldots & 1 & 0 & \ldots & 1 & 0 & 1 \end{pmatrix}. \tag{2.3}$$

Wird nun 0 durch $+1$ und 1 durch -1 ersetzt, so wird hieraus die Matrix

$$\boldsymbol{X}_k =_{Df.} \begin{pmatrix} + & + & + & + & \ldots & + & - & \ldots & - & - & - \\ & \vdots & & & & & & & & \vdots & \\ + & + & - & - & \ldots & - & + & \ldots & + & - & - \\ + & - & + & - & \ldots & - & + & \ldots & - & + & - \end{pmatrix}. \tag{2.4}$$

In analoger Weise werden die Matrizen $\boldsymbol{H}$ und $\boldsymbol{X}_{k+1}$ definiert. $\boldsymbol{X}_k$ und $\boldsymbol{X}_{k+1}$ besitzen die Dimension $(n, 2^n)$.

Die Vektoren $\boldsymbol{g}$ und $\boldsymbol{h}$ bilden so wie die Zeilen einer Walshmatrix die Werte einer Treppenfunktion, die höchstens 2^n äquidistant auf ihrem Definitionsbereich verteilte Sprungstellen besitzt. Eine solche Treppenfunktion gehört zum $\mathbb{S}_n$. Da der $\mathbb{S}n$ durch die Walshbasis $\boldsymbol{W}_n$ aufgespannt wird, können $\boldsymbol{g}$ und $\boldsymbol{h}$ mit Hilfe von $\boldsymbol{W}_n$ einer Walsh–Transformation unterzogen und damit $\boldsymbol{g}$ und $\boldsymbol{h}$ aus Zeilen von $\boldsymbol{W}_n$ linear kombiniert werden.

Es ist also das lineare Gleichungsystem

$$\boldsymbol{W}_n \tilde{\boldsymbol{g}} = \boldsymbol{g}$$

zu lösen. Da

$$\boldsymbol{W}_n^{-1} = \frac{1}{2^n} \boldsymbol{W}_n \tag{2.5}$$

gilt, ergibt sich

$$\tilde{\boldsymbol{h}} = \frac{1}{2^n}\boldsymbol{W}_n\boldsymbol{h}$$

und entsprechend

$$\tilde{\boldsymbol{X}}_k^T = \frac{1}{2^n}\boldsymbol{W}_n\boldsymbol{X}_k^T \tag{2.6}$$

sowie wiederum analog

$$\tilde{\boldsymbol{X}}_{k+1}^T = \frac{1}{2^n}\boldsymbol{W}_n\boldsymbol{X}_{k+1}^T\,. \tag{2.7}$$

2.2.1 Ein Algorithmus zur Darstellung von $\mathcal{Z}$ als Zustandssystem

Gesucht ist eine Darstellung des autonomen, endlichen Automaten $\mathcal{Z}$ in der Form

$$\tilde{\boldsymbol{x}}_{k+1} = \boldsymbol{A}\cdot\tilde{\boldsymbol{x}}_k\,, \tag{2.8}$$

wobei $\tilde{\boldsymbol{x}}_k$ und $\tilde{\boldsymbol{x}}_{k+1}$ Spalten der Matrizen $\tilde{\boldsymbol{X}}_k$ und $\tilde{\boldsymbol{X}}_{k+1}$ sind. Gleichung (2.8) entspricht formal der Zustandsdarstellung eines linearen, homogenen Abtastsystems mit der Systemmatrix $\boldsymbol{A}$. Ihre Eigenwerte sollen Aussagen über die Zyklen des Automaten ermöglichen. Die Vektoren $\tilde{\boldsymbol{x}}_k$ und $\tilde{\boldsymbol{x}}_{k+1}$ sind durch die Bijektionen (2.6) und (2.7) eineindeutig $\boldsymbol{x}_k$ und $\boldsymbol{x}_{k+1}$ zugeordnet. $\boldsymbol{x}_k$ und $\boldsymbol{x}_{k+1}$ sind Vektoren, die Zustände von $\mathcal{Z}$ darstellen; sie sollen daher im weiteren auch mit dem Begriff *Zustand* belegt werden.

D. FRANKE beschreibt die Darstellung endlicher Automaten mit Hilfe arithmetischer Polynome [16]. Um als Ergebnis eine lineare Darstellung gemäß (2.8) zu erhalten, müssen hierbei die gemischten Terme in den Polynomen wegfallen bzw. durch die geeignete Wahl gewisser Parameter verschwinden. Dies ist dort jedoch im allgemeinen nur möglich, wenn die Anzahl der Zustände eines Automaten um höchstens eins größer ist als die Anzahl der Binärstellen, mit denen die Zustände dargestellt werden können.

Jeder Zustand eines autonomen endlichen Automaten gehört entweder einem Zyklus des Automaten an oder wird höchstens einmal durchlaufen. Die Zyklen eines endlichen deterministischen Automaten sind paarweise disjunkt. Von einem Anfangszustand $\boldsymbol{x}_0$ ausgehend, kann ein solcher Automat bei einer 2^n–elementigen Zustandsmenge also höchstens $2^n - 1$ Zustände genau einmal durchlaufen, bevor er in einen Zyklus einläuft, der wiederum mindestens die Länge 1 und höchstens die Länge 2^n besitzt. Der erste Extremfall entspricht dem Verharren des Automaten in einem Zustand, der zweite dem unendlich wiederholten Durchlaufen sämtlicher Zustände in einer von τ vorgegebenen Reihenfolge.

τ ist bei der vorausgesetzten Determiniertheit von $\boldsymbol{\mathcal{Z}}$ eine eindeutige Abbildung. Demnach kann ein Zustand $\boldsymbol{x}_k$ nur höchstens genau einen Folgezustand $\boldsymbol{x}_{k+1}$ besitzen; umgekehrt können hingegen mehrere $\boldsymbol{x}_k$ auf ein $\boldsymbol{x}_{k+1}$ verweisen.

Im folgenden wird ein Algorithmus vorgestellt, der die Systemmatrix $\boldsymbol{A}$ bestimmt.

Algorithmus 2.1. Bestimmen der Systemmatrix $\boldsymbol{A}$.

1. *Bestimme $\tilde{\boldsymbol{X}}_k$ und $\tilde{\boldsymbol{X}}_{k+1}$ mit den Walshentwicklungen (2.6) und (2.7) aus $\boldsymbol{X}_k$ und $\boldsymbol{X}_{k+1}$.*
2. *Enthält $\tilde{\boldsymbol{X}}_{k+1}$ Spalten mit Elementen ungleich 0, die bei $\tilde{\boldsymbol{X}}_k$ Nullspalten sind? Wenn ja, so füge die Zeilen aus $\boldsymbol{W}_n$ mit diesen Spaltennummern an $\boldsymbol{X}_k$ an. Ordne die Elemente dieser Zeilen gemäß der Zuordnungsvorschrift τ neu und füge die so veränderten Zeilen an $\boldsymbol{X}_{k+1}$ an. Gehe zu 1.*
3. *Löse nun das Gleichungssystem*

$$\tilde{\boldsymbol{X}}_k^T \cdot \boldsymbol{A}^T = \tilde{\boldsymbol{X}}_{k+1}^T . \tag{2.9}$$

Die nach einigen Iterationen resultierende Spaltenanzahl m von $\tilde{\boldsymbol{X}}_k^T$ ist stets kleiner oder gleich seiner Zeilenanzahl 2^n. Mit $\boldsymbol{A}$ ist nun eine Matrix gegeben, die die Walsh–Transformierten der Zustandsmatrizen $\tilde{\boldsymbol{X}}_k$ und $\tilde{\boldsymbol{X}}_{k+1}$ ineinander überführt.

Zu Beginn des Entwicklungsalgorithmus spannen die Zeilen der beiden Matrizen $\boldsymbol{X}_k$ und $\boldsymbol{X}_{k+1}$ Unterräume des $\mathbb{R}^{2^n}$ auf, die im allgemeinen verschieden sind. Durch Vergrößern von $\boldsymbol{X}_k$ und $\boldsymbol{X}_{k+1}$ durch das Anhängen von Zeilen der Walshbasis $\boldsymbol{W}_n$ werden die Dimensionen dieser Unterräume erhöht und die Unterräume so zur Deckung gebracht. Nach Durchlaufen des Algorithmus spannen die Zeilenvektoren von $\boldsymbol{X}_k$ einen m–dimensionalen Vektorraum auf, $m \leq m \leq 2^n$, und der von den Zeilen von $\boldsymbol{X}_{k+1}$ aufgespannte Raum ist ein echter Unterraum davon, wenn $\boldsymbol{A}$ Eigenwerte in 0 besitzt. Anderenfalls ist $\boldsymbol{A}$ eine Bijektion, und die Zeilen von $\boldsymbol{X}_k$ und $\boldsymbol{X}_{k+1}$ bilden verschiedene Basen desselben Vektorraumes.

Eine *Linksinverse* der nicht notwendig quadratischen Matrix $\tilde{\boldsymbol{X}}_k^T$ ist – mit * als Operator für die konjugiert komplexe und transponierte Matrix –

$$\begin{aligned} \left(\tilde{\boldsymbol{X}}_k^T\right)^L &=_{Df.} \left[\left(\tilde{\boldsymbol{X}}_k^T\right)^* \cdot \tilde{\boldsymbol{X}}_k^T\right]^{-1} \cdot \left(\tilde{\boldsymbol{X}}_k^T\right)^* \\ &= \left[\tilde{\boldsymbol{X}}_k \cdot \tilde{\boldsymbol{X}}_k^T\right]^{-1} \cdot \tilde{\boldsymbol{X}}_k , \end{aligned} \tag{2.10}$$

so daß (2.9) überführt wird in

$$\begin{aligned} \boldsymbol{A}^T &= \left(\tilde{\boldsymbol{X}}_k^T\right)^L \cdot \tilde{\boldsymbol{X}}_{k+1}^T \\ &= \left[\tilde{\boldsymbol{X}}_k \cdot \tilde{\boldsymbol{X}}_k^T\right]^{-1} \cdot \tilde{\boldsymbol{X}}_k \cdot \tilde{\boldsymbol{X}}_{k+1}^T . \end{aligned} \tag{2.11}$$

Mit (2.6) und (2.7) ergibt sich

$$\tilde{\boldsymbol{X}}_k \cdot \tilde{\boldsymbol{X}}_k^T = \frac{1}{2^n}\boldsymbol{X}_k \cdot \boldsymbol{W}_n \cdot \frac{1}{2^n}\boldsymbol{W}_n \cdot \boldsymbol{X}_k^T$$

und hieraus folgt schließlich wegen (2.5)

$$\tilde{\boldsymbol{X}}_k \cdot \tilde{\boldsymbol{X}}_k^T = \frac{1}{2^n} \cdot \boldsymbol{X}_k \cdot \boldsymbol{X}_k^T . \tag{2.12}$$

$\boldsymbol{X}_k$ besteht bekanntlich aus m paarweise verschiedenen Zeilen von $\boldsymbol{W}_n$. Somit folgt aus

$$\boldsymbol{W}_n \cdot \boldsymbol{W}_n = \boldsymbol{W}_n \cdot 2^n \boldsymbol{W}_n^{-1} = 2^n \boldsymbol{I}_n$$

sofort $\boldsymbol{X}_k \cdot \boldsymbol{X}_k^T = 2^n \boldsymbol{I}_m$ und damit

$$\tilde{\boldsymbol{X}}_k \cdot \tilde{\boldsymbol{X}}_k^T = \boldsymbol{I}_m .$$

Dies in (2.11) eingesetzt ergibt

$$\begin{aligned} \boldsymbol{A}^T &= \tilde{\boldsymbol{X}}_k \cdot \tilde{\boldsymbol{X}}_{k+1}^T \\ &= \boldsymbol{X}_k \cdot \frac{1}{2^{2n}}\boldsymbol{W}_n^2 \cdot \boldsymbol{X}_{k+1}^T \\ &= \frac{1}{2^n} \cdot \boldsymbol{X}_k \cdot \boldsymbol{X}_{k+1}^T \\ \Longleftrightarrow \qquad \boldsymbol{A} &= \frac{1}{2^n} \cdot \boldsymbol{X}_{k+1} \cdot \boldsymbol{X}_k^T . \end{aligned} \tag{2.13}$$

Damit ist ein Weg gefunden, die Systemmatrix $\boldsymbol{A}$ *ohne das Lösen eines Gleichungssystems* zu bestimmen. Es muß einzig der beschriebene Algorithmus durchlaufen werden, um die erweiterten Matrizen $\boldsymbol{X}_k$ und $\boldsymbol{X}_{k+1}$ zu erhalten.

Aus

$$\tilde{\boldsymbol{X}}_{k+1}^T = \tilde{\boldsymbol{X}}_k^T \cdot \boldsymbol{A}^T$$

folgt mit (2.6) und (2.7)

$$\boldsymbol{X}_{k+1}^T = \boldsymbol{X}_k^T \cdot \boldsymbol{A}^T \tag{2.14}$$

und damit schließlich

$$\begin{aligned} \boldsymbol{X}_{k+1} &= \boldsymbol{A} \cdot \boldsymbol{X}_k \\ \text{bzw.} \quad \boldsymbol{x}_{k+1} &= \boldsymbol{A} \cdot \boldsymbol{x}_k . \end{aligned} \tag{2.15}$$

Dies ist eine Darstellung des Automaten in Form einer linearen Differenzengleichung, wobei den Zuständen gewisse Binärvektoren bzw. mit den Substitutionen $0 \mapsto 1,\ 1 \mapsto -1$ Vektoren mit den Elementen -1 und 1 auf einfache Art und Weise zugeordnet werden.

Nach dem Durchlaufen von Algorithmus 2.1 bestehen die Matrizen $\boldsymbol{X}_k$ und $\boldsymbol{X}_{k+1}$ im allgemeinen nicht mehr aus n, sondern aus m Zeilen, und es ist $n \leq m \leq 2^n$. Die ersten n Zeilen von $\boldsymbol{X}_k$ sind allerdings immer noch mit der *ursprünglichen* Matrix $\boldsymbol{X}_k$ identisch. Dies bedeutet, daß anhand dieser ersten Zeilen jede Spalte von $\boldsymbol{X}_k$ und damit jeder Zustandsvektor eindeutig bestimmt ist. Das in den ersten n Elementen eines Zustandsvektors enthaltene Bitmuster ist die binäre Darstellung der Nummer des entsprechenden Zustandes von $\boldsymbol{\mathcal{Z}}$. Es gilt also die folgende Zuordnung:

Der zu einer Zustandsnummer $x_k \in \{0, \ldots, 2^n - 1\}$ gehörende Zustandsvektor $\boldsymbol{x}_k$ ist die (x_k+1)–te Spalte

$$\boldsymbol{x}_k \;=\; \Big((\boldsymbol{X}_k)_{1,x_k+1}\,, \ldots, (\boldsymbol{X}_k)_{m,x_k+1} \Big)^T \tag{2.16}$$

von $\boldsymbol{X}_k$.

Nach einer Analyse des Verhaltens des Automaten durch wiederholtes Berechnen von (2.15) interessiert von dem Ergebnis $\boldsymbol{x}_k$ nur dessen oberer Teil, bestehend aus den ersten n Elementen von $\boldsymbol{x}_k$. Denn dieser identifiziert ja den errechneten Ergebniszustand von $\boldsymbol{\mathcal{Z}}$.
Der Ergebniszustand wird durch die *Ausgangsgleichung*

$$\boldsymbol{y}_k \;=_{Df.}\; \boldsymbol{C} \cdot \boldsymbol{x}_k \tag{2.17}$$

mit der *Ausgangsmatrix*

$$\boldsymbol{C} \;=_{Df.}\; \left(\begin{array}{c|ccc} & 0 & \cdots & 0 \\ \boldsymbol{I}_n & \vdots & & \vdots \\ & 0 & \cdots & 0 \end{array} \right) \in \{0,1\}^{(n,m)} \tag{2.18}$$

als *Ausgangsvektor* $\boldsymbol{y}_k$ ausgegeben. Die Ausgangsdimension ist damit $q = n$.

Hernach ergibt sich das Gesamtsystem

$$\begin{aligned} \boldsymbol{x}_{k+1} &= \boldsymbol{A} \cdot \boldsymbol{x}_k\,, \\ \boldsymbol{y}_k &= \boldsymbol{C} \cdot \boldsymbol{x}_k\,. \end{aligned} \tag{2.19}$$

Zu dem Bitmuster in $\boldsymbol{y}_k$ ist nun noch die eindeutige Zustandsnummer zu bestimmen. Eine Funktion $\mu : \{+1, -1\}^n \mapsto \mathbb{N}_0$, die einem n–elementigen Vektor $\boldsymbol{y} \in \{+1, -1\}^n$ eine nichtnegative ganze Zahl zuordnet, ist definiert durch

$$\mu\,(\boldsymbol{y}) \;=_{Df.}\; \frac{1}{2} \cdot \left[\begin{pmatrix} 1 \\ 1 \\ \vdots \\ 1 \end{pmatrix} - \boldsymbol{y} \right]^T \cdot \begin{pmatrix} 2^{n-1} \\ \vdots \\ 2 \\ 1 \end{pmatrix}. \tag{2.20}$$

Hierbei sorgt der linke Teil des Produktes für die Umwandlung der Elementwerte $+1$ und -1 von $\boldsymbol{y}$ in 0 und 1; die Multiplikation mit dem Vektor der dezimalen Stellenäquivalente ergibt sodann die Dezimaldarstellung.

Durch $\mu(\boldsymbol{y}_k)$ wird somit die Nummer x_k eines Zustandes bestimmt; mit (2.16) erhält man wiederum den zugehörigen Zustandsvektor $\boldsymbol{x}_k$.

Die in (2.10) definierte Linksinverse von $\tilde{\boldsymbol{X}}_k^T$ ist nicht notwendig eindeutig. Trotzdem ist die Systemmatrix $\boldsymbol{A}$ durch (2.11) eindeutig festgelegt, wie im folgenden nachgewiesen wird. $\boldsymbol{X}_k$ besteht aus Zeilen der Walshmatrix $\boldsymbol{W}_n$, daher tritt wegen (2.6) in jeder Zeile von $\boldsymbol{X}_k^T$ höchstens ein Element auf, welches ungleich 0 ist, und dieses Element ist gleich 1. $\tilde{\boldsymbol{X}}_k^T$ enthält $2^n - m$ Nullzeilen, und ohne die Allgemeinheit der Aussage zu beschränken, kann angenommen werden, daß dies die ersten ersten Zeilen von $\tilde{\boldsymbol{X}}_k^T$ seien. Dann sind die hinteren m *Spalten*vektoren von $\left(\tilde{\boldsymbol{X}}_k^T\right)^L \in \{0,1\}^{(m,2^n)}$ mit den letzten m Zeilenvektoren $\tilde{\boldsymbol{X}}_k^T$ identisch, denn es muß gelten:

$$\tilde{\boldsymbol{x}}_i^L \cdot \tilde{\boldsymbol{x}}_j = \delta_{ij} \qquad i,j = m,\ldots,2^n,$$

wobei $\tilde{\boldsymbol{x}}_i^L$ die i–te *Zeile* von $\left(\tilde{\boldsymbol{X}}_k^T\right)^L$ und $\tilde{\boldsymbol{x}}_j$ die j–te *Spalte* von $\tilde{\boldsymbol{X}}_k^T$ darstellen. Die Elemente in den ersten $2^n - m$ Spalten von $\left(\tilde{\boldsymbol{X}}_k^T\right)^L$ können hingegen beliebige Werte annehmen, da die ersten $2^n - m$ Zeilen von $\tilde{\boldsymbol{X}}_k^T$ Nullzeilen sind; die Forderung

$$\left(\tilde{\boldsymbol{X}}_k^T\right)^L \cdot \tilde{\boldsymbol{X}}_k^T = \boldsymbol{I}_m$$

ist in jedem Fall erfüllt. Da aber nach (2.11)

$$\boldsymbol{A}^T = \left(\tilde{\boldsymbol{X}}_k^T\right)^L \cdot \tilde{\boldsymbol{X}}_{k+1}^T$$

ist und die ersten $2^n - m$ Zeilen von $\tilde{\boldsymbol{X}}_{k+1}^T$ gemäß Schritt 2 des Entwicklungsalgorithmus 2.1 ebenfalls Nullzeilen sein müssen, spielen die Werte der Elemente der ersten $2^n - m$ Spalten von $\left(\tilde{\boldsymbol{X}}_k^T\right)^L$ auch bei der Berechnung von $\boldsymbol{A}$ keine Rolle. Damit ist gezeigt, daß eine beliebige Linksinverse gemäß (2.10) eingesetzt werden kann, um $\boldsymbol{A}$ zu erhalten.

2.2.1.1 Zur Komplexität des Entwicklungsalgorithmus

Im folgenden soll die Anzahl der Operationen, die zur Durchführung von Algorithmus 2.1 im schlechtesten Fall benötigt werden, ermittelt werden. Der schlechteste Fall bedeutet hier, daß alle 2^n Zeilen der Walshmatrix $\boldsymbol{W}_n$ benötigt wurden, um die Darstellung (2.19) zu erreichen, und gleichzeitig in jedem Iterationsschritt nur genau eine Zeile von $\boldsymbol{W}_n$ an $\boldsymbol{X}_k$ angehängt werden konnte.

Bei der Multiplikation zweier Matrizen

$$\boldsymbol{G} \in \mathbb{R}^{(a,b)} \quad \text{und} \quad \boldsymbol{H} \in \mathbb{R}^{(b,c)}$$

werden insgesamt $a \cdot b \cdot c$ Multiplikationen und $a \cdot c$ Summationen durchgeführt. Die Gesamtanzahl der hierfür benötigten Operationen ist demnach

$$a \cdot c \cdot (2b - 1)\,.$$

Im ersten Schritt des Entwicklungsalgorithmus treten die beiden Matrixmultiplikationen (2.6) und (2.7) auf. Auf die Multiplikation mit $\frac{1}{2}$ kann bei der Realisierung des Algorithmus verzichtet werden, da im zweiten Schritt lediglich Vergleiche mit 0 stattfinden. Damit werden im ersten Schritt

$$2 \cdot 2^n \cdot m \cdot (2 \cdot 2^n - 1) \quad = \quad m \cdot (2^{2n+2} - 2^{n+1})$$

Operationen ausgeführt, wobei m die während der aktuellen Iteration vorliegende Zeilenzahl von $\boldsymbol{X}_k$ und $\boldsymbol{X}_{k+1}$ ist.

$\boldsymbol{X}_k$ und $\boldsymbol{X}_{k+1}$ enthalten jeweils 2^n Spalten. Damit finden im zweiten Schritt zunächst

$$2 \cdot m \cdot 2^n \quad = \quad m \cdot 2^{n+1}$$

Vergleichsoperationen statt. Nun wird genau eine Zeile an $\boldsymbol{X}_k$ und $\boldsymbol{X}_{k+1}$ angehängt und höchstens 2^n Vertauschungen durchgeführt, was mit weiteren

$$2^n + 2$$

Operationen zu Buche schlägt.

Ein Iterationsschritt kostet somit zusammengefaßt

$$m\,(2^{2n+2} - 2^{n+1}) + m2^{n+1} + 2^n + 2 \quad = \quad m2^{2n+2} + 2^n + 2$$

Operationen. Wie vorausgesetzt wird die Iteration $(2^n - n)$–mal durchlaufen. m nimmt dabei die Werte

$$m \quad = \quad n,\, n+1,\, \ldots,\, 2^n$$

an. Als Gesamtsumme ergibt sich damit

$$\begin{aligned}
& \sum_{\mu=n}^{2^n} \left[\, \mu \cdot 2^{2n+2} + 2^n + 2 \,\right] \\
= \quad & \left[\sum_{\mu=n}^{2^n} \mu \right] \cdot 2^{2n+2} + (2^n - n + 1) \cdot (2^n + 2) \\
= \quad & \frac{1}{2} \cdot [2^n\,(2^n + 1) - n\,(n-1)] \cdot 2^{2n+2} + (2^n - n + 1) \cdot (2^n + 2) \\
= \quad & [2^n\,(2^n + 1) - n\,(n-1)] \cdot 2^{2n+1} + (2^n - n + 1) \cdot (2^n + 2) \\
= \quad & 2^{4n+1} + 2^{3n+1} - 2^{2n+1} \cdot n\,(n-1) + 2^{2n} + 2^n \cdot (1 - n) + 2^{n+1} - 2n + 2\,.
\end{aligned}$$

Mit der Festlegung $N =_{Df.} 2^n$ wird hieraus

$$2N^4 + 2N^3 + N^2 \cdot \left(1 - 2n^2 + 2n\right) + N \cdot (3 - n) - 2n + 2$$

als Gesamtzahl der Operationen, die schlechtestenfalls für die Schritte eins und zwei des Entwicklungsalgorithmus benötigt werden.

In Schritt drei erfolgt abschließend die Berechnung von $\boldsymbol{A}$ gemäß (2.13). Die beiden Matrizen $\boldsymbol{X}_k$ und $\boldsymbol{X}_{k+1}$ sind inzwischen quadratisch und 2^n–reihig. Die Matrixmultiplikation benötigt daher

$$2^n \cdot 2^n \cdot (2^{n+1} - 1) = 2^{2n} \cdot (2^{n+1} - 1)$$

Rechenschritte. Die Multiplikation jedes Elementes des Ergebnisses der Matrixmultiplikation mit dem Skalar $\frac{1}{2}$ geschieht in

$$2^n \cdot 2^n = 2^{2n}$$

Operationen, so daß für Schritt drei deren Gesamtzahl

$$2^{2n} \cdot (2^{n+1} - 1) + 2^{2n} = 2^{3n+1} = 2N^3$$

beträgt.

Damit ist der Entwicklungsalgorithmus 2.1 nach höchstens

$$2N^4 + 4N^3 + N^2 \cdot \left(1 - 2n^2 + 2n\right) + N \cdot (3 - n) - 2n + 2$$

Rechen– und Vergleichsoperationen abgeschlossen.

Die Komplexität von Algorithmus 2.1 steigt damit *polynomial* mit der Gesamtanzahl N der Zustände von $\boldsymbol{\mathcal{Z}}$.

2.3 Die Eigenschaften der Systemmatrix A

Über die Elemente von $\boldsymbol{A}$ lassen sich einige interessante Aussagen treffen.

Es gilt $\boldsymbol{X}_k, \boldsymbol{X}_{k+1} \in \{+1, -1\}^{(m,2^n)}$, hernach also

$$\boldsymbol{X}_{k+1} \cdot \boldsymbol{X}_k^T \in \{-2^n, -2^n + 1, \ldots, 0, \ldots, 2^n - 1, 2^n\}^{(m,m)}$$

und letztendlich

$$\boldsymbol{A} \in \left\{-1, -\frac{2^n - 1}{2^n}, \ldots, -\frac{1}{2^n}, 0, \frac{1}{2^n}, \ldots, \frac{2^n - 1}{2^n}, +1\right\}^{(m,m)} . \tag{2.21}$$

Die Elemente von $\boldsymbol{A}$ können demnach nur $2^{n+1}+1$ verschiedene Werte annehmen, die zudem äquidistant mit dem Abstand $\frac{1}{2^n}$ auf dem Intervall $[-1, +1]$ verteilt sind. Dies kann Vorteile bei der Speicherung von $\boldsymbol{A}$ sowie der Berechnung von Zuständen des Automaten haben.

Die Differenzengleichung (2.8) ist der Darstellung eines homogenen linearen Abtastsystems, d.h. einem zeitdiskreten System ähnlich. Unter Beachtung dieser Ähnlichkeit läßt sich zeigen ([16]), daß die Eigenwerte von $\boldsymbol{A}$ sämtlich im Inneren oder auf dem Rand des Einheitskreises liegen müssen. Da es nur endlich viele Systemzustände gibt, kann es keine Instabilität, also Eigenwerte außerhalb des Einheitskreises geben. FRANKE zeigte weiterhin, daß die Zyklen des Automaten durch auf dem Rand des Einheitskreises liegende Eigenwerte beschrieben werden. Diese Eigenwerte können sogar – abhängig von der Zykluslänge – nur an ganz bestimmten Stellen auftreten. Für die Zykluslängen 1 und 2 gibt es jeweils genau einen reellen Eigenwert in $+1$ bzw. -1, für höhere Zykluslängen $p > 2$ besitzt $\boldsymbol{A}$ die komplexen Eigenwertpaare $\exp\left(\pm i\frac{2\pi}{p}\right)$. Im Inneren des Einheitskreises können Eigenwerte von $\boldsymbol{A}$ nur im Nullpunkt vorkommen. Analog zu zeitdiskreten Systemen mit endlicher Einstellzeit kennzeichnet ein Eigenwert in 0 einen Systemzustand, der nicht zu einem Zyklus gehört, also höchstens genau einmal durchlaufen werden kann. So kann beispielsweise ein dreifacher Eigenwert in 0 bedeuten, daß ein Zustand $\boldsymbol{x}_0$ von $\boldsymbol{\mathcal{Z}}$ existiert, von dem aus noch zwei weitere Zustände durchlaufen werden, bevor der Automat in einen Zyklus einläuft. Es ist aber auch möglich, daß es drei verschiedene Zustände gibt, die jeweils genau einmal durchlaufen werden und unabhängig voneinander in Zyklen führen.

Es läßt sich jedoch auch auf algebraischem Wege zeigen, daß die Eigenwerte auf dem Rand des Einheitskreises oder im Punkt 0 liegen müssen.

2.3.1 Die Eigenwerte von $\boldsymbol{A}$

Die Zyklen des Automaten besitzen eine Länge p mit $p \geq 1$. Wie jedoch schon erwähnt, kann ein Zustand des autonomen Automaten – abhängig vom Anfangszustand – entweder unendlich oft, niemals oder genau einmal durchlaufen werden.

Wird er niemals durchlaufen, so hängt dies nur von der Wahl des Anfangszustandes ab – ein anderer Anfangszustand wird den Automaten in einen anderen Zyklus führen, zu dem dieser Zustand gehört. Wird ein Zustand jedoch höchstens genau einmal durchlaufen, so gehört er nicht zu einem Zyklus, er kann nur auf einen Zustand von gleicher Art oder in einen Zyklus führen. Um die Kontinuität der Einteilung der Zustände in Zyklen zu gewährleisten, soll nun der Sprachgebrauch eingeführt werden, daß auch ein höchstens genau einmal durchlaufener Zustand einem Zyklus angehören soll, und zwar einem mit der Länge $p = 0$.

Unter der Annahme, daß der durch (2.8) beschriebene endliche autonome Automat $\boldsymbol{\mathcal{Z}}$ keine Zyklen der Länge 0 enthält, zerfällt die Zustandsmenge $\mathbb{X}$ von $\boldsymbol{\mathcal{Z}}$ in endlich viele und paarweise disjunkte Teilmengen, die jeweils die zu einem Zyklus des Automaten gehörenden Zustände beinhalten.

Aus dieser Feststellung läßt sich bereits eine erste Folgerung für die Eigenwerte von $\boldsymbol{A}$ ableiten:

Satz 2.2 *Der endliche autonome Automat* $\mathcal{Z}$ *besitze keine Zyklen der Länge* 0.
Dann ist $\boldsymbol{A}$ *orthogonal, die Eigenwerte von* $\boldsymbol{A}$ *liegen auf dem Rand des Einheitskreises und es gilt* $\det \boldsymbol{A} = \pm 1$.

Beweis. Mit (2.14) schreibt man

$$\begin{aligned} \boldsymbol{X}_{k+1}\boldsymbol{X}_{k+1}^T &= \boldsymbol{A}\underbrace{\boldsymbol{X}_k^T\boldsymbol{X}_k}_{2^n I_m}\boldsymbol{A}^T \\ &= 2^n \boldsymbol{A}\boldsymbol{A}^T \\ \Longrightarrow \qquad \boldsymbol{A}\boldsymbol{A}^T &= \frac{1}{2^n}\boldsymbol{X}_{k+1}\boldsymbol{X}_{k+1}^T . \end{aligned}$$

$\mathcal{Z}$ besitzt keinen Zyklus der Länge 0, es gibt also keinen Zustand, der nicht der Folgezustand eines anderen Zustandes ist, der also keinen Vorgänger hat. Damit zerfällt die Zustandsmenge in paarweise disjunkte Zyklen, es kann demnach auch keinen Zustand geben, der mehr als einen möglichen Vorgänger besitzt.
Dies bedeutet, daß jeder Zustand genau einen Vorgänger besitzt; jede Spalte aus $\boldsymbol{X}_k$ kommt genau einmal in $\boldsymbol{X}_{k+1}$ vor. Somit ist $\boldsymbol{X}_{k+1}$ eine Umordnung von $\boldsymbol{X}_k$, es existiert also eine Permutationsmatrix $\boldsymbol{U}$ mit

$$\boldsymbol{X}_{k+1} = \boldsymbol{X}_k \cdot \boldsymbol{U} .$$

Permutationsmatrizen sind aber stets orthogonal [33], d.h. es gilt $\boldsymbol{U}\boldsymbol{U}^T = \boldsymbol{I}$ und es folgt

$$\begin{aligned} \boldsymbol{A}\cdot\boldsymbol{A}^T &= \frac{1}{2^n}\boldsymbol{X}_{k+1}\boldsymbol{X}_{k+1}^T \\ &= \frac{1}{2^n}\boldsymbol{X}_k\boldsymbol{U}\boldsymbol{U}^T\boldsymbol{X}_k^T \\ &= \frac{1}{2^n}\boldsymbol{X}_k\boldsymbol{X}_k^T \\ &= \boldsymbol{I}_m . \end{aligned}$$

Hiermit ist die Orthogonalität von $\boldsymbol{A}$ gezeigt. Die weiteren Behauptungen folgen aus [33], Satz 23.6. ◇

Die Feststellung dieses Satzes, daß die Eigenwerte von $\boldsymbol{A}$ nur auf dem Rand des Einheitskreises liegen können, falls es nur Zyklen gibt, deren Länge mindestens 1 beträgt, läßt sich auch mit Hilfe der Eigenvektoren von $\boldsymbol{A}$ treffen.

Sei $\boldsymbol{x} \in \{\boldsymbol{x}_1, \ldots, \boldsymbol{x}_{2^n}\}$ ein Zustand, der zu einem Zyklus der Länge $l > 0$ gehört. Dann gibt es einen Eigenwert λ_1 von $\boldsymbol{A}$ sowie den zugehörigen Rechtseigenvektor $\boldsymbol{r}_1$ derart, daß die Darstellung

$$\boldsymbol{x} = a_1\boldsymbol{r}_1 + a_2\boldsymbol{z}_2 + \ldots + a_m\boldsymbol{z}_m \tag{2.22}$$

mit $a_1 \neq 0$ existiert. Hierbei ist $\{\boldsymbol{r}_1, \boldsymbol{z}_2, \ldots, \boldsymbol{z}_m\}$ eine Orthogonalbasis des $\mathbb{R}^m$. Eine solche läßt sich immer finden [33]. Wird nun die durch $\boldsymbol{A}$ verkörperte lineare Abbildung p–mal auf $\boldsymbol{x}$ angewandt, so ergibt sich

$$\begin{aligned}\boldsymbol{A}^l\boldsymbol{x} &= \\ \boldsymbol{x} &= a_1\lambda_1^l\boldsymbol{r}_1 + a_2\boldsymbol{A}^l\boldsymbol{z}_2 + \ldots + a_m\boldsymbol{A}^l\boldsymbol{z}_m\,.\end{aligned}$$

Aus der Eindeutigkeit der Linearkombination von $\boldsymbol{x}$ aus $\boldsymbol{r}_1, \boldsymbol{z}_2, \ldots, \boldsymbol{z}_m$ geht durch Koeffizientenvergleich mit (2.22) hervor, daß $\lambda_1^l = 1$ sein muß. Dies trifft zu, falls λ_1 auf dem Einheitskreis liegt, und zwar mit dem Argument $\pm\frac{2\pi}{l'}$, wobei l' ein ganzzahliger Teiler von l ist. Weiterhin folgt mittels Koeffizientenvergleich, daß entweder $\boldsymbol{A}^l\boldsymbol{z}_\mu = \boldsymbol{z}_\mu$ oder $a_\mu = 0$ für $\mu = 2, \ldots, m$ gilt. Dies bedeutet, daß die Basisvektoren $\boldsymbol{z}_\mu$ mit $a_\mu \neq 0$ Linearkombinationen aus Rechtseigenvektoren von $\boldsymbol{A}$ sind, deren l–fach potenzierten Eigenwerte gerade den Wert 1 ergeben.

Seien nun $\boldsymbol{r}_1, \ldots, \boldsymbol{r}_k$ mit $k \leq m$ alle linear unabhängigen Rechtseigenvektoren von $\boldsymbol{A}$, für deren Eigenwerte dies zutrifft. Dann gibt es eine Linearkombination

$$\boldsymbol{x} = a_1\boldsymbol{r}_1 + \ldots + a_k\boldsymbol{r}_k$$

Wie oben festgestellt, existiert ein p' mit $p'|p$, so daß

$$\begin{aligned}\boldsymbol{A}^{p'}\boldsymbol{x} &= \boldsymbol{x} \\ &= a_1\boldsymbol{r}_1 + \ldots + a_k\boldsymbol{r}_k\end{aligned}$$

gilt. Wäre nun $l' < l$, so gehörte aber $\boldsymbol{x}$ einem Zyklus der Länge l' und nicht der Länge l an. Dies führt zu einem Widerspruch, so daß $l' = l$ folgt.

Somit ist gezeigt, daß die Existenz eines Zyklus der Länge $l > 2$ ein konjugiert komplexes Eigenwertpaar in $\exp\left(\pm j\frac{2\pi}{l}\right)$, die Existenz eines Zyklus der Länge $l = 1$ einen Eigenwert in 1 und das Vorhandensein eines Zyklus der Länge $l = 2$ einen Eigenwert in -1 hinreichend bedingt. Die Zyklen des Automaten mit $l \geq 1$ rufen also nur Eigenwerte auf dem Randes des Einheitskreises hervor.

Es bleibt der Fall zu erörtern, daß der betrachtete Automat auch Zyklen der Länge 0 aufweist.

2.3.1.1 Zyklen der Länge 0

Zyklen der Länge 0, also jene Zyklen, die höchstens einmal durchlaufen werden können, besitzen eine Sonderstellung. Sie sind in besonderem Maße für die Anzahl der Walsh–Funktionen, die für die lineare Darstellung des Automaten notwendig sind, verantwortlich.

Hilfssatz 2.3 *Sei $\boldsymbol{x}_0$ ein Zustand, der einem Zyklus der Länge 0 angehört und $\boldsymbol{x}_1 = \boldsymbol{A}\boldsymbol{x}_0$ gehöre einem Zyklus der Länge $p \geq 1$ an. Dann sind $\boldsymbol{x}_0$ und $\boldsymbol{x}_1$ linear unabhängig.*

Beweis. Angenommen sei das Gegenteil, also $\boldsymbol{x}_1 = a\boldsymbol{x}_0$ mit einem $a \in \{-1, 1\}$, da $\boldsymbol{x}_0, \boldsymbol{x}_1 \in \{-1, 1\}^m$. Wäre $a = 1$, so wäre $\boldsymbol{x}_1 = \boldsymbol{x}_0$, was einen Widerspruch darstellt, da $\boldsymbol{x}_0$ einem Zyklus der Länge 1 angehören würde. Sei nun $a = -1$. Dann ist $\boldsymbol{A}\boldsymbol{x}_0 = \boldsymbol{x}_1 = -\boldsymbol{x}_0$, folglich also auch $\boldsymbol{A}\boldsymbol{x}_1 = -\boldsymbol{A}\boldsymbol{x}_0 = -\boldsymbol{x}_1 = \boldsymbol{x}_0$. Dies stellt aber einen Zyklus $(\boldsymbol{x}_0, \boldsymbol{x}_1)$ der Länge 2 dar, also einen Widerspruch. ◇

Eine Erweiterung dieses Hilfssatzes bildet der

Satz 2.4 *Ein Zustand $\boldsymbol{x}_0$ besitze $k > 1$ paarweise verschiedene Vorgänger. Dann sind diese paarweise linear unabhängig voneinander, für $k \geq 3$ sind jeweils drei Vorgänger linear unabhängig voneinander.*

Beweis. Seien $\boldsymbol{x}_1, \ldots, \boldsymbol{x}_k$, $k > 1$, paarweise verschiedene Zustände von $\boldsymbol{\mathcal{Z}}$ mit $\boldsymbol{A}\boldsymbol{x}_1 = \ldots = \boldsymbol{A}\boldsymbol{x}_k = \boldsymbol{x}_0$.

Unter der Annahme, daß $\boldsymbol{x}_i \neq \boldsymbol{x}_j$ zwei beliebige, linear abhängige Zustände aus dieser Menge von k Zuständen sind, läßt sich einerseits die Abbildung der Summe von $\boldsymbol{x}_i$ und $\boldsymbol{x}_j$ laut Voraussetzung darstellen als

$$\boldsymbol{A} \cdot (\boldsymbol{x}_i + \boldsymbol{x}_j) = 2\boldsymbol{x}_0 ,$$

andererseits ergibt sich aus $\boldsymbol{x}_i = a\boldsymbol{x}_j$, $a \in \mathbb{R}$

$$\begin{aligned} \boldsymbol{A} \cdot (\boldsymbol{x}_i + \boldsymbol{x}_j) &= \boldsymbol{A} \cdot (1 + a) \cdot \boldsymbol{x}_j \\ &= (1 + a) \cdot \boldsymbol{x}_0 . \end{aligned}$$

Gleichsetzen ergibt dann $a = 1$ im Widerspruch zu $\boldsymbol{x}_i \neq \boldsymbol{x}_j$.

Es sei nun $k \geq 3$, und $\boldsymbol{x}_g$, $\boldsymbol{x}_i$ und $\boldsymbol{x}_j$ seien drei paarweise verschiedene Vorgänger von $\boldsymbol{x}_0$, die als linear abhängig angenommen werden, so daß

$$\boldsymbol{x}_g = a\boldsymbol{x}_i + b\boldsymbol{x}_j \tag{2.23}$$

gilt. $\boldsymbol{A}$ bildet diese drei Zustände auf $\boldsymbol{x}_0$ ab, es ist demnach

$$\begin{aligned} 3\boldsymbol{x}_0 &= \boldsymbol{A} \cdot (\boldsymbol{x}_g + \boldsymbol{x}_i + \boldsymbol{x}_j) \\ &= \boldsymbol{A} \cdot \big((1+a) \cdot \boldsymbol{x}_i + (1+b) \cdot \boldsymbol{x}_j\big) \\ &= (2+a+b) \cdot \boldsymbol{x}_0 \end{aligned}$$

und nach Auflösen der Koeffizienten von $\boldsymbol{x}_0$

$$a = 1 - b\,. \tag{2.24}$$

Wegen $\boldsymbol{x}_i \neq \boldsymbol{x}_j$ ist mindestens ein Element von $\boldsymbol{x}_i$ verschieden von $\boldsymbol{x}_j$. O.B.d.A. sei dies das erste Element, woraus

$$x_{i,1} = -x_{j,1}$$

folgt. $x_{i,1}$ kann den Wert $+1$ oder -1 annehmen. Im ersten Fall ergibt sich jedoch mit (2.23) sowie (2.24)

$$\begin{aligned} x_{g,1} &= a - b = 1 - 2b \\ &= \begin{cases} -1 \implies b = 1 \implies a = 0 \\ 1 \implies b = 0 \end{cases} \end{aligned}$$

und damit ein Widerspruch zur Voraussetzung, ebenso im zweiten Fall nach analoger Argumentation. ◇

Die im letzten Satz gezeigte lineare Unabhängigkeit sagt jedoch nicht aus, daß die k Vorgänger von $\boldsymbol{x}_0$ allesamt linear unabhängig voneinander sind, sie also einen Raum der Dimension k aufspannen. Es wird lediglich

$$\dim\,[\boldsymbol{x}_1, \ldots, \boldsymbol{x}_k] \geq \begin{cases} 2 & \text{für } k = 2 \\ 3 & \text{für } k \geq 3 \end{cases}$$

gezeigt.

Es kann auch der Fall eintreten, daß ein Zustand aus einem Zyklus der Länge 0 einen Vorgänger besitzt. Dies kann natürlich wiederum nur ein Zustand sein, der ebenfalls zu einem Zyklus der Länge 0 gehört; mehrere solcher Zustände hintereinander bilden also eine *Kette* von Zuständen. Hierzu ergibt sich folgender

Satz 2.5 *Es seien $\boldsymbol{x}_1, \ldots, \boldsymbol{x}_q$ mit $1 < q < 2^n$ eine Menge von Zuständen, die alle zu einem Zyklus der Länge 0 gehören und für die gilt: $\boldsymbol{A}\boldsymbol{x}_i = \boldsymbol{x}_{i+1}$ für $i = 1, \ldots, q-1$, die also eine Kette bilden. Weiter sei $\boldsymbol{A}\boldsymbol{x}_q = \boldsymbol{x}_0$, und $\boldsymbol{x}_0$ gehöre zu einem Zyklus der Länge $p \geq 1$.*
Dann sind die $\boldsymbol{x}_i$, $i = 0, \ldots, q$ linear unabhängig voneinander, d.h. es gilt
$\dim\,[\boldsymbol{x}_0, \boldsymbol{x}_1, \ldots, \boldsymbol{x}_q] = q + 1$.

Der *Beweis* erfolgt durch vollständige Induktion.

Für $q = 1$ ist die Aussage bereits mit Hilfssatz 2.3 bewiesen.

Um als Induktionsschluß den Übergang von q nach $q+1$ zu bewerkstelligen, werden die als bereits linear unabhängig vorausgesetzten Vektoren $\boldsymbol{x}_1, \ldots, \boldsymbol{x}_q$ der Kette umbenannt in $\boldsymbol{x}_2, \ldots, \boldsymbol{x}_{q+1}$ und der neue Zustand $\boldsymbol{x}_1$ wird an den Anfang der Kette gesetzt. Es sind nun also $\boldsymbol{x}_2, \ldots, \boldsymbol{x}_{q+1}, \boldsymbol{x}_0$ laut Induktionsvoraussetzung als linear unabhängig voneinander vorausgesetzt. Im folgenden sei angenommmen, daß mit Hilfe des neuen Zustandes $\boldsymbol{x}_1$ die Darstellung

$$\boldsymbol{x}_0 = a_1\boldsymbol{x}_1 + a_2\boldsymbol{x}_2 + \cdots + a_{q+1}\boldsymbol{x}_{q+1} \qquad (2.25)$$

möglich ist. $\boldsymbol{x}_0$ gehöre einem Zyklus der Länge $p \geq 1$ an. Dann ist

$$\boldsymbol{A}\boldsymbol{x}_0 = a_1\boldsymbol{x}_2 + a_2\boldsymbol{x}_3 + \ldots + a_q\boldsymbol{x}_{q+1} + a_{q+1}\boldsymbol{x}_0 \,. \qquad (2.26)$$

Setzt man (2.25) in die rechte Seite von (2.26) ein, so erhält man die Darstellung

$$\boldsymbol{A}\boldsymbol{x}_0 = b_1\boldsymbol{x}_1 + b_2\boldsymbol{x}_2 + \ldots + b_q\boldsymbol{x}_q + b_{q+1}\boldsymbol{x}_{q+1} \qquad (2.27)$$

mit $b_1 = a_{q+1}a_1$ und $b_i = a_{q+1}a_i + a_{i-1}$, $i = 2, \ldots, q+1$. Durch nochmalige Anwendung von $\boldsymbol{A}$ auf (2.27) und nachfolgendes Einsetzen von (2.25) kommt man zu

$$\boldsymbol{A}^2\boldsymbol{x}_0 = c_1\boldsymbol{x}_1 + c_2\boldsymbol{x}_2 + \ldots + c_q\boldsymbol{x}_q + c_{q+1}\boldsymbol{x}_{q+1}$$

und nach $p-1$ dieser Schritte erhält man

$$\boldsymbol{A}^{p-1}\boldsymbol{x}_0 = \alpha_1\boldsymbol{x}_1 + \alpha_2\boldsymbol{x}_2 + \ldots + \alpha_q\boldsymbol{x}_q + \alpha_{q+1}\boldsymbol{x}_{q+1} \,. \qquad (2.28)$$

Wird die Abbildung $\boldsymbol{A}$ nochmals auf (2.28) angewendet, so ergibt sich

$$\begin{aligned} \boldsymbol{A}^p\boldsymbol{x}_0 &= \boldsymbol{x}_0 \\ &= \alpha_1\boldsymbol{x}_2 + \alpha_2\boldsymbol{x}_3 + \ldots + \alpha_q\boldsymbol{x}_{q+1} + \alpha_{q+1}\boldsymbol{x}_0 \,, \end{aligned}$$

was bedeutet, daß $\boldsymbol{x}_0$ aus $\boldsymbol{x}_2, \ldots, \boldsymbol{x}_{q+1}$ linear kombinierbar ist. Dies jedoch steht im Widerspruch zur Induktionsvoraussetzung. ◇

Offensichtlich sind also jene Zustände, die in einer Kette angeordnet werden können und alle – bis auf den letzten – einem Zyklus der Länge 0 angehören, linear unabhängig voneinander, insbesondere vom letzten Glied in der Kette.

Die Zustände zweier Ketten, die unabhängig voneinander in verschiedene Zustände von Zyklen mit einer Länger größer als 0 münden, können jedoch sehr wohl linear abhängig sein.

Ein Automat kann durchaus mehrere dieser Ketten besitzen, die parallel verlaufend in denselben Zyklus münden. Die Frage, ob die Zustände dieser Ketten wiederum linear unabhängig voneinander sind, beantwortet der folgende

Satz 2.6 *Es seien* $\boldsymbol{x}_1 \neq \boldsymbol{x}_2$ *zwei Zustände, die zu Zyklen der Länge* 0 *gehören und für die Zahlen* $p, q \in \mathbb{N}$ *existieren, so daß gilt:* $\boldsymbol{A}^p\boldsymbol{x}_1 = \boldsymbol{A}^q\boldsymbol{x}_2 = \boldsymbol{x}_0$, *wobei* $\boldsymbol{x}_0$ *einem Zyklus der Länge* $l \geq 0$ *angehöre.*
Dann sind $\boldsymbol{x}_1$ *und* $\boldsymbol{x}_2$ *voneinander linear unabhängig.*

Beweis. Ist $\boldsymbol{x}_0$ ein Zustand, der einen Zyklus der Länge 0 darstellt, so ist gibt es eine natürliche Zahl τ, so daß $\boldsymbol{A}^{p+\tau}\boldsymbol{x}_1 = \boldsymbol{A}^{q+\tau}\boldsymbol{x}_2 = \boldsymbol{A}^{\tau}\boldsymbol{x}_0 = \boldsymbol{x}_0^*$ gilt, wobei $\boldsymbol{x}_0^*$ einem Zyklus der Länge $l \geq 1$ angehört. Dann ist für die folgenden Betrachtungen p durch $p+\tau$, q durch $q+\tau$ und $\boldsymbol{x}_0$ durch $\boldsymbol{x}_0^*$ zu ersetzen.
Es ist nur noch der Fall zu bedenken, daß $\boldsymbol{x}_1$ und $\boldsymbol{x}_2$ verschiedenen (Teil-)Ketten angehören, denn die andere Möglichkeit ist in Satz 2.5 bereits besprochen worden.
$\boldsymbol{x}_1$ und $\boldsymbol{x}_2$ gehören laut Voraussetzung Ketten an, die im selben Zustand $\boldsymbol{x}_0$ enden. Dann sind mit Satz 2.5 $\boldsymbol{x}_1$ und $\boldsymbol{x}_2$ linear unabhängig von $\boldsymbol{x}_0$.
Für den *1. Fall* sei $q > p$ vorausgesetzt. Dann ergibt sich

$$\boldsymbol{A}^p\left(\boldsymbol{x}_1 + \boldsymbol{x}_2\right) \;=\; \boldsymbol{x}_0 + \boldsymbol{A}^p\boldsymbol{x}_2\,. \tag{2.29}$$

Aus Satz 2.5 ist jedoch bekannt, daß $\dim\left[\boldsymbol{x}_0, \boldsymbol{A}^p\boldsymbol{x}_2\right] = 2$ gilt, denn $\boldsymbol{A}^p\boldsymbol{x}_2$ ist ja noch ein Zustand aus der Kette, zu der $\boldsymbol{x}_2$ gehört. Aus (2.29) folgt dann jedoch bereits $\dim\left[\boldsymbol{x}_1, \boldsymbol{x}_2\right] = 2$.
Im *2. Fall* ist $q = p$. Unter der Annahme der linearen Abhängigkeit – also $\boldsymbol{x}_1 = -\boldsymbol{x}_2$ – ergibt sich sogleich

$$\boldsymbol{x}_0 \;=\; \boldsymbol{A}^p\boldsymbol{x}_1 \;=\; -\boldsymbol{A}^p\boldsymbol{x}_2 \;=\; -\boldsymbol{x}_0\,,$$

was wegen $\boldsymbol{x}_0 \neq \boldsymbol{o}$ zum Widerspruch führt. ◇

Dieser Satz trifft nur eine Aussage über die lineare Unabhängigkeit von Zuständen, die in parallel laufenden Ketten liegen, die letztendlich in den gleichen Zustand $\boldsymbol{x}_0$ münden, der einem Zyklus mit einer Länge $p \geq 1$ angehört.

Eine äquivalente Feststellung über Zustände aus Zyklen mit Längen größer als 0 liefert der folgende

Hilfssatz 2.7 *Zwei Zustände, die verschiedenen Zyklen mit unterschiedlichen Längen größer oder gleich* 1 *angehören sind linear unabhängig voneinander.*

Beweis. Seien $\boldsymbol{x}_1 \neq \boldsymbol{x}_2$ zwei Zustände, die verschiedenen Zyklen mit den Längen $p \neq q$ angehören. Ferner sei angenommen, daß $\boldsymbol{x}_1$ linear abhängig von $\boldsymbol{x}_2$ ist: $\boldsymbol{x}_1 = a\boldsymbol{x}_2$.
Da $\boldsymbol{x}_1, \boldsymbol{x}_2 \in \{-1, 1\}^{(m,1)}$ gilt, muß $a \in \{-1, 1\}$ sein. Wäre jedoch $a = 1$, so wäre die Voraussetzung der Ungleichheit von $\boldsymbol{x}_1$ und $\boldsymbol{x}_2$ verletzt. Es folgt also $\boldsymbol{x}_1 = -\boldsymbol{x}_2$.

Ohne Beschränkung der Allgemeinheit sei $p < q$ vorausgesetzt. Dann gilt

$$-\boldsymbol{x}_2 \;=\; \boldsymbol{x}_1 \;=\; \boldsymbol{A}^p\boldsymbol{x}_1 \;=\; -\boldsymbol{A}^p\boldsymbol{x}_2 \;,$$

also

$$\boldsymbol{A}^p\boldsymbol{x}_2 \;=\; \boldsymbol{x}_2$$

im Widerspruch zu $q > p$. $\diamond$

Ein Zyklus der Länge 0 hängt, wie der folgende Satz zeigt, mit einem Eigenwert in 0 zusammen.

Satz 2.8 *Es existiert genau dann ein Zyklus der Länge* 0*, wenn* $\boldsymbol{A}$ *einen Eigenwert in* 0 *besitzt.*

Beweis. Zunächst sei angenommen, es existiere ein Zyklus der Länge 0 und $\boldsymbol{x}_0 \neq \boldsymbol{o}$ sei der zu diesem Zyklus gehörende Zustand. Dann gibt es einen Zustand $\boldsymbol{x}_1 \neq \boldsymbol{x}_0$, für den gilt: $\boldsymbol{A}\boldsymbol{x}_0 = \boldsymbol{x}_1$. Nun gibt es zwei Fälle zu unterscheiden:
1. Fall: $\boldsymbol{x}_1$ gehört zu einem Zyklus der Länge $p \geq 1$. Dann gibt es auch einen Zustand $\boldsymbol{x}_2 \neq \boldsymbol{x}_0$ dieses Zyklus mit $\boldsymbol{A}\boldsymbol{x}_2 = \boldsymbol{x}_1$. Dann gilt

$$\boldsymbol{A}\,(\boldsymbol{x}_0 + \boldsymbol{x}_2) \;=\; 2\boldsymbol{x}_1\,.$$

Nun ist wegen Satz 2.4 $\boldsymbol{x}_0$ aber linear unabhängig von $\boldsymbol{x}_2$ und damit bildet $\boldsymbol{A}$ einen zweidimensionalen Unterraum des $\mathbb{R}^m$ auf einen eindimensionalen Unterraum ab, $\boldsymbol{A}$ besitzt also einen Eigenwert in 0.
2. Fall: $\boldsymbol{x}_1$ gehört zu einem Zyklus der Länge $p = 0$. Dann sei $\boldsymbol{x}_2 = \boldsymbol{A}\boldsymbol{x}_1$, und $\boldsymbol{x}_2$ gehöre ohne Beschränkung der Allgemeinheit zu einem Zyklus der Länge $p \geq 1$. Gehörte $\boldsymbol{x}_2$ nämlich zu einem Zyklus der Länge 0, so wäre das Bild von $\boldsymbol{x}_2$ zu betrachten und so fort. Da es nur endlich viele Zustände gibt, muß einmal ein Zustand kommen, der nicht zu einem 0–Zyklus gehört.
$\boldsymbol{x}_1$ wird von $\boldsymbol{A}$ auf $\boldsymbol{x}_2$ abgebildet; dieser Zustand gehört aber keinem Zyklus der Länge 0 an. Aus den Betrachtungen zum ersten Fall ist dann zu entnehmen, daß dies einen Eigenwert in 0 impliziert.

Sei nun umgekehrt angenommen, der Automat $\boldsymbol{\mathcal{Z}}$ besitze keinen Zyklus der Länge 0, $\boldsymbol{A}$ habe einen Eigenwert in $\lambda_1 = 0$ und $\boldsymbol{z}_1$ sei der zugehörige Eigenvektor. Da $\dim[\boldsymbol{x}_1, \ldots, \boldsymbol{x}_{2^n}] = m$ gilt, muß es einen Vektor $\boldsymbol{x} \in \{\boldsymbol{x}_1, \ldots, \boldsymbol{x}_{2^n}\}$ geben, der die Darstellung

$$\boldsymbol{x} \;=\; a_1\boldsymbol{z}_1 + \cdots + a_k\boldsymbol{z}_k\,, \qquad a_1, \ldots, a_k \neq 0\,,\;\; k \leq m \tag{2.30}$$

besitzt, wobei $\boldsymbol{z}_1, \ldots, \boldsymbol{z}_m$ eine entsprechend geordnete Orthonormalbasis des $\mathbb{R}^m$ sei. Da die Nichtexistenz eines Zyklus der Länge 0 vorausgesetzt wurde, muß es ein $p \geq 1$ geben, so daß

$$\begin{aligned} \boldsymbol{x} &= \boldsymbol{A}^p \boldsymbol{x} \\ &= a_2 \boldsymbol{A}^p \boldsymbol{z}_2 + \cdots + a_m \boldsymbol{A}^p \boldsymbol{z}_k \end{aligned}$$

gilt. Dies bedeutet, daß $\boldsymbol{x}$ aber bereits aus den Vektoren $\boldsymbol{A}^p \boldsymbol{z}_2, \ldots, \boldsymbol{A}^p \boldsymbol{z}_k$ gebildet werden kann. Dies ist aber ein Widerspruch zu (2.30), da $\dim [\boldsymbol{A}^p \boldsymbol{z}_2, \ldots, \boldsymbol{A}^p \boldsymbol{z}_k] \leq k - 1$ ist. Somit muß die Annahme, es gäbe keinen Zustand, der keinen Vorgänger besitzt, fallengelassen werden. ◇

Was die mögliche Lage der Eigenwerte angeht, so ist bereits gezeigt worden, daß die Zyklen des Automaten nur Eigenwerte in 0 oder auf dem Rand des Einheitskreises $\mathbb{EK}$ erzeugen können. Nun stellt sich die Frage, ob überhaupt Eigenwerte von $\boldsymbol{A}$ außerhalb der Menge $\{0\} \cup \partial \mathbb{EK}$ liegen können.

Die Matrix $(\, \boldsymbol{x}_1 \, \boldsymbol{x}_2 \, \ldots \, \boldsymbol{x}_{2^n} \,)$ besitzt den Rang m, woraus folgt, daß jeder Eigenraum von $\boldsymbol{A}$ von einem Zustand $\boldsymbol{x} \in \{\boldsymbol{x}_1, \ldots, \boldsymbol{x}_{2^n}\}$ geschnitten werden muß. Sei nun λ_1 ein Eigenwert von $\boldsymbol{A}$ mit $\lambda_1 \notin \{0\} \cup \partial \mathbb{EK}$. Dann existiert ein Zustand $\boldsymbol{x}$, der als Linearkombination aus den Vektoren $\boldsymbol{z}_1, \ldots, \boldsymbol{z}_k$ mit $a_1, \ldots, a_k \neq 0$ dargestellt werden kann. Hierbei ist $\boldsymbol{z}_1$ wiederum der Eigenvektor zu λ_1 und die $\boldsymbol{z}_1, \ldots, \boldsymbol{z}_k$ bilden einen Teil einer Orthogonalbasis des $\mathbb{R}^m$. Es ist also

$$\boldsymbol{x} = a_1 \boldsymbol{z}_1 + \cdots + a_k \boldsymbol{z}_k \,.$$

Da λ_1 jedoch nicht auf dem Rand des Einheitskreises liegt, gibt es kein $p \in \mathbb{N}$ mit $\boldsymbol{A}^p \boldsymbol{x} = \boldsymbol{x}$, was einen Widerspruch dazu darstellt, daß $\boldsymbol{x}$ zu einem Zyklus des Automaten gehört.

Für den Fall, daß $\boldsymbol{x}$ einen Zyklus der Länge 0 darstellt, bilde man $\boldsymbol{x}$ so lange mit $\boldsymbol{A}$ ab, bis ein Zyklus mit einer Länge $p \geq 1$ erreicht ist.

Bereits bewiesen ist damit folgender

Satz 2.9 *Die Eigenwerte von $\boldsymbol{A}$ liegen sämtlich in $\{0\} \cup \partial \mathbb{EK}$.*

Satz 2.2, der Aussagen über die Orthogonalität von $\boldsymbol{A}$ trifft, läßt sich mit Hilfe von Satz 2.8 konkretisieren:

Satz 2.10 *$\boldsymbol{A}$ ist genau dann orthogonal, wenn $\boldsymbol{A}$ keine Eigenwerte in 0 bzw. Zyklen mit der Länge 0 besitzt.*

Zusammenfassend kann über die Zyklen der Länge 0 festgestellt werden:

- Ein Zyklus der Länge 0 existiert genau dann, wenn $\boldsymbol{A}$ einen Eigenwert in 0 besitzt.

- Besitzt ein Zustand k paarweise verschiedene Vorgänger – von denen offensichtlich mindestens $k-1$ Zyklen der Länge 0 angehören –, so sind diese Zustände auch paarweise linear unabhängig.

- Sind k paarweise verschiedene Zustände in einer Kette angeordnet, deren Glieder bis auf das letzte Zyklen der Länge 0 darstellen, so spannen diese k Zustandsvektoren einen Raum der Dimension k auf.

- Laufen zwei Ketten parallel und münden diese in denselben Zustand, so sind die Vektoren dieser zwei Ketten sämtlich paarweise linear unabhängig.

Diese Aussagen stellen jedoch nicht sicher, daß die Anzahl der Zyklen der Länge 0 von $\mathcal{Z}$ und die Anzahl der Eigenwerte in 0 übereinstimmen. Hierzu ein

2.3.1.2 Beispiel

Gegeben sei ein autonomer endlicher Automat $\mathcal{Z} = (\mathbb{X}, \boldsymbol{x}_0, \tau)$ gemäß Abbildung 2.3 mit

$$\begin{aligned} \mathbb{X} &= \{0,1,2,3,4,5,6,7\}, \\ \tau &= \{0 \mapsto 0, 1 \mapsto 0, 2 \mapsto 0, 3 \mapsto 0, \\ &\quad 4 \mapsto 5, 5 \mapsto 5, 6 \mapsto 7, 7 \mapsto 7\}. \end{aligned}$$

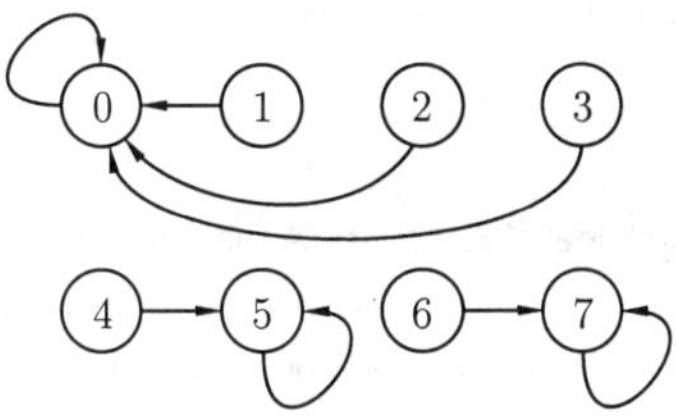

Abbildung 2.3: Zustandsgraph eines Automaten $\mathcal{Z}$

Dies ergibt die Vektoren

$$\begin{aligned} \boldsymbol{g}^T &= (0,1,2,3,4,5,6,7), \\ \boldsymbol{h}^T &= (0,0,0,0,5,5,7,7). \end{aligned}$$

Nach der Walsh–Entwicklung ergeben sich die um je zwei Zeilen erweiterten Matrizen

$$\boldsymbol{X}_k = \begin{pmatrix} + & + & + & + & - & - & - & - \\ + & + & - & - & + & + & - & - \\ + & - & + & - & + & - & + & - \\ + & + & + & + & + & + & + & + \\ + & + & - & - & - & - & + & + \end{pmatrix}, \tag{2.31}$$

$$\boldsymbol{X}_{k+1} = \begin{pmatrix} + & + & + & + & - & - & - & - \\ + & + & + & + & + & + & - & - \\ + & + & + & + & - & - & - & - \\ + & + & + & + & + & + & + & + \\ + & + & + & + & - & - & + & + \end{pmatrix}. \tag{2.32}$$

Die ersten drei Zeilen von $\boldsymbol{X}_k$ bestehen aus den ursprünglichen und durch $0 \mapsto 1,\ 1 \mapsto -1$ substituierten Bitcodes der Zustände. Die vierte und fünfte Zeile von $\boldsymbol{X}_k$ sind die Zeilen eins und drei der Walsh–Matrix $\boldsymbol{W}_3$ (siehe (2.2)). Die Spalten sind bei $\boldsymbol{X}_{k+1}$ entsprechend der Zuordnungsvorschrift τ vertauscht. Als Systemmatrix erhält man in diesem Fall

$$\boldsymbol{A} = \begin{pmatrix} 1 & 0 & 0 & 0 & 0 \\ \frac{1}{2} & \frac{1}{2} & 0 & \frac{1}{2} & -\frac{1}{2} \\ 1 & 0 & 0 & 0 & 0 \\ 0 & 0 & 0 & 1 & 0 \\ \frac{1}{2} & -\frac{1}{2} & 0 & \frac{1}{2} & \frac{1}{2} \end{pmatrix}.$$

Die Eigenwerte von $\boldsymbol{A}$ sind 0, 0, 1, 1 und 1, es kommen aber 5 Zyklen der Länge 0 vor.

2.3.2 Die Jordansche Normalform von $\boldsymbol{A}$

Die Jordansche Normalform $\boldsymbol{J}$ von $\boldsymbol{A}$ wird mittels einer Ähnlichkeitstransformation

$$\boldsymbol{J} = \boldsymbol{T}^{-1} \cdot \boldsymbol{A} \cdot \boldsymbol{T} \tag{2.33}$$

gebildet [57, 33]. Ist $\boldsymbol{A}$ diagonalähnlich, so ist $\boldsymbol{J} = \boldsymbol{\Lambda} = \text{Diag}\,(\lambda_i)$, also eine Diagonalmatrix, deren Diagonalelemente gerade die Eigenwerte von $\boldsymbol{A}$ sind. Die i–te Spalte von $\boldsymbol{T}$ enthält dann den Rechtseigenvektor zum Eigenwert λ_i von $\boldsymbol{A}$.

Satz 2.11 *Besitzt $\boldsymbol{\mathcal{Z}}$ keine Nullzyklen, so ist $\boldsymbol{A}$ diagonalähnlich, d.h. $\boldsymbol{J}$ ist eine Diagonalmatrix.*

Beweis. Gemäß Satz 2.2 ist $\boldsymbol{A}$ orthogonal, ist also eine Bijektion und besitzt daher m linear unabhängige Eigenvektoren. Damit ist $\boldsymbol{A}$ diagonalähnlich. $\diamond$

Die Umkehrung dieses Satzes besagt, daß $\boldsymbol{\mathcal{Z}}$ Nullzyklen besitzen muß, sobald $\boldsymbol{A}$ nicht mehr diagonalähnlich ist. Dieser Zusammenhang soll im folgenden ausführlicher beleuchtet werden.

Eine hierfür wichtige Aussage trifft der folgende

Satz 2.12 *Die Systemmatrix $\boldsymbol{A}$ läßt sich genau dann durch Ähnlichkeitstransformation auf die Diagonalform $\boldsymbol{\Lambda} = \mathrm{Diag}(\lambda_i)$ ihrer Eigenwerte überführen, wenn ihre charakteristische Matrix $\boldsymbol{F}(\lambda) = \boldsymbol{A} - \lambda \boldsymbol{I}$ ausschließlich lineare Elementarteiler besitzt.*

Eine Herleitung dieses Satzes und damit auch sein Beweis findet sich in [57], Abschnitt 18. Im Falle der Existenz nichtlinearer Elementarteiler nimmt $\boldsymbol{J}$ die Gestalt einer Blockdiagonalmatrix

$$\boldsymbol{J} = \begin{pmatrix} \boldsymbol{J}_1 & & & & \\ & \boldsymbol{J}_2 & & & \\ & & \boldsymbol{J}_3 & & \\ & & & \ddots & \\ & & & & \boldsymbol{J}_s \end{pmatrix}$$

mit zu den paarweise verschiedenen Eigenwerten $\lambda_1, \ldots, \lambda_s$ von $\boldsymbol{A}$ gehörenden quadratischen Matrizen $\boldsymbol{J}_\sigma \in \mathbb{R}^{(p_\sigma, p_\sigma)}$ an, wobei p_σ die Vielfachheit des Eigenwertes λ_σ ist.

Besitzt dann die charakteristische Matrix

$$\boldsymbol{F}(\lambda_\sigma) = \boldsymbol{A} - \lambda_\sigma \boldsymbol{I} \tag{2.34}$$

auch nichtlineare Elementarteiler, so drückt sich dies darin aus, daß mindestens ein Element oberhalb der Hauptdiagonalen des zugehörigen Jordanblocks $\boldsymbol{J}_\sigma$ anstatt 0 den Wert 1 aufweist.

Satz 2.13 *$\boldsymbol{J}$ besitzt höchstens Jordanblöcke mit positiven Nichtdiagonalelementen, die zum Eigenwert $\lambda = 0$ gehören.*

Beweis. Es gebe $s \geq 0$ Eigenwerte in 0. Für $s = 0$ ist die Aussage mit Satz 2.11 bereits gezeigt. Für $s \geq 1$ läßt sich $\boldsymbol{A}$ durch eine Koordinatentransformation in eine Matrix

$$\tilde{\boldsymbol{A}} = \begin{pmatrix} \tilde{\boldsymbol{A}}_1 & \\ & \tilde{\boldsymbol{A}}_0 \end{pmatrix}$$

überführen, wobei $\tilde{\boldsymbol{A}}_0 \in \mathbb{R}^{(s,s)}$ gilt. Da eine Koordinatentransformation eine Ähnlichkeitstransformation ist, besitzen $\boldsymbol{A}$ und $\tilde{\boldsymbol{A}}$ dieselben Eigenwerte und auch – bis auf die Reihenfolge der Jordanblöcke – dieselbe Jordansche Normalform. Da die Eigenwerte von $\tilde{\boldsymbol{A}}_1$ auf dem Rand des Einheitskreises liegen, ist $\tilde{\boldsymbol{A}}_1$ eine Rotationsmatrix, also normal:

$$\tilde{\boldsymbol{A}}_1^* \cdot \tilde{\boldsymbol{A}}_1 = \tilde{\boldsymbol{A}}_1 \cdot \tilde{\boldsymbol{A}}_1^* . \tag{2.35}$$

Die Jordansche Normalform besitzt analog zu $\tilde{\boldsymbol{A}}$ die Gestalt

$$\tilde{\boldsymbol{J}} = \begin{pmatrix} \tilde{\boldsymbol{J}}_1 & \\ & \tilde{\boldsymbol{J}}_0 \end{pmatrix} .$$

Wegen (2.35) muß nun gelten:

$$\tilde{\boldsymbol{J}}_1^* \cdot \tilde{\boldsymbol{J}}_1 \;=\; \tilde{\boldsymbol{J}}_1 \cdot \tilde{\boldsymbol{J}}_1^* . \tag{2.36}$$

Nun sei angenommen, es gebe in $\tilde{\boldsymbol{J}}_1$ Jordanblöcke mit positiven Nichtdiagonalelementen, und O.B.d.A. sei dies in der ersten Zeile von $\tilde{\boldsymbol{J}}_1$ der Fall:

$$\tilde{\boldsymbol{J}}_1 \;=\; \begin{pmatrix} \lambda_1 & 1 & \\ 0 & \lambda_1 & \\ & & \ddots \end{pmatrix} .$$

Dann ist

$$\tilde{\boldsymbol{J}}_1^* \;=\; \begin{pmatrix} \overline{\lambda}_1 & 0 & \\ 1 & \overline{\lambda}_1 & \\ & & \ddots \end{pmatrix} .$$

und damit

$$\tilde{\boldsymbol{J}}_1 \cdot \tilde{\boldsymbol{J}}_1^* \;=\; \begin{pmatrix} \lambda_1\overline{\lambda}_1 + 1 & \overline{\lambda}_1 & \\ \lambda_1 & \lambda_1\overline{\lambda}_1 & \\ & & \ddots \end{pmatrix} , \quad \tilde{\boldsymbol{J}}_1^* \cdot \tilde{\boldsymbol{J}}_1 \;=\; \begin{pmatrix} \lambda_1\overline{\lambda}_1 & \overline{\lambda}_1 & \\ \lambda_1 & \lambda_1\overline{\lambda}_1 + 1 & \\ & & \ddots \end{pmatrix} .$$

Damit aber ist (2.36) verletzt, es kann also keine positiven Nichtdiagonalelemente in $\tilde{\boldsymbol{J}}_1$ geben.
◇

Kommen positive Nichtdiagonalelemente vor, so ist der Rangabfall d_σ von (2.34) kleiner als die Vielfachheit p_σ des betreffenden Eigenwertes, zu dem es dann kein vollständiges System aus p_σ linear unabhängigen Eigenvektoren gibt ([57], Abschnitt 18, Satz 10). Im diagonalähnlichen Fall stellten die diesem Eigenwert zugeordneten p_σ Spalten der Transformationsmatrix $\boldsymbol{T}$ noch die Eigenvektoren dar. Die im nichtdiagonalähnlichen Fall fehlenden Eigenvektoren müssen ersetzt werden durch die Lösungen der Gleichungssysteme

$$\boldsymbol{F}^{\tau}(\lambda_\sigma) \cdot \boldsymbol{x} \;=\; (\boldsymbol{A} - \lambda_\sigma \boldsymbol{I})^{\tau} \cdot \boldsymbol{x} \;=\; \boldsymbol{o}, \quad \tau \;=\; 1, \ldots, \mu_\sigma , \tag{2.37}$$

$\mu_\sigma = p_\sigma - d_\sigma$, die an die Stelle der Eigenwertgleichung

$$\boldsymbol{F}(\lambda_\sigma) \cdot \boldsymbol{x} \;=\; (\boldsymbol{A} - \lambda_\sigma \boldsymbol{I}) \cdot \boldsymbol{x} \;=\; \boldsymbol{o}$$

treten. Für $\tau = \mu_\sigma$ hat die Koeffizientenmatrix in (2.37) den vollen Rangabfall p_σ erreicht, womit genau p_σ linear unabhängige Lösungen $\boldsymbol{x}$ zu dieser höchsten Potenz existieren. Lösungen $\boldsymbol{x}^{\tau}$ einer Potenzstufe τ sind zugleich auch Lösungen einer höheren Stufe und insbesondere solche der höchsten Stufe μ_σ. Denn mit (2.37) folgt

$$\boldsymbol{F}^{\mu_\sigma}(\lambda_\sigma) \cdot \boldsymbol{x}^{\tau} \;=\; \boldsymbol{F}^{\mu_\sigma - \tau}(\lambda_\sigma) \cdot [\boldsymbol{F}^{\tau}(\lambda_\sigma) \cdot \boldsymbol{x}^{\tau}] \;=\; \boldsymbol{o} .$$

Die Gesamtheit der Lösungen der einzelnen Systeme (2.37) ist daher in der allgemeinen Gleichung höchster Potenz ($\tau = \mu_\sigma$) enthalten.

Die Lösungen der Stufe $\boldsymbol{x}^\tau$ der Gleichungen (2.37) werden als *Hauptvektoren der Stufe* τ bezeichnet, wenn

$$\begin{aligned} & \boldsymbol{F}^{\mu_\sigma}(\lambda_\sigma) \cdot \boldsymbol{x}^\tau &= \boldsymbol{o} \\ \text{und} \quad & \boldsymbol{F}^{\mu_\sigma - 1}(\lambda_\sigma) \cdot \boldsymbol{x}^\tau &\neq \boldsymbol{o} \end{aligned} \tag{2.38}$$

gilt. Durch die zweite Bedingung in (2.38) werden von den in der ersten Bedingung angegebenen Lösungen die Lösungen unterer Stufen getrennt. Eigenvektoren sind in diesem Sinne Hauptvektoren der Stufe 1.

Aus

$$\boldsymbol{F}^\tau(\lambda_\sigma) \cdot \boldsymbol{x}^\tau = \boldsymbol{F}^{\mu_\sigma - \rho}(\lambda_\sigma) \cdot [\boldsymbol{F}^\rho(\lambda_\sigma) \cdot \boldsymbol{x}^\tau] = \boldsymbol{o}$$

folgt nun für $\rho < \tau$, daß die Größe in der eckigen Klammer einen Hauptvektor der Stufe $\tau - \rho$ darstellt:

$$\boldsymbol{F}^\rho(\lambda_\sigma) \cdot \boldsymbol{x}^\tau = \boldsymbol{x}^{(\tau-\rho)}, \quad \rho < \tau .$$

Insbesondere folgt für $\rho = 1$ hieraus die *Rekursionsformel*

$$\boldsymbol{F}(\lambda_\sigma) \cdot \boldsymbol{x}^\tau = \boldsymbol{x}^{\tau-1} . \tag{2.39}$$

Diese Rekursionsformel findet Verwendung im folgenden

Satz 2.14 *Der Automat $\mathcal{Z}$ besitzt genau dann eine Kette der Länge $l > 1$, wenn es einen Jordanblock zum Eigenwert 0 mit $l - 1$ positiven Nichtdiagonalelementen gibt.*

Beweis. Zunächst sei angenommen, es existiere eine Kette $\boldsymbol{x}_1, \ldots, \boldsymbol{x}_l$ der Länge $l > 1$ mit $\boldsymbol{A} \cdot \boldsymbol{x}_{i+1} = \boldsymbol{x}_i$, $i = 1, \ldots, l-1$ und $\boldsymbol{A} \cdot \boldsymbol{x}_1 = \boldsymbol{x}_0$, wobei $\boldsymbol{x}_0$ einem Zyklus der Länge $p \geq 1$ angehöre.

$$\begin{array}{ccccccccccc} \boldsymbol{x}_l & \rightarrow & \boldsymbol{x}_{l-1} & \rightarrow & \cdots & \rightarrow & \boldsymbol{x}_2 & \rightarrow & \boldsymbol{x}_1 & \rightarrow & \boldsymbol{x}_0 \\ &&&&&&&&&& \uparrow \\ &&&&&&&&&& \boldsymbol{y}_1 \\ &&&&&&&&&& \uparrow \\ &&&&&&&&&& \boldsymbol{y}_2 \\ &&&&&&&&&& \uparrow \\ &&&&&&&&&& \vdots \end{array}$$

Dann existiert der in obiger Abbildung zu sehende Zustand $\boldsymbol{y}_1 \neq \boldsymbol{x}_1$ mit $\boldsymbol{A} \cdot \boldsymbol{y}_1 = \boldsymbol{A} \cdot \boldsymbol{x}_1 = \boldsymbol{x}_0$ und damit auch eine Zerlegung $\boldsymbol{x}_1 = \boldsymbol{y}_1 + \overline{\boldsymbol{x}}_1$, $\overline{\boldsymbol{x}}_1 \neq \boldsymbol{o}$, so daß gilt

$$\boldsymbol{A} \cdot \boldsymbol{x}_1 = \boldsymbol{A} \cdot \boldsymbol{y}_1 + \boldsymbol{A} \cdot \overline{\boldsymbol{x}}_1 = \boldsymbol{x}_0 = \boldsymbol{A} \cdot \boldsymbol{y}_1 .$$

Es ist also $\boldsymbol{A} \cdot \overline{\boldsymbol{x}}_1 = \boldsymbol{o}$, und wegen $\overline{\boldsymbol{x}}_1 \neq \boldsymbol{o}$ gilt $\overline{\boldsymbol{x}}_1 \in \mathrm{Kern}(\boldsymbol{A})$.

Weiter gibt es einen Zustand $\boldsymbol{y}_2 \neq \boldsymbol{x}_2$ mit $\boldsymbol{A} \cdot \boldsymbol{y}_2 = \boldsymbol{y}_1$ und eine Zerlegung $\boldsymbol{x}_2 = \boldsymbol{y}_2 + \overline{\boldsymbol{x}}_2$, $\overline{\boldsymbol{x}}_2 \neq \boldsymbol{o}$, so daß gilt

$$\begin{aligned}
\boldsymbol{x}_1 &= \boldsymbol{A} \cdot \boldsymbol{x}_2 = \boldsymbol{A} \cdot \boldsymbol{y}_2 + \boldsymbol{A} \cdot \overline{\boldsymbol{x}}_2 = \underbrace{\boldsymbol{y}_1 + \boldsymbol{A} \cdot \overline{\boldsymbol{x}}_2 \neq \boldsymbol{y}_1}_{\Rightarrow \boldsymbol{A} \cdot \overline{\boldsymbol{x}}_2 \neq \boldsymbol{o}} , \\
\boldsymbol{x}_0 &= \boldsymbol{A}^2 \cdot \boldsymbol{x}_2 = \boldsymbol{A}^2 \cdot \boldsymbol{y}_2 + \boldsymbol{A}^2 \cdot \overline{\boldsymbol{x}}_2 = \underbrace{\boldsymbol{x}_0 + \boldsymbol{A}^2 \cdot \overline{\boldsymbol{x}}_2 = \boldsymbol{x}_0}_{\Rightarrow \boldsymbol{A}^2 \cdot \overline{\boldsymbol{x}}_2 = \boldsymbol{o}} .
\end{aligned}$$

Und wiederum existiert ein weiterer Zustand $\boldsymbol{y}_3 \neq \boldsymbol{x}_3$ mit $\boldsymbol{A} \cdot \boldsymbol{y}_3 = \boldsymbol{y}_2$ und einer Zerlegung $\boldsymbol{x}_3 = \boldsymbol{y}_3 + \overline{\boldsymbol{x}}_3$, $\overline{\boldsymbol{x}}_3 \neq \boldsymbol{o}$, so daß gilt

$$\begin{aligned}
\boldsymbol{x}_2 &= \boldsymbol{A} \cdot \boldsymbol{x}_3 = \boldsymbol{A} \cdot \boldsymbol{y}_3 + \boldsymbol{A} \cdot \overline{\boldsymbol{x}}_3 = \underbrace{\boldsymbol{y}_2 + \boldsymbol{A} \cdot \overline{\boldsymbol{x}}_3 \neq \boldsymbol{y}_2}_{\Rightarrow \boldsymbol{A} \cdot \overline{\boldsymbol{x}}_3 \neq \boldsymbol{o}} , \\
\boldsymbol{x}_1 &= \boldsymbol{A}^2 \cdot \boldsymbol{x}_3 = \boldsymbol{A} \cdot \boldsymbol{y}_2 + \boldsymbol{A}^2 \cdot \overline{\boldsymbol{x}}_3 = \underbrace{\boldsymbol{y}_1 + \boldsymbol{A}^2 \cdot \overline{\boldsymbol{x}}_3 \neq \boldsymbol{y}_1}_{\Rightarrow \boldsymbol{A}^2 \cdot \overline{\boldsymbol{x}}_3 \neq \boldsymbol{o}} , \\
\boldsymbol{x}_0 &= \boldsymbol{A}^3 \cdot \boldsymbol{x}_3 = \boldsymbol{A} \cdot \boldsymbol{y}_1 + \boldsymbol{A}^2 \cdot \overline{\boldsymbol{x}}_3 = \underbrace{\boldsymbol{x}_0 + \boldsymbol{A}^3 \cdot \overline{\boldsymbol{x}}_3 = \boldsymbol{x}_0}_{\Rightarrow \boldsymbol{A}^3 \cdot \overline{\boldsymbol{x}}_3 = \boldsymbol{o}} .
\end{aligned}$$

Dies kann sukzessive weitergeführt werden mit Zuständen $\boldsymbol{y}_i \neq \boldsymbol{x}_i$, $\boldsymbol{A} \cdot \boldsymbol{y}_i = \boldsymbol{y}_{i-1}$ und Zerlegungen $\boldsymbol{x}_i = \boldsymbol{y}_i + \overline{\boldsymbol{x}}_i$, $\overline{\boldsymbol{x}}_i \neq \boldsymbol{o}$, für $i \leq l$. Damit ist gezeigt: Es existieren Vektoren $\overline{\boldsymbol{x}}_i$, $i = 1, \ldots, l$, so daß

$$\begin{aligned}
\boldsymbol{A}^\tau \cdot \overline{\boldsymbol{x}}_i &\neq \boldsymbol{o} \quad \text{für } \tau = 1, \ldots, i-1 , \\
\boldsymbol{A}^i \cdot \overline{\boldsymbol{x}}_i &= \boldsymbol{o} .
\end{aligned}$$

Gemäß (2.38) sind die $\overline{\boldsymbol{x}}_i$ Hauptvektoren i–ter Stufe zum Eigenwert $\lambda = 0$ und es existiert daher ein l–reihiger Jordanblock der Form

$$\boldsymbol{J}_0 = \begin{pmatrix} 0 & 1 & & & \\ & 0 & 1 & & \\ & & \ddots & \ddots & \\ & & & 0 & 1 \\ & & & & 0 \end{pmatrix} . \qquad (2.40)$$

Für die Gegenrichtung der Behauptung gelte nun die Annahme, es gäbe einen Jordanblock $\boldsymbol{J}_0$ mit $l-1$ positiven Nichtdiagonalelementen:

$$\boldsymbol{J} \;=\; \boldsymbol{T}^{-1}\cdot\boldsymbol{A}\cdot\boldsymbol{T} \;=\; \begin{pmatrix} \boxed{\begin{matrix} 0 & 1 & & & \\ & 0 & 1 & & \\ & & \ddots & \ddots & \\ & & & 0 & 1 \\ & & & & 0 \end{matrix}} & & \\ & \ddots & \\ & & \ddots \end{pmatrix} .$$

Dann existiert eine Hauptvektorkette $\boldsymbol{x}^1, \boldsymbol{x}^2, \ldots, \boldsymbol{x}^l$, für die gemäß (2.39) gilt:

$$\boldsymbol{F}(\lambda = 0)\cdot\boldsymbol{x}^\tau \;=\; \boldsymbol{A}\cdot\boldsymbol{x}^\tau \;=\; \boldsymbol{x}^{\tau-1},$$

$\tau \;=\; 1, 2, \ldots, l,\ \boldsymbol{x}^0 =_{Df.} \boldsymbol{o}$.

Die ersten l Spalten von $\boldsymbol{T}$ enthalten die Hauptvektoren $\boldsymbol{x}^1, \boldsymbol{x}^2, \ldots, \boldsymbol{x}^l$:

$$\boldsymbol{T} \;=\; \left(\begin{array}{cccc|ccc} \boldsymbol{x}^1 & \boldsymbol{x}^2 & \cdots & \boldsymbol{x}^l & \boldsymbol{x}^{l+1} & \cdots & \boldsymbol{x}^m \end{array}\right) .$$

Es gibt einen beliebigen Vektor

$$\tilde{\boldsymbol{x}}^l \;=\; (a_1, a_2, \ldots, a_l, a_{l+1}, \ldots, a_m) \tag{2.41}$$

mit $a_l \neq 0$, und es ist

$$\tilde{\boldsymbol{x}}^{l-1} \;=\; \boldsymbol{J}\cdot\tilde{\boldsymbol{x}}^l \;=\; (a_2, a_3, \ldots, a_l, 0, b_{l+1}, \ldots, b_m)$$

sowie letztendlich

$$\begin{aligned} \tilde{\boldsymbol{x}}^1 &= \boldsymbol{J}\cdot\tilde{\boldsymbol{x}}^2 = (a_l, 0, \ldots, 0, c_{l+1}, \ldots, c_m)\ , \\ \tilde{\boldsymbol{x}}^0 &= \boldsymbol{J}\cdot\tilde{\boldsymbol{x}}^1 = (\,0\,, 0, \ldots, 0, d_{l+1}, \ldots, d_m)\ . \end{aligned}$$

Beinhaltet $\boldsymbol{J}$ nur einen Jordanblock zum Eigenwert 0, der positive Nichtdiagonalelemente aufweist, so gibt es ein $p \geq 1$, so daß $\boldsymbol{J}^p \cdot \tilde{\boldsymbol{x}}^0 \;=\; \tilde{\boldsymbol{x}}^0$ ist, da $\boldsymbol{J}$ außer in 0 nur Eigenwerte in $\partial\mathbb{EK}$ besitzt. Gibt es weitere Jordanblöcke zu 0, so kann es auch unter den Hauptvektoren $\boldsymbol{x}^{l+1}, \ldots, \boldsymbol{x}^m$ einige von einer Stufe größer als 1 geben. Dann existiert aber auf jeden Fall ein Paar $p, q \geq 0$, so daß $\boldsymbol{J}^p \cdot \left(\boldsymbol{J}^q\tilde{\boldsymbol{x}}^0\right) \;=\; \boldsymbol{J}^q\tilde{\boldsymbol{x}}^0$ erfüllt ist.

Da die Zustände von $\boldsymbol{\mathcal{Z}}$ den gesamten $\mathbb{R}^m$ aufspannen, existiert auch ein Zustand

$$\boldsymbol{x}_0 \;=\; x_1\boldsymbol{x}^1 + \ldots + x_l\boldsymbol{x}^l + x_{l+1}\boldsymbol{x}^{l+1} + \ldots + x_m\boldsymbol{x}^m$$

mit $x_l \neq 0$ und damit auch eine Kette der Länge l. ◇

Satz 2.15 *Es sei*

$$J_0 = \begin{pmatrix} 0 & 1 & & & \\ & 0 & 1 & & \\ & & \ddots & \ddots & \\ & & & 0 & 1 \\ & & & & 0 \end{pmatrix} \in \{0,1\}^{(l,l)}$$

der größte Jordanblock dieser Gestalt. Dann hat die längste Kette von $\boldsymbol{\mathcal{Z}}$ *die Länge* l.

Beweis. O.B.d.A. sei $\boldsymbol{J}_0$ der erste Jordanblock in $\boldsymbol{J}$. Die Spalten von $\boldsymbol{T}$ stellen die Hauptvektoren dar. Sie spannen ebenso wie die Zustände einen Raum der Dimension m auf. Daher existiert ein Zustand $\boldsymbol{x}_0$ so, daß in der Darstellung $\boldsymbol{x}_0 = \boldsymbol{T}\tilde{\boldsymbol{x}}_0$ der dem Hauptvektor höchster Stufe von $\boldsymbol{J}_0$ zugeordnete Koeffizient $\tilde{x}_l \neq 0$ ist.

Dann ist $\tilde{x}_0 = \tilde{x}_1 = \ldots = \tilde{x}_l = 0$ erst für

$$\tilde{\boldsymbol{x}}_l = \boldsymbol{J}^l \cdot \tilde{\boldsymbol{x}}_0 .$$

Damit existiert eine Kette der Länge l.

Es sei nun angenommen, daß eine weitere Kette existiert, deren Länge $l' > l$ ist. Dann gibt es einen Zustand $\boldsymbol{x}_0'$ bzw. $\tilde{\boldsymbol{x}}_0'$ mit Koeffizienten $\tilde{x}_r', \tilde{x}_{r+1}', \ldots, \tilde{x}_{r+l'}'$, für die $\tilde{x}_r' = \tilde{x}_{r+1}' = \ldots, = \tilde{x}_{r+l'}' = 0$ für

$$\tilde{\boldsymbol{x}}_{l'}' = \boldsymbol{J}^{l'} \cdot \tilde{\boldsymbol{x}}_0'$$

gilt. Dies würde jedoch einen l'–reihigen Jordanblock $\boldsymbol{J}_0'$ voraussetzen, der nicht existiert. ◇

Über die Anzahl der Jordanblöcke, die von verschiedenen Ketten erzeugt werden, läßt sich noch die folgende Aussage treffen.

Satz 2.16 *Gegeben seien zwei Ketten*

$$\boldsymbol{x}_1, \ldots, \boldsymbol{x}_{l_1} , \quad \boldsymbol{y}_1, \ldots, \boldsymbol{y}_{l_2}$$

der Längen $l_1; l_2 \in \mathbb{N}$, *deren Zustände paarweise verschieden sind. Weiterhin gebe es zwei Zustände* $\boldsymbol{x}_0$ *und* $\boldsymbol{y}_0$ *aus Zyklen mit einer Länge* ≥ 1 *so, daß*

$$\begin{aligned} \boldsymbol{A} \cdot \boldsymbol{x}_i &= \boldsymbol{x}_{i-1} \quad , \quad i = 1, \ldots, l_1 ; \\ \boldsymbol{A} \cdot \boldsymbol{y}_j &= \boldsymbol{y}_{j-1} \quad , \quad j = 1, \ldots, l_2 . \end{aligned}$$

Die Ketten münden also in die Zustände $\boldsymbol{x}_0$ *bzw.* $\boldsymbol{y}_0$.
Dann gilt eine der beiden Aussagen

i.) $\boldsymbol{x}_0 = \boldsymbol{y}_0 \quad \Longrightarrow$

es existiert jeweils ein l_1–reihiger und ein l_2–reihiger Jordanblock.

ii.) $\boldsymbol{x}_i = \boldsymbol{y}_i\,,\ i = 0, \ldots, \min\{l_1, l_2\}$ *und* $m \geq 3 \quad \Longleftrightarrow$

den beiden Ketten ist genau ein Jordanblock der Länge $\max\{l_1, l_2\}$ *zugeordnet.*

Der *Beweis* des ersten Teils erfolgt durch Widerspruch.
O.B.d.A. sei $l_1 \leq l_2$ angenommen. Es gibt die Zerlegungen

$$\boldsymbol{x}_i = \boldsymbol{x}_{-i} + \boldsymbol{z}_i\,, \tag{2.42}$$

$i = 1, \ldots, l_1$. Die $\boldsymbol{x}_{-i}$ stammen aus dem Zyklus, dem $\boldsymbol{x}_0$ angehört, und es gilt

$$\boldsymbol{A}\boldsymbol{x}_{-i} = \boldsymbol{x}_{-i+1} \tag{2.43}$$

Dann ist

$$\begin{aligned} \boldsymbol{x}_{l_1} &= \boldsymbol{x}_{-l_1} + \boldsymbol{z}_{l_1} \\ \boldsymbol{x}_{l_1-1} &= \boldsymbol{x}_{-(l_1-1)} + \boldsymbol{z}_{l_1-1} \\ &= \boldsymbol{A}\boldsymbol{x}_{-l_1} + \boldsymbol{A}\boldsymbol{z}_{-l_1} \\ &\ \vdots \\ \boldsymbol{x}_0 &= \boldsymbol{A}\boldsymbol{x}_{-1} + \boldsymbol{A}\boldsymbol{z}_{-1}\,. \end{aligned}$$

Wegen (2.43) ist damit

$$\begin{aligned} \boldsymbol{A}\cdot\boldsymbol{z}_i &= \boldsymbol{z}_{i-1}\,, \quad i = l, \ldots, 2\,, \\ \boldsymbol{A}\cdot\boldsymbol{z}_1 &= \boldsymbol{o}\,. \end{aligned} \tag{2.44}$$

Die $\boldsymbol{z}_i$, $i = 1, \ldots, l_1$, sind linear unabhängig, d.h. es gilt $\mathrm{Dim}\,[\boldsymbol{z}_1, \ldots, \boldsymbol{z}_{l_1}] = l_1$. Wären die $\boldsymbol{z}_i$ nämlich linear abhängig, so wäre

$$\begin{aligned} \boldsymbol{z}_1 &= a_2\boldsymbol{z}_2 + \cdots + a_{l_1}\boldsymbol{z}_{l_1} \\ \Longrightarrow \quad \boldsymbol{A}\boldsymbol{z}_1 &= a_2\boldsymbol{z}_1 + \cdots + a_{l_1}\boldsymbol{z}_{l_1-1} \\ &= b_2\boldsymbol{z}_2 + \cdots + b_{l_1}\boldsymbol{z}_{l_1} \quad \overset{!}{=} \boldsymbol{o}\,. \end{aligned}$$

Damit sind $\boldsymbol{z}_2, \ldots, \boldsymbol{z}_{l_1}$ linear abhängig, $\boldsymbol{z}_2$ läßt sich also darstellen als

$$\boldsymbol{z}_2 = c_3\boldsymbol{z}_3 + \cdots + c_{l_1}\boldsymbol{z}_{l_1}$$

Dann ist

$$\begin{aligned} \boldsymbol{z}_1 &= d_3\boldsymbol{z}_3 + \cdots + d_{l_1}\boldsymbol{z}_{l_1} \\ \Longrightarrow \quad \boldsymbol{A}\boldsymbol{z}_1 &= d_3\boldsymbol{z}_2 + \cdots + d_{l_1}\boldsymbol{z}_{l_1-1} \\ &= f_3\boldsymbol{z}_3 + \cdots + f_{l_1}\boldsymbol{z}_{l_1} \quad \overset{!}{=} \boldsymbol{o}\,. \end{aligned}$$

Dies bedeutet jedoch bereits die lineare Abhängigkeit von $\boldsymbol{z}_3, \ldots, \boldsymbol{z}_{l_1}$. Wird dies sukzessive fortgeführt, so gelangt man schließlich zur linearen Abhängigkeit von $\boldsymbol{z}_{l_1-1}$ und $\boldsymbol{z}_{l_1}$, d.h es ist analog zum bisherigen

$$\boldsymbol{z}_{l_1-1} = g_{l_1}\boldsymbol{z}_{l_1}$$

und damit

$$\begin{aligned} \boldsymbol{z}_1 &= h_{l_1}\boldsymbol{z}_{l_1} \\ \Longrightarrow \quad \boldsymbol{A}\boldsymbol{z}_1 &= h_{l_1}\boldsymbol{z}_{l_1-1} \overset{!}{=} \boldsymbol{o}, \end{aligned}$$

es ist also $\boldsymbol{z}_{l_1-1} = \boldsymbol{o}$, und hernach ebenso $\boldsymbol{z}_{l_1-2} = \boldsymbol{o}$. Rückwärts schließend ist dann ebenfalls $\boldsymbol{z}_i = \boldsymbol{o}$ für $i = l_1 - 3, \ldots, 2$, und schlußendlich

$$\boldsymbol{z}_1 = \boldsymbol{o}$$

im Widerspruch zur Ungleichheit der $\boldsymbol{x}_i$ zu den $\boldsymbol{x}_{-i}$ in (2.42).

Die $\boldsymbol{z}_i$ spannen also einen Vektorraum der Dimension l auf, und wegen (2.44) bilden daher die $\boldsymbol{z}_1, \ldots, \boldsymbol{z}_{l_1}$ ein Hauptvektorsystem, wobei $\boldsymbol{z}_i$ ein Hauptvektor i–ter Stufe ist.

Ebenso wie für die $\boldsymbol{x}_i$ (2.42) gibt es Zerlegungen

$$\boldsymbol{y}_i = \boldsymbol{y}_{-i} + \boldsymbol{w}_i, \tag{2.45}$$

$i = 1, \ldots, l_1$, und die $\boldsymbol{w}_i$ sind ebenfalls Hauptvektoren.

Unter der Annahme, daß die $\boldsymbol{z}_i$ und die $\boldsymbol{w}_i$, $i = 1, \ldots, l_1$, denselben Raum aufspannen, gilt dann

$$\begin{aligned} \boldsymbol{w}_1 &= c_{1,1}\boldsymbol{z}_1 \\ \boldsymbol{w}_2 &= c_{2,1}\boldsymbol{z}_1 + c_{2,2}\boldsymbol{z}_2 \\ &\vdots \\ \boldsymbol{w}_{l_1-1} &= c_{l_1-1,1}\boldsymbol{z}_1 + \cdots + c_{l_1-1,l_1}\boldsymbol{z}_{l_1-1} \\ \boldsymbol{w}_{l_1} &= c_{l_1,1}\boldsymbol{z}_1 + \cdots + c_{l_1,l_1}\boldsymbol{z}_{l_1} \end{aligned} \tag{2.46}$$

und damit in Matrixschreibweise

$$\begin{pmatrix} \boldsymbol{w}_1^T \\ \vdots \\ \boldsymbol{w}_{l_1}^T \end{pmatrix} = \boldsymbol{C} \cdot \begin{pmatrix} \boldsymbol{z}_1^T \\ \vdots \\ \boldsymbol{z}_{l_1}^T \end{pmatrix}$$

mit $\boldsymbol{C} \in \mathbb{R}^{(l_1,l_1)}$ als oberer Dreiecksmatrix.

Weil $\boldsymbol{x}_i, \boldsymbol{x}_{-i}, \boldsymbol{y}_i \in \{\pm 1\}^m$ ist, gilt wegen (2.42) und (2.45)

$$\boldsymbol{z}_i,\, \boldsymbol{w}_i \in \{0, \pm 2\}^m$$

und damit folgt aus der ersten Zeile von (2.46) für den dortigen Linearfaktor $c_{1,1} \in \{\pm 1\}$.
Ist $c_{1,1} = 1$, so folgt aus den beiden Zerlegungen (2.42) und (2.45) $\boldsymbol{x}_1 = \boldsymbol{y}_1$ im Widerspruch zur Voraussetzung.
Im Falle $c_{1,1} = -1$ ist

$$\boldsymbol{y}_1 \;=\; \boldsymbol{x}_{-1} \overset{(2.42)}{=} \boldsymbol{x}_1 - 2\boldsymbol{z}_1 \,.$$

Da $\boldsymbol{y}_1 \neq \boldsymbol{x}_1$ gilt, muß es ein Element von $\boldsymbol{x}_1$ geben, das ungleich dem entsprechenden Element von $\boldsymbol{y}_1$ ist. O.B.d.A. sei dies das erste Element $x_{1,1}$. Auch hier sind zwei Möglichkeiten zu unterscheiden.
Für $x_{1,1} = 1$ ist $z_{1,1} \in \{0, +2\}$. Wegen $c_{1,1} = -1$ ist

$$\begin{aligned} \boldsymbol{y}_1 &= \boldsymbol{x}_{-1} - \boldsymbol{z}_1 \\ \boldsymbol{x}_1 &= \boldsymbol{x}_{-1} + \boldsymbol{z}_1 \end{aligned} \tag{2.47}$$

Da $x_{1,1} \neq y_{1,1}$ ist, muß dann $z_{1,1} \neq 0$ gelten und damit bleibt nur $z_{1,1} = 2$. Es folgt aus (2.47)

$$\begin{aligned} x_{-1,1} &= x_{1,1} - z_{1,1} = -1 \\ \Longrightarrow \quad y_{1,1} &= x_{-1,1} - z_{1,1} = -3 \,. \end{aligned}$$

Die Elemente von $\boldsymbol{y}$ können jedoch nur die Werte ± 1 annehmen, es ist also ein Widerspruch gefunden.
Der zweite mögliche Wert für $x_{1,1}$ ist -1. Dann ergibt sich nach zur ersten Möglichkeit analogen Schlußweise $z_{1,1} = 2$. Es folgt $x_{-1,1} = 1$ und daraus

$$y_{1,1} = x_{-1,1} - z_{1,1} = 3 \,,$$

dies wiederum im Widerspruch zur Voraussetzung.

Hieraus ist zu schließen, daß keine der Linearkombinationen (2.46) existiert. Damit spannen die beiden durch die $\boldsymbol{z}_i$ und $\boldsymbol{w}_i$ gegebenen Hauptvektorsysteme disjunkte Vektorräume auf, so daß zwei Jordanblöcke existieren. Wegen Satz 2.14 besitzt einer der beiden Jordanblöcke mindestens die Länge l_1 und der andere die Mindestlänge l_2.

Der zweite Teil der Behauptung ist eine Folgerung aus Satz 2.21 und wurde im Vorgriff auf Abschnitt 2.4 bereits hier niedergeschrieben. ◇

2.3.3 Die Rotationsnormalform von $\boldsymbol{A}$

Die Jordansche Normalform $\boldsymbol{J}$ von $\boldsymbol{A}$ beschreibt die dynamischen Eigenschaften des Systems $\boldsymbol{\mathcal{Z}}$. Die algebraische und vor allem geometrische Struktur der linearen Darstellung von $\boldsymbol{\mathcal{Z}}$ wird von der Transformationsmatrix $\boldsymbol{T}$ repräsentiert. Aus dieser Struktur lassen sich wichtige

Rückschlüsse ziehen, zu deren Nachweis die geometrischen Symmetrien herangezogen werden können, die in der Darstellung der Zustände von $\mathcal{Z}$ in Binärform mit den Binärziffern -1 und 1 begründet sind. Dies kann insbesondere durch Umwandlung der Jordanschen Normalform in die *Rotationsnormalform* verdeutlicht werden.

Ein konjugiert komplexes Eigenwertpaar λ, $\overline{\lambda}$ von $\boldsymbol{A}$ entspricht einer Drehung und bildet einen Jordanblock $\left(\begin{smallmatrix}\lambda & 0\\ 0 & \overline{\lambda}\end{smallmatrix}\right)$ auf der Hauptdiagonalen von $\boldsymbol{J}$. Diese komplexe Darstellung einer Rotation ist jedoch geometrisch nicht sehr anschaulich. Um dies zu erreichen, wird dieser Jordanblock in reeller Form angeschrieben: $\left(\begin{smallmatrix}\cos\alpha & \sin\alpha\\ -\sin\alpha & \cos\alpha\end{smallmatrix}\right)$. Hierbei ist der Rotationswinkel α das Argument des Eigenwertes λ. Da Satz 2.9 für die betrachteten Eigenwerte $\lambda \in \partial\mathbb{EK}$ zeigt, ist gemäß der Eulerschen Darstellung von λ und $\overline{\lambda}$ gerade $\left(\begin{smallmatrix}\cos\alpha & \sin\alpha\\ -\sin\alpha & \cos\alpha\end{smallmatrix}\right) = \left(\begin{smallmatrix}\mathrm{Re}\lambda & \mathrm{Im}\lambda\\ -\mathrm{Im}\lambda & \mathrm{Re}\lambda\end{smallmatrix}\right)$.

Auf diese Weise kann jeder der zweireihigen, konjugiert komplexen Jordanblöcke $\boldsymbol{J}_1, \ldots, \boldsymbol{J}_r$ der Jordanschen Normalform

$$\boldsymbol{J} = \qquad (2.48)$$

$$\begin{pmatrix} \boldsymbol{J}_1 &&&&&&&&&&&& \\ & \ddots &&&&&&&&&&& \\ && \boldsymbol{J}_r &&&&&&&&&& \\ &&& -1 &&&&&&&&& \\ &&&& \ddots &&&&&&&& \\ &&&&& -1 &&&&&&& \\ &&&&&& 1 &&&&&& \\ &&&&&&& \ddots &&&&& \\ &&&&&&&& 1 &&&& \\ &&&&&&&&& 0 &&& \\ &&&&&&&&&& \ddots && \\ &&&&&&&&&&& 0 & \\ &&&&&&&&&&&& \boldsymbol{J}_1^0 \\ &&&&&&&&&&&&& \ddots \\ &&&&&&&&&&&&&& \boldsymbol{J}_s^0 \end{pmatrix} \in \mathbb{R}^{(m,m)},$$

in sein reelles Pendant überführt werden, was eine Darstellung der Form

$$\boldsymbol{D} =_{Df.} \qquad (2.49)$$

$$\begin{pmatrix} \boldsymbol{J}'_1 & & & & & & & & & & & \\ & \ddots & & & & & & & & & & \\ & & \boldsymbol{J}'_r & & & & & & & & & \\ & & & -1 & & & & & & & & \\ & & & & \ddots & & & & & & & \\ & & & & & -1 & & & & & & \\ & & & & & & 1 & & & & & \\ & & & & & & & \ddots & & & & \\ & & & & & & & & 1 & & & \\ & & & & & & & & & 0 & & \\ & & & & & & & & & & \ddots & \\ & & & & & & & & & & & 0 \\ & & & & & & & & & & & & \boldsymbol{J}^0_1 \\ & & & & & & & & & & & & & \ddots \\ & & & & & & & & & & & & & & \boldsymbol{J}^0_s \end{pmatrix} \in \mathbb{R}^{(m,m)}, \qquad (2.50)$$

mit

$$\boldsymbol{J}'_\rho = \begin{pmatrix} \cos\alpha_\rho & \sin\alpha_\rho \\ -\sin\alpha_\rho & \cos\alpha_\rho \end{pmatrix}, \quad \alpha_\rho = \mathrm{Arg}\lambda_\rho . \qquad (2.51)$$

ergibt.

Wegen (2.33) mit

$$\boldsymbol{T} = \begin{pmatrix} \boldsymbol{t}_1 & \cdots & \boldsymbol{t}_m \end{pmatrix}$$

als Spaltenmatrix der Eigen– bzw. Hauptvektoren von $\boldsymbol{A}$ ist nun eine neue Transformationsmatrix $\boldsymbol{S}$ zu finden, so daß

$$\boldsymbol{D} = \boldsymbol{S}^{-1} \cdot \boldsymbol{A} \cdot \boldsymbol{S}$$

gilt. Es liegt nahe zu versuchen, diese Matrix $\boldsymbol{S}$ aus der bekannten Transformation $\boldsymbol{T}$ zu konstruieren. Aus (2.33) und (2.15) folgt die Darstellung

$$\tilde{\boldsymbol{x}}_{k+1} = \boldsymbol{J} \cdot \tilde{\boldsymbol{x}}_k \qquad \text{mit} \qquad \boldsymbol{x}_k = \boldsymbol{T} \cdot \tilde{\boldsymbol{x}}_k . \qquad (2.52)$$

Für $\boldsymbol{D}$ und $\boldsymbol{S}$ muß demnach analog gelten

$$\hat{\boldsymbol{x}}_{k+1} = \boldsymbol{D} \cdot \hat{\boldsymbol{x}}_k \qquad \text{mit} \qquad \boldsymbol{x}_k = \boldsymbol{S} \cdot \hat{\boldsymbol{x}}_k . \qquad (2.53)$$

Da bereits die Blöcke in $\boldsymbol{D}$ durch Trennung der reellen und imaginären Anteile der Elemente der korrespondierenden Blöcke aus $\boldsymbol{J}$ gewonnen wurden, ist dies für $\hat{\boldsymbol{x}}$ sowie $\boldsymbol{S}$ ebenfalls vorzunehmen. Zu dem Eigenwertpaar λ, $\overline{\lambda}$ gehört ein Paar von Eigenvektoren, also Spalten aus $\boldsymbol{T}$, natürlich ebenfalls konjugiert komplex: $\boldsymbol{t}$, $\overline{\boldsymbol{t}}$. Die entsprechenden Spalten von $\boldsymbol{S}$ werden nun definiert als

$$\begin{aligned} \boldsymbol{s}_1 &=_{Df.} \mathrm{Re}\boldsymbol{t} - \mathrm{Im}\boldsymbol{t} , \\ \boldsymbol{s}_2 &=_{Df.} \mathrm{Re}\boldsymbol{t} + \mathrm{Im}\boldsymbol{t} . \end{aligned} \qquad (2.54)$$

Da $\boldsymbol{J}$ und damit auch $\boldsymbol{D}$ nur bis auf die Reihenfolge der einzelnen Blöcke eindeutig sind, können hier o.B.d.A. die Indizes 1 und 2 benutzt werden. Entsprechend sind die bezüglich der Transformation (2.53) zu $\boldsymbol{s}_1$ und $\boldsymbol{s}_2$ gehörenden Elemente von $\hat{\boldsymbol{x}}$

$$\begin{aligned} \hat{x}_1 &=_{Df.} \mathrm{Re}\tilde{x}_1 + \mathrm{Im}\tilde{x}_1 \,, \\ \hat{x}_2 &=_{Df.} \mathrm{Re}\tilde{x}_1 - \mathrm{Im}\tilde{x}_1 \,. \end{aligned} \tag{2.55}$$

Aufgrund der Blockdiagonalform von $\boldsymbol{J}$ bzw. $\boldsymbol{D}$ sind die anderen Elemente von $\tilde{\boldsymbol{x}}$ hier ohne Einfluß.

Um die Richtigkeit dieser Konstruktion nachzuweisen, ist es nötig, die aus (2.52) und (2.53) entspringenden Identitäten

$$\boldsymbol{T} \cdot \tilde{\boldsymbol{x}} = \boldsymbol{S} \cdot \hat{\boldsymbol{x}} \tag{2.56}$$

und

$$\boldsymbol{T} \cdot \boldsymbol{J} \cdot \tilde{\boldsymbol{x}} = \boldsymbol{S} \cdot \boldsymbol{D} \cdot \hat{\boldsymbol{x}} \tag{2.57}$$

zu überprüfen. Wiederum aufgrund der Blockdiagonalform ist es lediglich nötig, dies für ein Eigenwertpaar durchzuführen und damit auch nur für die an gleicher Position stehenden zwei Elemente von $\tilde{\boldsymbol{x}}$ und $\hat{\boldsymbol{x}}$ sowie Spalten von $\boldsymbol{T}$ und $\boldsymbol{S}$. Die linke Seite von (2.56) ergibt so

$$\begin{aligned} (\boldsymbol{t}\ \bar{\boldsymbol{t}}) \cdot \begin{pmatrix} \tilde{x}_1 \\ \bar{\tilde{x}}_1 \end{pmatrix} &= \boldsymbol{t} \cdot \tilde{x}_1 + \bar{\boldsymbol{t}} \cdot \bar{\tilde{x}}_1 \\ &= \mathrm{Re}\boldsymbol{t} \cdot \mathrm{Re}\tilde{x}_1 - \mathrm{Im}\boldsymbol{t} \cdot \mathrm{Im}\tilde{x}_1 + i \cdot (\mathrm{Re}\boldsymbol{t} \cdot \mathrm{Im}\tilde{x}_1 - \mathrm{Im}\boldsymbol{t} \cdot \mathrm{Re}\tilde{x}_1) + \\ &\quad\ \mathrm{Re}\boldsymbol{t} \cdot \mathrm{Re}\tilde{x}_1 - \mathrm{Im}\boldsymbol{t} \cdot \mathrm{Im}\tilde{x}_1 - i \cdot (\mathrm{Re}\boldsymbol{t} \cdot \mathrm{Im}\tilde{x}_1 - \mathrm{Im}\boldsymbol{t} \cdot \mathrm{Re}\tilde{x}_1) \\ &= 2 \cdot (\mathrm{Re}\boldsymbol{t} \cdot \mathrm{Re}\tilde{x}_1 - \mathrm{Im}\boldsymbol{t} \cdot \mathrm{Im}\tilde{x}_1) \,. \end{aligned}$$

Für die rechte Seite gilt nach (2.54) und (2.55)

$$\begin{aligned} (\boldsymbol{s}_1\ \boldsymbol{s}_2) \cdot \begin{pmatrix} \hat{x}_1 \\ \hat{x}_2 \end{pmatrix} &= (\mathrm{Re}\boldsymbol{t} - \mathrm{Im}\boldsymbol{t}) \cdot (\mathrm{Re}\tilde{x}_1 + \mathrm{Im}\tilde{x}_1) + (\mathrm{Re}\boldsymbol{t} + \mathrm{Im}\boldsymbol{t}) \cdot (\mathrm{Re}\tilde{x}_1 - \mathrm{Im}\tilde{x}_1) \\ &= \mathrm{Re}\boldsymbol{t} \cdot \mathrm{Re}\tilde{x}_1 - \mathrm{Im}\boldsymbol{t} \cdot \mathrm{Im}\tilde{x}_1 + \mathrm{Re}\boldsymbol{t} \cdot \mathrm{Im}\tilde{x}_1 - \mathrm{Im}\boldsymbol{t} \cdot \mathrm{Re}\tilde{x}_1 + \\ &\quad\ \mathrm{Re}\boldsymbol{t} \cdot \mathrm{Re}\tilde{x}_1 - \mathrm{Im}\boldsymbol{t} \cdot \mathrm{Im}\tilde{x}_1 - \mathrm{Re}\boldsymbol{t} \cdot \mathrm{Im}\tilde{x}_1 + \mathrm{Im}\boldsymbol{t} \cdot \mathrm{Re}\tilde{x}_1 \\ &= 2 \cdot (\mathrm{Re}\boldsymbol{t} \cdot \mathrm{Re}\tilde{x}_1 - \mathrm{Im}\boldsymbol{t} \cdot \mathrm{Im}\tilde{x}_1) \end{aligned}$$

und damit die Identität beider Seiten. Die Expansion des ersten Terms der zweiten Forderung (2.57) führt zu

$$\begin{aligned} (\boldsymbol{t}\ \bar{\boldsymbol{t}}) \cdot \begin{pmatrix} \lambda & 0 \\ 0 & \bar{\lambda} \end{pmatrix} \cdot \begin{pmatrix} \tilde{x}_1 \\ \bar{\tilde{x}}_1 \end{pmatrix} &= (\boldsymbol{t}\lambda\ \overline{\boldsymbol{t}\lambda}) \cdot \begin{pmatrix} \tilde{x}_1 \\ \bar{\tilde{x}}_1 \end{pmatrix} \\ &= \boldsymbol{t} \cdot \lambda \cdot \tilde{x}_1 + \bar{\boldsymbol{t}} \cdot \bar{\lambda} \cdot \bar{\tilde{x}}_1 \\ &= 2 \cdot \mathrm{Re}\boldsymbol{t} \cdot (\mathrm{Re}\lambda \cdot \mathrm{Re}\tilde{x}_1 + \mathrm{Im}\lambda \cdot \mathrm{Im}\tilde{x}_1) - \\ &\quad\ 2 \cdot \mathrm{Im}\boldsymbol{t} \cdot (\mathrm{Re}\lambda \cdot \mathrm{Im}\tilde{x}_1 + \mathrm{Im}\lambda \cdot \mathrm{Re}\tilde{x}_1) \,, \end{aligned}$$

und ebenso die des zweiten Terms. Damit liegt auch hier die Identität vor.

Somit ist die Entwicklung einer reellen Darstellung der Jordanschen Normalform gezeigt, und damit die Rechtfertigung der folgenden

Definition 2.17 *$\boldsymbol{A}$ besitze die Jordansche Normalform*

$$\boldsymbol{J} = \begin{pmatrix} \boldsymbol{J}_1 & & & & & & & & & & & \\ & \ddots & & & & & & & & & & \\ & & \boldsymbol{J}_r & & & & & & & & & \\ & & & -1 & & & & & & & & \\ & & & & \ddots & & & & & & & \\ & & & & & -1 & & & & & & \\ & & & & & & 1 & & & & & \\ & & & & & & & \ddots & & & & \\ & & & & & & & & 1 & & & \\ & & & & & & & & & 0 & & \\ & & & & & & & & & & \ddots & \\ & & & & & & & & & & & 0 \\ & & & & & & & & & & & & \boldsymbol{J}_1^0 \\ & & & & & & & & & & & & & \ddots \\ & & & & & & & & & & & & & & \boldsymbol{J}_s^0 \end{pmatrix} \in \mathbb{R}^{(m,m)},$$

mit

$$\boldsymbol{J} = \boldsymbol{T}^{-1} \cdot \boldsymbol{A} \cdot \boldsymbol{T} \qquad \textit{und} \qquad \boldsymbol{T} = \begin{pmatrix} \boldsymbol{t}_1 & \cdots & \boldsymbol{t}_m \end{pmatrix}.$$

Dabei sind $\boldsymbol{J}_1^0, \ldots, \boldsymbol{J}_s^0$ Jordanblöcke der Gestalt (2.40). Die Matrizen $\boldsymbol{J}_1, \ldots, \boldsymbol{J}_r \in \mathbb{R}^{(2,2)}$ haben die Form

$$\boldsymbol{J}_\rho = \begin{pmatrix} \lambda_\rho & 0 \\ 0 & \overline{\lambda}_\rho \end{pmatrix},$$

sie beinhalten also jeweils ein konjugiert komplexes Eigenwertpaar. Dann ist die Rotationsnormalform

$$\boldsymbol{D} = \boldsymbol{S}^{-1} \cdot \boldsymbol{A} \cdot \boldsymbol{S}$$

von $\boldsymbol{A}$ die Matrix

$$\boldsymbol{D} =_{Df.} \begin{pmatrix} \boldsymbol{J}'_1 & & & & & & & & & & & & \\ & \ddots & & & & & & & & & & & \\ & & \boldsymbol{J}'_r & & & & & & & & & & \\ & & & -1 & & & & & & & & & \\ & & & & \ddots & & & & & & & & \\ & & & & & -1 & & & & & & & \\ & & & & & & 1 & & & & & & \\ & & & & & & & \ddots & & & & & \\ & & & & & & & & 1 & & & & \\ & & & & & & & & & 0 & & & \\ & & & & & & & & & & \ddots & & \\ & & & & & & & & & & & 0 & \\ & & & & & & & & & & & & \boldsymbol{J}^0_1 \\ & & & & & & & & & & & & & \ddots \\ & & & & & & & & & & & & & & \boldsymbol{J}^0_s \end{pmatrix} \in \mathbb{R}^{(m,m)} ,$$

mit

$$\begin{aligned} \boldsymbol{J}'_\rho &= \begin{pmatrix} \cos\alpha_\rho & \sin\alpha_\rho \\ -\sin\alpha_\rho & \cos\alpha_\rho \end{pmatrix} , \quad \alpha_\rho = \mathrm{Arg}\lambda_\rho \\ &= \begin{pmatrix} \mathrm{Re}\lambda_\rho & \mathrm{Im}\lambda_\rho \\ -\mathrm{Im}\lambda_\rho & \mathrm{Re}\lambda_\rho \end{pmatrix} \end{aligned} \tag{2.58}$$

Die Spalten $\boldsymbol{s}_1, \ldots, \boldsymbol{s}_m$ von $\boldsymbol{S}$ sind definiert durch

$$\begin{aligned} \boldsymbol{s}_{2\rho-1} &= \mathrm{Re}\,(\boldsymbol{t}_{2\rho-1}) - \mathrm{Im}\,(\boldsymbol{t}_{2\rho-1}) \, , & \rho &= 1, \ldots, r \, , \\ \boldsymbol{s}_{2\rho} &= \mathrm{Re}\,(\boldsymbol{t}_{2\rho-1}) + \mathrm{Im}\,(\boldsymbol{t}_{2\rho-1}) \, , & \rho &= 1, \ldots, r \, , \\ \boldsymbol{s}_\rho &= \boldsymbol{t}_\rho \, , & \rho &= 2r+1, \ldots, m \, . \end{aligned}$$

Die Vektoren $\boldsymbol{s}_{2\rho-1}$, $\boldsymbol{s}_{2\rho}$ bilden dann die Drehebene, auf der die Drehung um α_ρ durch die Abbildung $\boldsymbol{A}$ stattfindet.

Die Repräsentation der durch $\boldsymbol{A}$ gegebenen linearen Abbildung in der durch diese Definition gegebenen Form bietet nun die bereits angesprochene Möglichkeit, Eigenschaften des Automaten $\mathcal{Z}$ anhand geometrischer Beziehungen darzustellen und zu begründen.

2.3.4 Der Zusammenhang zwischen Eigenwerten von A und Zyklen von $\mathcal{Z}$

Bei der Interpretation des Systems (2.19) auf Seite 16 als zeitdiskrete Zustandsgleichung erhält man m Zustandsgrößen $x_1, \ldots, x_m$. Diese können dabei aufgrund der Darstellung mittels Walsh–Funktionen nur die Werte 1 oder -1 annehmen.

Ein Eigenwertpaar von $\boldsymbol{A}$ in $\exp\left(\pm j\frac{2\pi}{l}\right)$ zeigt demnach an, daß zwei Zustandsgrößen von (2.19) eine Eigenschwingung ausführen, die die Frequenz $\frac{1}{lT}$ bzw. die Periode lT besitzt, mit T als Abtastzeit. Eine Zustandsgröße, der das Eigenwertpaar $\exp\left(\pm j\frac{2\pi}{l}\right)$ zugeordnet werden kann, nimmt alle l Abtastschritte wieder den gleichen Wert an.

Die Hinzunahme neuer Zeilen von $\boldsymbol{W}_n$ zu $\boldsymbol{X}_k$ und $\boldsymbol{X}_{k+1}$ im auf Seite 14 beschriebenen Entwicklungsalgorithmus 2.1 kann dazu führen, daß $\boldsymbol{A}$ Eigenwerte enthält, die zwar auf dem Rand des Einheitskreises liegen, aber keine Zyklen von $\boldsymbol{\mathcal{Z}}$ beschreiben. Umgekehrt hingegen erzeugen alle Zyklen von $\boldsymbol{\mathcal{Z}}$ einen passenden Eigenwert von $\boldsymbol{A}$ auf dem Einheitskreis. Dies sei formuliert in dem

Satz 2.18 *Existiert ein Zyklus der Länge $l \in \mathbb{N}_0$, so existiert auch ein Eigenwert*

$$\lambda = \begin{cases} 0 & \textit{falls } l = 0 \\ 1 & \textit{falls } l = 1 \\ -1 & \textit{falls } l = 2 \end{cases}$$

beziehungsweise ein konjugiert komplexes Eigenwertpaar

$$\lambda = \cos\frac{2\pi}{l} + i \cdot \sin\frac{2\pi}{l},$$
$$\overline{\lambda} = \cos\frac{2\pi}{l} - i \cdot \sin\frac{2\pi}{l},$$

falls $l \geq 3$ ist.

Offensichtlich ist die Existenz eines Eigenwertes von $\boldsymbol{A}$ ein notwendiges Kriterium für die Existenz eines Zyklus, jedoch kein hinreichendes. Die Anzahl der Zyklen wird nur in Spezialfällen der Anzahl der Eigenwerte bzw. –Paare entsprechen.

Einen ersten Schritt in Richtung der Auswahl der Eigenwerte, die wirklich Zyklen beschreiben, zeigt der folgende

Satz 2.19 Der Eigenwert von $\boldsymbol{A}$, der den längsten möglichen Zyklus von $\boldsymbol{\mathcal{Z}}$ anzeigt, beschreibt einen wirklichen Zyklus von $\boldsymbol{\mathcal{Z}}$.

Beweis. Sei λ_1 dieser Eigenwert und $\boldsymbol{z}_1$ der zugehörige Eigenvektor. Es ist – falls komplexe Eigenwerte vorkommen – derjenige komplexe Eigenwert mit dem kleinsten Argument. Im Falle ausschließlich reeller Eigenwerte ist es in absteigender Reihenfolge ein Eigenwert in -1 bzw. in 1. Da der Automat *immer* in einen Zyklus mit einer Mindestlänge von 1 münden muß, kann man die Zykluslänge 0 für die folgenden Betrachtungen ausschließen und im Falle einer durch λ_1 implizierten Zykluslänge von 1 ist die Behauptung bereits gezeigt.

Sei nun $\boldsymbol{z}_1, \ldots, \boldsymbol{z}_m$ eine ausgehend von $\boldsymbol{z}_1$ aufgebaute Orthogonalbasis des $\mathbb{R}^m$. Dann gibt es einen Zustand $\boldsymbol{x}$, der – nach einer eventuellen Umordnung der Basisvektoren $\boldsymbol{z}_2, \ldots, \boldsymbol{z}_m$ – als Linearkombination

$$\boldsymbol{x} = a_1\boldsymbol{z}_1 + a_2\boldsymbol{z}_2 + \ldots + a_k\boldsymbol{z}_k\,, \qquad a_1, \ldots, a_k \neq 0\,,\ \ k \leq m$$

dargestellt werden kann. Unter der Annahme, daß die Länge l des Zyklus, zu dem $\boldsymbol{x}$ gehört, ungleich der von λ_1 implizierten Länge l_1 ist, wären bei der Betrachtung von

$$\begin{aligned} \boldsymbol{x} &= a_1\boldsymbol{z}_1 + a_2\boldsymbol{z}_2 + \ldots + a_k\boldsymbol{z}_k \\ &= \boldsymbol{A}^l\boldsymbol{x} \\ &= a_1\lambda_1^l\boldsymbol{z}_1 + a_2\lambda_2^l\boldsymbol{z}_2 + \ldots + a_k\lambda_k^l\boldsymbol{z}_k \end{aligned}$$

zwei Fälle zu unterscheiden.

1. Fall: $l_1 < l$.

In diesem Fall wäre $\lambda_1^l = 1$ nur wahr, falls l_1 ein echter Teiler von l wäre. Dies würde aber bedeuten, daß es einen Eigenwert gibt, der einen Zyklus impliziert, der länger ist als l_1, was im Widerspruch zu der Voraussetzung steht, daß λ_1 der Eigenwert zum längstmöglichen Zyklus ist.

2. Fall: $l_1 > l$.

Hier wäre in jedem Falle $\lambda_1^l \neq 1$ und damit könnte $\boldsymbol{x}$ keinem Zyklus der Länge l angehören.

Damit existiert ein Zyklus der Länge l_1. ◇

Wie am Ende von Abschnitt 2.3.3 bereits erwähnt, bilden die beiden einem komplexen Eigenwertpaar λ, $\overline{\lambda}$ von $\boldsymbol{A}$ bzw. dem entsprechenden Block $\boldsymbol{J}_\rho'$ aus $\boldsymbol{D}$ zugeordneten Spaltenvektoren von $\boldsymbol{S}$ gerade die Rotationsebene dieses Eigenwertpaares.

Existiert nun also ein Zyklus der Länge $l \geq 3$, so gibt es gemäß Satz 2.18 auch ein passendes Eigenwertpaar und demnach auch eine solche Rotationsebene. Durch die durch $\boldsymbol{S}$ gegebene Koordinatentransformation (2.53) werden die Zustände $\boldsymbol{x}_1, \ldots, \boldsymbol{x}_l$ des Zyklus überführt in $\hat{\boldsymbol{x}}_1, \ldots, \hat{\boldsymbol{x}}_l$. Deren Elemente sind die auf das durch $\boldsymbol{S}$ definierte Koordinatensystem bezogenen Koordinaten der Zustandspunkte. Da zwei Spaltenvektoren von $\boldsymbol{S}$ gerade die Rotationsebene darstellen, erhält man durch Setzen aller außer der zu dieser Ebene gehörenden Koordinaten in den $\hat{\boldsymbol{x}}_k$ zu 0 deren orthogonale Projektionen auf die Rotationsebene. Die durch $\boldsymbol{D}$ und damit insbesondere auch durch $\boldsymbol{A}$ gegebene Abbildung wirkt damit als Rotation um den Winkel $\mathrm{Arg}\lambda$ auf diese Projektionen. Wegen $\hat{\boldsymbol{x}}_{k+1} = \boldsymbol{D}\cdot\hat{\boldsymbol{x}}_k$ schließen die Projektionen aufeinanderfolgender Zustände gerade diesen Winkel ein. Da $\lambda \in \partial\mathbb{EK}$ gilt, erfolgt darüberhinaus keine Streckung, so daß die Projektionen alle dieselbe Länge besitzen.

Diese Ergebnisse lassen sich zusammenfassen in dem

Satz 2.20 *Es seien $\boldsymbol{x}_1, \ldots, \boldsymbol{x}_l$ die Zustände eines Zyklus mit der Länge $l \geq 3$. Dann gibt es hierzu ein Eigenwertpaar λ, $\overline{\lambda}$ mit $\mathrm{Arg}\lambda = \frac{2\pi}{l}$ und ein diesem zugeordnetes Paar $\boldsymbol{s}_1$, $\boldsymbol{s}_2$ von Spalten der Transformationsmatrix $\boldsymbol{S}$, so daß die orthogonalen Projektionen von $\boldsymbol{x}_1, \ldots, \boldsymbol{x}_l$ auf die durch $\boldsymbol{s}_1$, $\boldsymbol{s}_2$ gegebene Rotationsebene gleich lang sind und die Projektionen aufeinanderfolgender Zustände den Winkel $\frac{2\pi}{l}$ einschließen.*

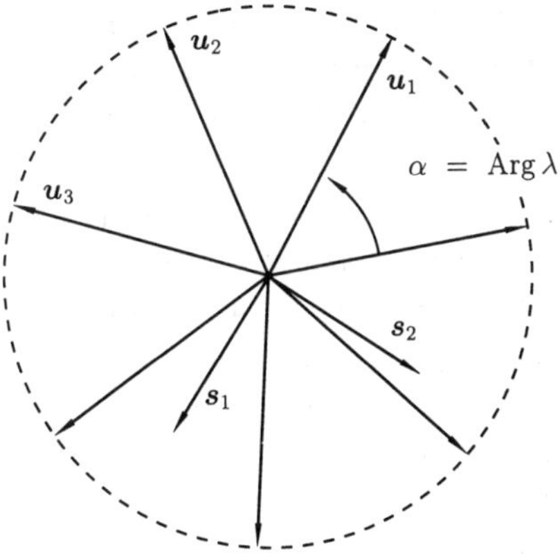

Abbildung 2.4: Projektion der Zustandsvektoren für $l = 7$

Die orthogonalen Projektionen $\boldsymbol{u}_1, \ldots, \boldsymbol{u}_l$ der Zustandsvektoren des l–elementigen Zyklus auf die Projektionsebene bilden ein regelmäßiges l–Eck, wie es Abbildung 2.4 beispielhaft zeigt.

2.4 Geometrische Interpretation der binären Zustandsdarstellung

Die in Abschnitt 2.2 eingeführte Binärdarstellung mit den als Binärziffern 0 und 1 interpretierten ganzen Zahlen 1 und -1 sorgt dafür, daß die semantische Gleichwertigkeit der binären 0 mit der binären 1 nicht durch die Eigenschaften der 0 als Nullelement der Multiplikation in der linearen Darstellung (2.15) zerstört wird.

Die Zustandsvektoren $\boldsymbol{x} \in \{-1, 1\}^m$ sind daher Ecken eines m–dimensionalen Würfels im $\mathbb{R}^m$. Der Mittelpunkt dieses Würfels ist der Nullpunkt, seine Kantenlänge ist die Länge der

Differenz zweier benachbarter Ecken. Da sich zwei benachbarte Ecken in genau einer Koordinate unterscheiden, ist genau dieses Element des Differenzvektors ± 2, alle anderen haben den Wert 0. Damit ist die Kantenlänge gleich 2.

Der Betrag des Ortsvektors einer Würfelecke und damit eines Zustandsvektors ist $\sqrt{m}$. Der Kosinus des Winkels zwischen zwei Zustandsvektoren $\boldsymbol{x}_1$ und $\boldsymbol{x}_2$ ist demnach

$$\cos\big(\angle\,(\boldsymbol{x}_1, \boldsymbol{x}_2)\big) \;=\; \frac{\boldsymbol{x}_1^T \cdot \boldsymbol{x}_2}{m}\,.$$

Es interessieren nur positive Winkel zwischen Vektoren. Auf dem Intervall $[0, \pi]$ ist die Kosinus–Funktion streng monoton. Daher kann – wie im folgenden auch geschieht – der Winkel zwischen zwei Zuständen $\boldsymbol{x}_1$ und $\boldsymbol{x}_2$ mit dem Wert von $\boldsymbol{x}_1^T \boldsymbol{x}_2$ im Sinne seiner Eindeutigkeit gleichgesetzt werden.

Es ist auch in der Boolschen Algebra üblich, binäre Variable als Ecken eines m–dimensionalen Würfels im Boolschen Raum $\mathbb{B}^m$ aufzufassen [6, 16, 41]. Im Gegensatz zu den dortigen zwei Achsenwerten 0 und 1 werden hier die Werte $+1$ und -1 verwendet.

In Satz 2.20 wird nachgewiesen, daß es zu jedem Zyklus der Länge $l \geq 3$ ein Eigenwertpaar λ, $\overline{\lambda}$ und ein eine Rotationsebene aufspannendes Vektorpaar $\boldsymbol{s}_1$, $\boldsymbol{s}_2$ gibt, so daß die orthogonalen Projektionen der Zustände dieses Zyklus ein regelmäßiges l–Eck der von Abbildung 2.4 vorgegebenen Gestalt bilden.

Die Zustände sind die Ecken eines Würfels um den Nullpunkt. Zu jeder Ecke $\boldsymbol{x} \in \{-1, 1\}^m$ existiert die gegenüberliegende Ecke $-\boldsymbol{x}$ des Würfels. Zu jedem der Zustände $\boldsymbol{x}_1, \ldots, \boldsymbol{x}_l$ eines Zyklus gibt es demnach den bezüglich seiner Position als Ecke des Würfels gegenüberliegenden Zustand $-\boldsymbol{x}_k$. Für die orthogonale Projektion $\boldsymbol{u}_k$ auf die von $\boldsymbol{s}_1$ und $\boldsymbol{s}_2$ aufgespannte Ebene gilt:

$$\boldsymbol{u}_k \;=\; \boldsymbol{x}_k - \boldsymbol{u}'_k\,,$$

wobei $\boldsymbol{u}'_k$ senkrecht auf dieser Ebene steht. Der gegenüberliegende Zustand errechnet sich hieraus zu

$$-\boldsymbol{x}_k \;=\; -\boldsymbol{u}_k - \boldsymbol{u}'_k\,.$$

Führt man dies für alle l Zustände aus, so erhält man die Darstellung eines zweiten, gleichsam zum ersten gespiegelten Zyklus. Diesem Zyklus wäre dann dasselbe Eigenwertpaar sowie dieselbe Rotationsebene zugeordnet; darüberhinaus sind die Zustände dieser zwei Zyklen Elemente desselben Eigenraumes von $\boldsymbol{A}$.

Im dem Falle, daß l gerade ist, ist die orthogonale Projektion des $\boldsymbol{x}_k$ gegenüberliegenden Vektors $-\boldsymbol{x}_k$, also $-\boldsymbol{u}_k$, genau diejenige von $\boldsymbol{x}_{k+\frac{l}{2}}$. Es gilt nämlich mit dem Argument des zugehörigen Eigenwertes λ und damit mit dem Rotationswinkel $\alpha = \frac{2\pi}{l}$ nach Ausführung von $\frac{l}{2}$ Schritten: $\frac{l}{2} \cdot \frac{2\pi}{l} = \pi$, was dem Winkel zwischen $\boldsymbol{u}_k$ und $-\boldsymbol{u}_k$ entspricht.

Die Identität der orthogonalen Projektionen bedeutet aber gerade, daß es keinen Zyklus mit gerader Länge $l > 2^{m-1}$ geben kann. Dann wären mehr als die Hälfte aller Würfelecken Elemente dieses Zyklus, und es gäbe ein k, so daß der $\boldsymbol{x}_k$ gegenüberliegende Zustand $-\boldsymbol{x}_k$ auch zu diesem Zyklus gehörte. Damit wäre jedoch $-\boldsymbol{u}_k = \boldsymbol{u}_{k+\frac{l}{2}}$, es träten also zwei Zustände auf, die dieselbe orthogonale Projektion besäßen, was im Widerspruch zu Satz 2.20 stünde.

Für den ungeraden Fall läßt sich eine ähnliche Überlegung anstellen. Die orthogonale Projektion $-\boldsymbol{u}_k$ des gegenüberliegenden Zustandes läge dann genau zwischen den Projektionen $\boldsymbol{u}_{k+1+\frac{l}{2}}$ und $\boldsymbol{u}_{k-1+\frac{l}{2}}$, was die Forderung nach gleichen Winkelabständen durchbräche.

Diese Argumentation belegt die beiden Aussagen im folgenden

Satz 2.21 *Es existiere eine Darstellung der Form (2.15) eines Automaten $\mathfrak{Z}$. Die Zustände $\boldsymbol{x}_k$ des Automaten liegen dabei in einer Darstellung mit $m \geq 3$ Binärstellen vor. Dann gelten die folgenden Aussagen:*

i) Die Zyklen von $\mathfrak{Z}$ haben höchstens die Länge 2^{m-1}.

ii) Zu jedem aus den Zuständen $\boldsymbol{x}_1, \ldots, \boldsymbol{x}_l$ bestehendem Zyklus der Länge l ließe sich ein spiegelbildlicher Zyklus schaffen, der im selben Eigenraum liegt wie der originale Zyklus.

Die erste Aussage ist für die Analyse eines gegebenen Automaten $\mathfrak{Z}$ von großer Bedeutung. Die zweite Aussage hingegen besitzt einen wichtigen Einfluß auf die Frage, wie eine vorgegebene Konstellation von Zyklen auf die Ecken eines – möglichst niedrigdimensionalen – Würfels verteilt werden muß. Denn da die beiden spiegelbildlichen Zyklen im selben Eigenraum von $\boldsymbol{A}$ liegen, bietet dies eine sehr kompakte Darstellung zweier gleichlanger Zyklen.

Für den Spezialfall $n = m = 2$ bilden die Zustandsvektoren die Ecken eines Quadrates, also eines Würfels der Dimension 2. In diesem Fall kann es einen Zyklus der Länge $2^n = 4$ geben, so daß in Satz 2.21 die Einschränkung $m \geq 3$ vorgenommen wurde.

In Abbildung 2.5 sind zwei Beispiele für gespiegelte Zyklen angegeben; links mit $l = 4$, rechts mit $l = 3$. Wie zu sehen ist, sind als Folge der Punktspiegelung am Nullpunkt nicht nur die Zustände des gespiegelten Zyklus, sondern auch deren Reihenfolge durch den Originalzyklus vorgegeben.

Ein Zyklus der Länge l benötigt für die unterscheidbare Darstellung seiner Zustände mindestens p Binärstellen mit $2^{p-1} < l \leq 2^p$. Dann besäße ein Zustand eines solchen Zyklus – ohne Beachtung der Reihenfolge der Elemente – die Gestalt

$$\boldsymbol{x} = (\,\overline{\boldsymbol{x}} \mid \hat{\boldsymbol{x}}\,)^T ,$$

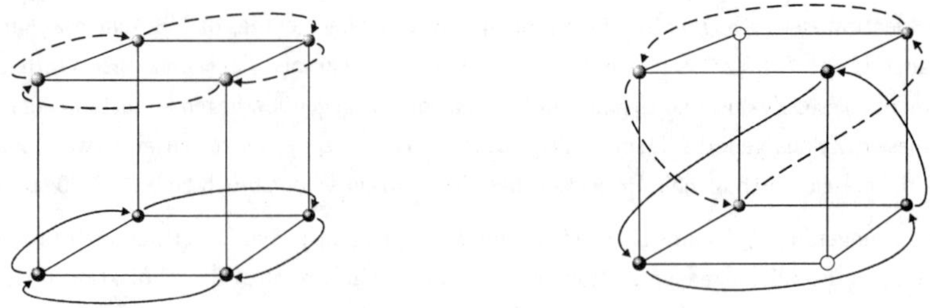

Abbildung 2.5: Zwei Beispiele gespiegelter Zyklen

$\overline{\boldsymbol{x}} \in \{-1,1\}^q$, $\hat{\boldsymbol{x}} \in \{-1,1\}^p$, $p+q=m$. Es ist lediglich notwendig, daß ein oder mehrere Elemente von $\hat{\boldsymbol{x}}$ mit dem Umschalten in einen neuen Zustand ihren Wert ändern. Für den anderen Anteil $\overline{\boldsymbol{x}}$ des Zustandes muß dies nicht zutreffen. So kann der Vektor

$$(\overline{x}_1, \ldots, \overline{x}_q, \underbrace{0, \ldots, 0}_{p})^T \quad \in \{-1,0,1\}^m$$

als Aufvektor zu dem p–dimensionalen Unterraum aufgefaßt werden, in dem die eigentlichen Veränderungen des Zustandes stattfinden. In Abbildung 2.5 ist auf der linken Seite ein Beispiel hierfür zu sehen. Es werden nur zwei Koordinaten der dunkelgrau markierten Zustände verändert. Die Länge des Zyklus, die sie bilden, ist $l=4$, demnach reichen zwei Binärstellen aus. Die dritte Koordinate ist konstant; es ist hier also $(0,0,-1)$ der Aufvektor in den zweidimensionalen Unterraum, in dem die Zustandsveränderungen tatsächlich stattfinden. Zu beachten ist jedoch, daß die Zustände dieses Zyklus dennoch einen dreidimensionalen Raum aufspannen.

Es ist jedoch nicht zwingend, daß die Elemente von $\overline{\boldsymbol{x}}$ konstant bleiben; sie können sehr wohl Veränderungen unterliegen. Jedoch müssen diese dergestalt sein, daß $\overline{\boldsymbol{x}}_{k+l} = \overline{\boldsymbol{x}}_k$ gilt. Die Eigenräume von $\boldsymbol{A}$ gehören zu Eigenwerten, die entweder 1 sind oder ein Argument besitzen, welches von $\frac{2\pi}{l}$ geteilt wird.

Zu den konjugiert komplexen Eigenvektoren gehören bekanntlich die in Definition 2.17 festgelegten Drehebenen, so daß die orthogonalen Projektionen aufeinanderfolgender Zustände auf ebendiese Ebenen genau jene Winkel einschließen, die durch die Argumente der zugehörigen Eigenwerte gegebenen sind. Für die zum Eigenwert λ gehörenden orthogonalen Projektionen gilt also:

$$\left(\boldsymbol{u}_k^\lambda\right)^T \cdot \boldsymbol{u}_{k+1}^\lambda \;=\; \text{const.}$$

Die durch die rechte Seite von (2.53) gegebene Koordinatentransformation $\boldsymbol{x}_k = \boldsymbol{S} \cdot \tilde{\boldsymbol{x}}_k$ bildet $\boldsymbol{x}_k$ auf den Vektor $\tilde{\boldsymbol{x}}_k$ ab, dessen Elemente die auf die Rotationsebenen bezogenen

Koordinaten darstellen. Jeweils zwei Elemente bilden daher bereits die Orthogonalprojektion auf die zugehörige Ebene.

$\tilde{x}$ kann auch (teilweise) in Eigenräumen zu den Eigenwerten 1 und -1 liegen, denen keine Rotationsebenen zugeordnet werden können.

Insgesamt besitzt $\tilde{x}$ die Gestalt

$$\tilde{\boldsymbol{x}}_k = \Big(\underline{\tilde{x}_{k,1},\, \tilde{x}_{k,2}},\, \ldots,\, \underline{\tilde{x}_{k,2r-1},\, \tilde{x}_{k,2r}},\, \tilde{x}_{k,2r+1},\, \ldots,\, \tilde{x}_{k,2r+v},\, 0,\, \ldots,\, 0\Big)^T \tag{2.59}$$

wobei r die in (2.48) ersichtliche Anzahl der Jordanblöcke zu konjugiert komplexen Eigenwertpaaren ist. v stellt die Anzahl der Eigenwerte in 1 und -1 dar. Die restlichen Elemente sind die zu Eigenwerten in 0 gehörenden. Für Zustände eines Zyklus der Länge $l \geq 1$ sind diese Elemente 0. Die in Zweiergruppen zusammengefaßten r Wertepaare sind die Koordinaten der Orthogonalprojektionen auf die jeweiligen Rotationsebenen.

Werden nun $\tilde{\boldsymbol{x}}_k$ und $\tilde{\boldsymbol{x}}_{k+1}$ miteinander multipliziert, so werden hierbei jeweils diese Koordinaten mit ihren $\boldsymbol{D}$–Bildern multiplikativ verknüpft und dann aufsummiert:

$$\begin{aligned}\tilde{\boldsymbol{x}}_k^T \cdot \tilde{\boldsymbol{x}}_{k+1} &= \underline{\tilde{x}_{k,1} \cdot \tilde{x}_{k+1,1} + \tilde{x}_{k,2} \cdot \tilde{x}_{k+1,2}} + \ldots + \underline{\tilde{x}_{k,2r-1} \cdot \tilde{x}_{k+1,2r-1} + \tilde{x}_{k,2r} \cdot \tilde{x}_{k+1,2r}} \\ &\quad \tilde{x}_{k,2r+1}\tilde{x}_{k+1,2r+1} + \ldots + \tilde{x}_{k,2r+v}\tilde{x}_{k+1,2r+v} \,.\end{aligned} \tag{2.60}$$

Aufgrund der Gestalt von $\boldsymbol{D}$ gilt für die durch Unterstreichen zusammengefaßten Koeffizienten

$$\tilde{x}_{k,\rho} \cdot \tilde{x}_{k+1,\rho} + \tilde{x}_{k,\rho+1} \cdot \tilde{x}_{k+1,\rho+1} = (\tilde{x}_{k,\rho}, \tilde{x}_{k,\rho+1}) \cdot \boldsymbol{J}'_\rho \cdot \begin{pmatrix} \tilde{x}_{k,\rho} \\ \tilde{x}_{k,\rho+1} \end{pmatrix},$$

mit einer Matrix $\boldsymbol{J}'_\rho$ gemäß (2.51). Die übrigen Summanden von (2.60) gehören zu Eigenwerten in 1 oder -1, was in der Darstellung (2.49) von $\boldsymbol{D}$ den Diagonalelementen 1 bzw. -1 entspricht. Demnach ist in (2.60) wegen $\tilde{x}_{k+\kappa,2r+\nu} = \lambda_{2r+\nu}^{\kappa}\tilde{x}_{k,2r+\nu}$

$$\begin{aligned}\tilde{x}_{k,2r+\nu}\tilde{x}_{k+1,2r+\nu} &= \lambda_{2r+\nu} \cdot \tilde{x}_{k,2r+\nu}\tilde{x}_{k,2r+\nu} \\ &= \lambda_{2r+\nu}^{2k+1} \cdot \tilde{x}_{1,2r+\nu}\tilde{x}_{1,2r+\nu} \\ &= \lambda_{2r+\nu} \cdot \tilde{x}_{1,2r+\nu}\tilde{x}_{1,2r+\nu} \\ &= \text{const.}\,, \quad \nu = 1, \ldots, v\,,\end{aligned} \tag{2.61}$$

und dies für beliebige k.

Wegen Satz 2.20 und weil die Spalten von $\boldsymbol{S}$, deren zugehörige Koeffizienten in (2.60) nicht verschwinden, orthogonal sind, ist jeder einzelne Summand konstant für $k \in \mathbb{N}$, und damit auch das Resultat, es gilt also:

$$\tilde{\boldsymbol{x}}_k^T \cdot \tilde{\boldsymbol{x}}_{k+1} = \text{const.}$$

für alle $k \in \mathbb{N}$, und darüber hinaus ist die Matrix $\boldsymbol{S}^T\boldsymbol{S}$ bezüglich dieser Spalten aufgrund der Orthogonalitätseigenschaft eine Diagonalmatrix. Für die in $\partial\mathbb{EK} \setminus \{+1,-1\}$ liegenden Eigenwerte sind die Wurzeln aus diesen Diagonalelementen s_ρ von $\boldsymbol{S}^T\boldsymbol{S}$ gerade die Radien der Projektionskreise, die in den von den zugehörigen Spaltenvektoren von $\boldsymbol{S}$ liegenden Ebenen liegen. Die zu den übrigen auf dem Rand des Einheitskreises liegenden Eigenwerten in $\{+1,-1\}$ gehörenden Diagonalelemente $s_{2r+\nu}$, $\nu = 1,\ldots,v$, sind sämtlich gleich 1.

Damit ist mit (2.60)

$$\begin{aligned} \boldsymbol{x}_k^T \cdot \boldsymbol{x}_{k+1} &= \tilde{\boldsymbol{x}}_k^T \cdot \boldsymbol{S}^T \cdot \boldsymbol{S} \cdot \tilde{\boldsymbol{x}}_{k+1} \qquad (2.62) \\ &= \tilde{x}_{k,1}s_1\tilde{x}_{k+1,1} + \tilde{x}_{k,2}s_1\tilde{x}_{k+1,2} + \ldots + \tilde{x}_{k,2r-1}s_r\tilde{x}_{k+1,2r-1} + \tilde{x}_{k,2r}s_r\tilde{x}_{k+1,2r} + \\ &\quad \lambda_{2r+\nu}\tilde{x}_{1,2r+1}\tilde{x}_{1,2r+1} + \ldots + \lambda_{2r+v}\tilde{x}_{1,2r+v}\tilde{x}_{1,2r+v} \\ &= \text{const.} \end{aligned}$$

Offensichtlich schließen aber nicht nur die orthogonalen Projektionen jeweils direkt aufeinanderfolgender Zustände konstante Winkel ein, sondern darüberhinaus auch Projektionen von Zuständen, die denselben Abstand im Sinne der Zustandsabfolge von $\boldsymbol{\mathcal{Z}}$ besitzen.

Bereits bewiesen ist damit der folgende

Satz 2.22 *Es seien $\boldsymbol{x}_1,\ldots,\boldsymbol{x}_l$, $l \in \mathbb{N}$, die aufeinanderfolgend angeordneten Zustände eines Zyklus von $\boldsymbol{\mathcal{Z}}$. Dann ist für ein beliebiges, aber festes $\kappa \in \mathbb{N}$ der Winkel zwischen $\boldsymbol{x}_k$ und $\boldsymbol{x}_{k+\kappa}$ konstant, d.h.*

$$\boldsymbol{x}_k^T \cdot \boldsymbol{x}_{k+\kappa} = \text{const.}\,, \qquad k \in \mathbb{N}.$$

Hieraus folgen bereits einige Aussagen von

Satz 2.23 *Trägt man die Zustände $\boldsymbol{x}_1,\ldots,\boldsymbol{x}_l$, $l \in \mathbb{N}$, eines Zyklus von $\boldsymbol{\mathcal{Z}}$ in der Reihenfolge, in der sie durchlaufen werden in die Matrix*

$$\boldsymbol{X} =_{Df.} \begin{pmatrix} \boldsymbol{x}_1 & \cdots & \boldsymbol{x}_l \end{pmatrix} \in \{-1,1\}^{(m,l)}$$

ein, so gelten für das Produkt

$$\boldsymbol{P} =_{Df.} \boldsymbol{X}^T \cdot \boldsymbol{X} \in \mathbb{Z}^{(l,l)}$$

die folgenden Aussagen:

i) $p_{i,i} = m$, $i = 1,\ldots,l$, *d.h. die Elemente auf der Hauptdiagonalen besitzen alle den Wert* m.

ii) $p_{1,i} = p_{2,i+1} = p_{3,i+2} = \ldots = p_{l-i,l}$, $i = 1, \ldots, l$. *Alle Elemente in „südöstlicher" Richtung eines Elementes besitzen dessen Wert.*

iii) $p_{1,2} = p_{1,l}$, $p_{1,3} = p_{1,l-1}$, $p_{1,4} = p_{1,l-2}$, ...,

$$\begin{cases} p_{1,\frac{l+1}{2}} = p_{1,\frac{l+3}{2}} & \text{falls } l \text{ ungerade} \\ p_{1,\frac{l}{2}} = p_{1,\frac{l+4}{2}} & \text{falls } l \text{ gerade} \end{cases}$$

iv) $\boldsymbol{P}$ *ist symmetrisch und cosymmetrisch*[1)].

Beweis. Es gilt

$$p_{i,i} = \boldsymbol{x}_i^T \cdot \boldsymbol{x}_i = \sum_{\mu=1}^{m} (\pm 1)^2 = m$$

für alle $i = 1, \ldots, l$, was bereits die erste Behauptung zeigt.

Die zweite Behauptung folgt direkt aus Satz 2.22, denn es gilt $p_{1,i} = \boldsymbol{x}_1^T \cdot \boldsymbol{x}_i \overset{\text{Satz 2.22}}{=} \boldsymbol{x}_2^T \cdot \boldsymbol{x}_{i+1} = p_{2,i+1}$ und so fort.

Auch die dritte Behauptung ist aus Satz 2.22 abzuleiten. Es ist nämlich

$$\begin{aligned} p_{1,2} &= \boldsymbol{x}_1^T \cdot \boldsymbol{x}_2 &\overset{\text{Satz 2.22}}{=}& \boldsymbol{x}_l^T \cdot \boldsymbol{x}_1 &=& p_{1,l}\,, \\ p_{1,3} &= \boldsymbol{x}_1^T \cdot \boldsymbol{x}_3 &\overset{\text{Satz 2.22}}{=}& \boldsymbol{x}_{l-1}^T \cdot \boldsymbol{x}_1 &=& p_{1,l-1}\,, \\ &\vdots & & \vdots & & \vdots \end{aligned}$$

und damit ist Behauptung iii) gezeigt.

Die Elemente von $\boldsymbol{P}$ sind Innenprodukte der Zustände $\boldsymbol{x}_i$; aus der Symmetrie des Innenproduktes folgt hernach die von $\boldsymbol{P}$. Die Cosymmetrie von $\boldsymbol{P}$ ist eine triviale Folgerung aus Aussage ii) bzw. Satz 2.22. ◇

Die Festlegung der Elemente der Matrix $\boldsymbol{P}$ auf ganze Zahlen geschah im Vorgriff auf die nun folgenden Überlegungen. Bei der Multiplikation zweier Zustandsvektoren wird die Summe

$$\boldsymbol{x}_1^T \cdot \boldsymbol{x}_2 = \sum_{\mu=1}^{m} x_{1,\mu} \cdot x_{2,\mu}$$

gebildet. Da $\boldsymbol{x}_i \in \{-1, 1\}^m$, $i = 1, 2$ gilt, haben die Summanden den Wert ± 1. Demnach ist die Summe eine ganze Zahl, und zwar ist sie die Differenz gleicher zu ungleichen Vorzeichen korrespondierender Elemente der beiden miteinander multiplizierten Vektoren. Es gilt also der

[1)]Eine quadratische Matrix $\boldsymbol{B}$ heißt *cosymmetrisch*, wenn sie – im Gegensatz zu einer symmetrischen Matrix – bezüglich ihrer Diagonalen von links unten nach rechts oben symmetrisch ist.

Satz 2.24 *Es seien* $\boldsymbol{x}_1,\, \boldsymbol{x}_2 \in \{-1, 1\}^m$ *zwei Zustandsvektoren. Dann gilt für deren Produkt*

$$\boldsymbol{x}_1^T \cdot \boldsymbol{x}_2 \;\in\; \begin{cases} \{\pm m,\, \pm(m-2),\, \ldots,\, \pm 2,\, 0\} & \text{falls } m \text{ gerade} \\ \{\pm m,\, \pm(m-2),\, \ldots,\, \pm 3,\, \pm 1\} & \text{falls } m \text{ ungerade} \end{cases} .$$

Dies bedeutet, daß die Zustandsvektoren – und damit Würfelecken – im $\mathbb{R}^m$ in genau $m+1$ verschiedenen Winkeln zueinander stehen können.

Nachdem in den Sätzen 2.22 und 2.23 Aussagen über die Winkel, die die Zustände eines Zyklus miteinander einschließen, getroffen wurden, stellt sich die Frage, welche Winkel die Zustände *verschiedener* Zyklen miteinander einschließen. Hierbei wird wiederum von der Schreibweise (2.59) der Zustandsvektoren ausgegangen. Nun jedoch handelt es sich bei den zwei Vektoren um Zustände aus verschiedenen Zyklen der Längen l_1 und l_2. Vergleicht man die Elemente der beiden Vektoren, so verschwinden diese nur an den Stellen der *beiden Vektoren nicht*, die zu Eigenwerten gehören, deren Argument sowohl von $\frac{2\pi}{l_1}$ als auch $\frac{2\pi}{l_2}$ geteilt wird. In dem Falle, daß l_1 oder l_2 prim ist, kann es sich bei diesen Eigenwerten beispielsweise nur um den Wert 1 handeln. Die lineare Abbildung $\boldsymbol{D}$ wirkt jedoch auf die nicht verschwindenden Einträge in jedem Falle wie eine Rotation, so daß die mit (2.60) verfolgte Schlußweise, die letztlich zum Beweis des Satzes 2.22 geführt hat, im folgenden wieder angewandt werden kann.

Satz 2.25 *Gegeben seien die Zustände zweier Zyklen der Längen* l_1 *und* l_2 *von* $\boldsymbol{\mathcal{Z}}$*:*

$$\boldsymbol{x}_1,\, \ldots,\, \boldsymbol{x}_{l_1}\, ;\; \boldsymbol{y}_1,\, \ldots,\, \boldsymbol{y}_{l_2}\, ,$$

$l_1,\, l_2 \in \mathbb{N}$. *Trägt man diese Zustände in der Reihenfolge, in der sie durchlaufen werden in die Matrizen*

$$\boldsymbol{X} =_{Df.} (\, \boldsymbol{x}_1 \cdots \boldsymbol{x}_{l_1}\,)$$

$$\boldsymbol{Y} =_{Df.} (\, \boldsymbol{y}_1 \cdots \boldsymbol{y}_{l_2}\,)$$

ein, so besitzen das Produkt

$$\boldsymbol{P} =_{Df.} (\, \boldsymbol{X} \,|\, \boldsymbol{Y}\,)^T \cdot (\, \boldsymbol{X} \,|\, \boldsymbol{Y}\,) = \begin{pmatrix} \boldsymbol{X}^T \cdot \boldsymbol{X} & \boldsymbol{X}^T \cdot \boldsymbol{Y} \\ \boldsymbol{Y}^T \cdot \boldsymbol{X} & \boldsymbol{Y}^T \cdot \boldsymbol{Y} \end{pmatrix} \;\in\; \mathbb{Z}^{(l_1+l_2,\, l_1+l_2)}$$

sowie die Untermatrix

$$\boldsymbol{V} =_{Df.} \begin{cases} \boldsymbol{X}^T \cdot \boldsymbol{Y} & \text{falls } l_1 \leq l_2 \\ \boldsymbol{Y}^T \cdot \boldsymbol{X} & \text{sonst} \end{cases}$$

von $\boldsymbol{P}$ *die folgenden Eigenschaften:*

i) *Die beiden Untermatrizen* $\boldsymbol{X}^T \cdot \boldsymbol{X}$ *und* $\boldsymbol{Y}^T \cdot \boldsymbol{Y}$ *erfüllen die Aussagen des Satzes 2.23*

ii) *Alle Elemente von* $\boldsymbol{V}$*, die in „südöstlicher" Richtung eines Elementes liegen, besitzen dessen Wert.*

iii) *O.B.d.A. sei nun angenommen, daß* $l_1 \leq l_2$ *ist.*
Es sei $q = \mathrm{ggT}(l_1, l_2)$ *der größte gemeinsame Teiler der beiden Zykluslängen und* $p_1 = \frac{l_1}{q}$, $p_2 = \frac{l_2}{q}$. *Dann nehmen die Elemente von* $\boldsymbol{V}$ *höchstens* q *paarweise verschiedene Werte an. Diese sind gleichmäßig in* $\boldsymbol{V}$ *verteilt. Mit einer festen Zahl* $\kappa \in \{0, 1, \ldots, l_2 - 1\}$ *ist*

$$v_{i,(i+\kappa+jl_2)\mathrm{mod}l_2} = \mathrm{const}(\kappa)\,,$$

$i = 1, \ldots, l_1$, $j \in \mathbb{N}_0$, $\mathrm{const}(\kappa) \in \mathbb{Z}_0$.

In den Zeilen von $\boldsymbol{V}$ *tritt ein Wert* p_2*–mal alle* q *Elemente auf:*

$$v_{i,\mu} = v_{i,\mu+q} = v_{i,\mu+2} = \ldots = v_{i,\mu+(p_2-1)q}\,,$$

$\mu = 1, \ldots, q$.
In den Spalten von $\boldsymbol{V}$ *tritt ein Wert* p_1*–mal alle* q *Elemente auf:*

$$v_{\mu,j} = v_{\mu+q,j} = v_{\mu+2,j} = \ldots = v_{\mu+(p_1-1)q,j}\,,$$

$\mu = 1, \ldots, q$.

Sollte $l_1 > l_2$ *sein, so werden in den obigen Betrachtungen* p_1 *mit* p_2 *sowie* l_1 *mit* l_2 *vertauscht.*

iv) *Jede quadratische Untermatrix* $\boldsymbol{Q}$ *von* $\boldsymbol{V}$*, deren Elemente aus nebeneinanderliegenden Zeilen und Spalten von* $\boldsymbol{V}$ *stammen, ist cosymmetrisch.*

v) $\boldsymbol{P}$ *ist symmetrisch.*

Der *Beweis* von Behauptung ii) wurde in den diesem Satz vorangegangenen Betrachtungen bereits begonnen: Die Elemente zweier mittels der Koordinatentransformation $\boldsymbol{S}$ aus den Zuständen $\boldsymbol{x}_i$ und $\boldsymbol{y}_j$ gewonnenen Vektoren $\tilde{\boldsymbol{x}}_i$ und $\tilde{\boldsymbol{y}}_j$ sind nur an den Stellen *beide* ungleich 0, die zu Eigenwerten gehören, deren Argument sowohl von $\frac{2\pi}{l_1}$ als auch $\frac{2\pi}{l_2}$ geteilt wird. Damit jedoch besitzt $\boldsymbol{D}$ auf $\tilde{\boldsymbol{x}}_i$ und $\tilde{\boldsymbol{y}}_j$ die Wirkung einer Rotation, und es ist

$$\tilde{\boldsymbol{x}}_{i+1}^T \cdot \tilde{\boldsymbol{y}}_{j+1} = \tilde{\boldsymbol{x}}_i^T \cdot \boldsymbol{D}^T \boldsymbol{D} \cdot \tilde{\boldsymbol{y}}_j = \tilde{\boldsymbol{x}}_i^T \cdot \tilde{\boldsymbol{y}}_j\,.$$

Mit (2.62) folgt die Behauptung.

O.B.d.A sei im weiteren angenomomen, daß $l_1 < l_2$ sei. Dann gilt mit der soeben bewiesenen Behauptung ii) für die „südöstlichen" Nachbarn des Eintrages $v_{1,1}$ von $\boldsymbol{V}$:

$$\begin{aligned} & \boldsymbol{x}_1^T \cdot \boldsymbol{y}_1 = \boldsymbol{x}_2^T \cdot \boldsymbol{y}_2 = \dots \\ = & \boldsymbol{x}_{l_1}^T \cdot \boldsymbol{y}_{l_1} = \boldsymbol{x}_{l_1+1}^T \cdot \boldsymbol{y}_{l_1+1} = \boldsymbol{x}_1^T \cdot \boldsymbol{y}_{l_1+1} = \dots \\ = & \boldsymbol{x}_{l_2 \mathrm{mod} l_1}^T \cdot \boldsymbol{y}_{l_2} = \boldsymbol{x}_{(l_2+1) \mathrm{mod} l_1}^T \cdot \boldsymbol{y}_1 = \dots \\ = & \boldsymbol{x}_{\frac{l_1 l_2}{q} \mathrm{mod} l_1}^T \cdot \boldsymbol{y}_{\frac{l_1 l_2}{q} \mathrm{mod} l_2} = \boldsymbol{x}_{(p_2 \cdot l_1) \mathrm{mod} l_1}^T \cdot \boldsymbol{y}_{(p_1 \cdot l_2) \mathrm{mod} l_2} = \boldsymbol{x}_1^T \cdot \boldsymbol{y}_1 \,. \end{aligned} \tag{2.63}$$

Natürlich kann von der angegebenen Nachbarschaftsbeziehung der Elemente von $\boldsymbol{V}$ zueinander nicht mehr im strengen Sinne gesprochen werden, sobald der l_1–te Nachbar und damit der untere Rand von $\boldsymbol{V}$ erreicht ist. Vielmehr wird sodann im folgenden Schritt wieder in die erste Zeile und die nächste Spalte von $\boldsymbol{V}$ gesprungen.
In der zweiten Zeile der obigen Gleichungsfolge (2.63) sind alle Zustände des ersten Zyklus einmal durchlaufen worden. $\boldsymbol{x}_{l_1+1}$ ist daher gleich $\boldsymbol{x}_1$. In der dritten Zeile ist ein Durchlauf des zweiten Zyklus vollendet. Der erste Zyklus kann bis hierhin schon mehrere Male durchlaufen worden sein, weshalb die modulo–Schreibweis benutzt wird. Beide Zyklen werden nun sukzessive weiter durchlaufen, bis sich für die zu modulierenden Indizes wieder Werte ergeben, die den Startindizes, also in diesem Falle jeweils 1, entsprechen. Dieser Wert wird genau dann erreicht, wenn $\frac{l_1 l_2}{q}$ Schritte getätigt wurden.

Wird nun ein $\boldsymbol{x}_i$ festgehalten und die Zustände $\boldsymbol{y}$ damit multipliziert, so ergeben sich immer für jene $\boldsymbol{y}$ dieselben Ergebnisse, deren Index ein Vielfaches von l_1 addiert zu i ist. Es ist also

$$\boldsymbol{x}_1^T \cdot \boldsymbol{y}_1 = \boldsymbol{x}_i^T \cdot \boldsymbol{y}_{(i+jl_1) \mathrm{mod} l_2} \tag{2.64}$$

für $i = 1, \dots, l_1$ und $j \in \mathbb{N}_0$.

Wird nun noch das Element von $\boldsymbol{V}$, von dem aus begonnen wird, von $v_{1,1} = \boldsymbol{x}_1^T \boldsymbol{y}_1$ auf $v_{i,i+\kappa} = \boldsymbol{x}_i^T \boldsymbol{y}_{i+\kappa}$ mit $i = 1, \dots, l_1$ und einem festen $\kappa = 0, \dots, l_2 - 1$ verallgemeinert, ergibt sich für (2.64):

$$\boldsymbol{x}_i^T \cdot \boldsymbol{y}_{(i+\kappa+jl_1) \mathrm{mod} l_2} = \mathrm{const}(\kappa) \,, \tag{2.65}$$

wobei die Konstante abhängig von κ und wiederum $j \in \mathbb{N}_0$ ist.

Um den zweiten Teil von Behauptung iii) zu beweisen, ist die Frage zu stellen, wie oft es einen bestimmten Wert in einer einzigen Zeile gibt. Dies bedeutet in (2.65) das Festhalten von i. Damit fällt im Index von $\boldsymbol{y}$ der Wert i weg, da es sich um eine modulo–Funktion handelt. Aus demselben Grund kann auch κ vernachlässigt werden. Es ist nun der Frage nachzugehen, wieviele *verschiedene* Werte $(jl_1) \bmod l_2$ annehmen kann, bei welchem minimalen $j > 0$ also

$$(j \cdot l_1) \bmod l_2 = 0$$

beziehungsweise

$$j \cdot l_1 \;=\; k \cdot l_2$$

mit $k \in \mathbb{N}$ gilt. Offensichtlich ist dies genau für $j = p_2 = \frac{l_2}{q}$ der Fall, denn für alle größeren Teiler $\hat{q}$ von l_2 wäre $k = \frac{l_1}{\hat{q}} \notin \mathbb{N}$. Die p_2 Stellen in einer Zeile sind gleichverteilt; wegen $p_2 = \frac{l_2}{q}$ besitzen sie den Abstand q.

Die Behauptung für die Spalten von $\boldsymbol{V}$ folgt analog.

Der Aussage über den Abstand q gleicher Elemente in einer Zeile folgt ebenfalls sofort die Aussage, daß es höchstens q paarweise verschiedene Elemente in $\boldsymbol{V}$ geben kann.

Die Cosymmetrie von $\boldsymbol{Q}$ folgt aus ii): alle südöstlich eines Elementes von $\boldsymbol{Q}$ gelegenen Elemente besitzen dessen Wert, damit auch das bezüglich der Diagonalen von links unten bis rechts oben spiegelbildlich gegenüberliegende.

Die Symmetrie von $\boldsymbol{P}$ folgt aus der Symmetrie der auf der Hauptdiagonalen liegenden quadratischen Matrizen $\boldsymbol{X}^T \cdot \boldsymbol{X}$ und $\boldsymbol{Y}^T \cdot \boldsymbol{Y}$ (Satz 2.23) sowie der Tatsache, daß $\left(\boldsymbol{X}^T \cdot \boldsymbol{Y}\right)^T = \boldsymbol{Y}^T \cdot \boldsymbol{X}$ ist. $\diamond$

Die Feststellungen des soeben bewiesenen Satzes sagen aus, daß die Matrix $\boldsymbol{V}$, die ja nach den Voraussetzungen eine liegende Matrix ist, diagonale Streifen aufweist, die sich wiederholend in $\boldsymbol{V}$ fortsetzen. Würden beispielsweise zwei Zyklen

$$(\boldsymbol{x}_1, \boldsymbol{x}_2, \boldsymbol{x}_3, \boldsymbol{x}_4) \quad \text{und} \quad (\boldsymbol{y}_1, \boldsymbol{y}_2, \boldsymbol{y}_3, \boldsymbol{y}_4, \boldsymbol{y}_5, \boldsymbol{y}_6, \boldsymbol{y}_7, \boldsymbol{y}_8)\ ,$$

mit $l_1 = 4$ und $l_2 = 8$ betrachtet, so ist $q = 4$ und damit besäße $\boldsymbol{V}$ die Gestalt

$$\boldsymbol{V} \;=\; \begin{pmatrix} \square & \blacksquare & \triangle & \bigcirc & \square & \blacksquare & \triangle & \bigcirc \\ \bigcirc & \square & \blacksquare & \triangle & \bigcirc & \square & \blacksquare & \triangle \\ \triangle & \bigcirc & \square & \blacksquare & \triangle & \bigcirc & \square & \blacksquare \\ \blacksquare & \triangle & \bigcirc & \square & \blacksquare & \triangle & \bigcirc & \square \end{pmatrix} .$$

Wie zu sehen ist, ist jede quadratische Untermatrix, deren Elemente aus nebeneinanderliegenden Zeilen und Spalten stammen, cosymmetrisch, nicht jedoch symmetrisch.

Erwähnenswert ist der Fall, daß eine der beiden Zykluslängen l_1 und l_2 prim ist. Dann nämlich ist $q = 1$, und damit sind die Elemente von $\boldsymbol{V}$ alle identisch.

2.5 Der Zusammenhang zu Abtastsystemen

Die durch (2.19) in Form einer linearen Differenzengleichung gegebene Darstellung eines Automaten $\boldsymbol{\mathcal{Z}}$ legt nahe, diese Differenzengleichung daraufhin zu untersuchen, ob sie sich als Modell eines linearen Abtastsystems interpretieren läßt. Es ist also die Frage zu beantworten:

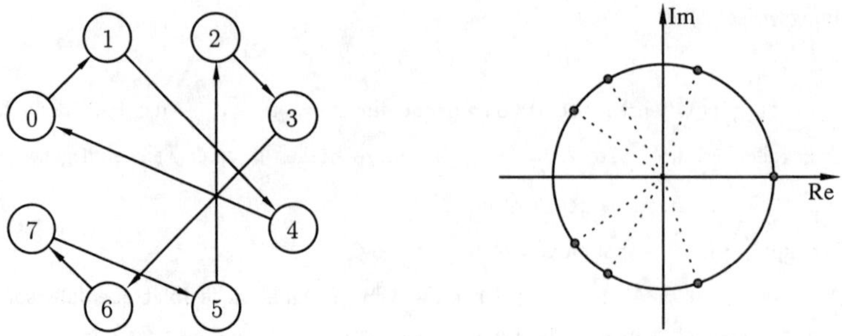

Abbildung 2.6: Ein Automat, dessen Walshdarstellung als Abtastsystem interpretierbar ist. Rechts die zugehörigen Eigenwerte.

Existiert zu der Differenzengleichung (2.19) ein kontinuierliches Zustandsraummodell, dessen Zustand $\boldsymbol{x}(t)$ in den Abtastzeitpunkten $t_k = t_0 + k\,T$ mit dem Zustand $\boldsymbol{x}_k$ des Automaten übereinstimmt?

Hierbei ist T eine beliebige, fest gewählte positive Abtastzeit.

Zu dem in Abbildung 2.6 links zu sehenden Graphen eines Automaten $\mathcal{Z}$ läßt sich unter Verwendung von Algorithmus 2.1 eine $(m = 7)$–dimensionale Differenzengleichung mit den Zustandsmatrizen

$$\boldsymbol{X}_k = \begin{pmatrix} + & + & + & + & - & - & - & - \\ + & + & - & - & + & + & - & - \\ + & - & + & - & + & - & + & - \\ + & + & - & - & - & - & + & + \\ + & - & - & + & + & - & - & + \\ + & - & - & + & - & + & + & - \\ + & - & + & - & - & + & - & + \end{pmatrix} \quad \text{und}$$

$$\boldsymbol{X}_{k+1} = \begin{pmatrix} + & - & + & - & + & + & - & - \\ + & + & - & - & + & - & - & + \\ - & + & - & + & + & + & - & - \\ + & - & - & + & + & - & + & - \\ - & + & + & - & + & - & + & - \\ - & - & + & + & + & - & - & + \\ - & - & - & - & + & + & + & + \end{pmatrix}$$

sowie der Systemmatrix

$$\boldsymbol{A} = \begin{pmatrix} 0 & \frac{1}{2} & \frac{1}{2} & -\frac{1}{2} & 0 & 0 & \frac{1}{2} \\ 0 & \frac{1}{2} & 0 & \frac{1}{2} & \frac{1}{2} & -\frac{1}{2} & 0 \\ 0 & \frac{1}{2} & -\frac{1}{2} & -\frac{1}{2} & 0 & 0 & -\frac{1}{2} \\ 0 & 0 & \frac{1}{2} & 0 & \frac{1}{2} & \frac{1}{2} & -\frac{1}{2} \\ 0 & 0 & \frac{1}{2} & 0 & -\frac{1}{2} & -\frac{1}{2} & -\frac{1}{2} \\ 0 & -\frac{1}{2} & 0 & -\frac{1}{2} & \frac{1}{2} & -\frac{1}{2} & 0 \\ -1 & 0 & 0 & 0 & 0 & 0 & 0 \end{pmatrix}$$

entwickeln. Die Eigenwerte von $\boldsymbol{A}$ sind

$$1,\ \frac{-1-\sqrt{5}}{4} \pm i\sqrt{\frac{5-\sqrt{5}}{2}},\ -\frac{1}{2} \pm i\frac{\sqrt{3}}{2},\ \frac{-1+\sqrt{5}}{4} \pm i\sqrt{\frac{5+\sqrt{5}}{2}}.$$

Sie liegen in den durch die Ausführungen in Abschnitt 2.3 sowie durch Satz 2.20 vorgegebenen Punkten auf dem Rand des Einheitskreises, wie im rechten Teil von Abbildung 2.6 eingezeichnet.

Ein zeitkontinuierliches homogenes System besitzt die Gestalt

$$\dot{\boldsymbol{x}}(t) = \boldsymbol{A}_c \cdot \boldsymbol{x}(t) \tag{2.66}$$

mit der Systemmatrix $\boldsymbol{A}_c$. Um Verwechslungen zu vermeiden, werden die zeitkontinuierlichen Größen im folgenden durch das Anschreiben ihres Zeitparameters t gekennzeichnet.

Die Lösung von (2.66) ist

$$\boldsymbol{x}(t) = \exp\big(\boldsymbol{A}_c(t-t_0)\big) \cdot \boldsymbol{x}(t_0)$$

für $t \geq t_0$. In den Abtastzeitpunkten ist dann

$$\boldsymbol{x}\big((k+1)T\big) = \exp(\boldsymbol{A}_c T) \cdot \boldsymbol{x}(kT),$$

wobei $t_0 = kT$ angenommen wird. Das obige Beispiel ist als Abtastsystem interpretierbar, so daß nach Wahl einer (beliebigen) positiven Abtastzeit T eine Transformation in den kontinuierlichen Zeitbereich möglich ist. Dann stimmt der Zustand des zeitkontinuierlichen Systems (2.66) in den Abtastzeitpunkten mit den Zustandsvektoren des Differenzengleichungssystems (2.19) überein, so daß

$$\boldsymbol{x}_{k+1} = \exp(\boldsymbol{A}_c T) \cdot \boldsymbol{x}_k$$

ist. Es ergibt sich somit die Indentität

$$\boldsymbol{A} = \exp(\boldsymbol{A}_c T) \tag{2.67}$$

der Systemmatrix des Differenzengleichungssystems mit der Systemmatrix des zeitkontinuierlichen Systems. Damit ist (2.19) als Abtastsystem interpretierbar, und die Systemmatrix von (2.66) ist bei einer angenommene Abtastzeit von $T = 1\text{sec}$

$$A_c \approx$$

$$\begin{pmatrix} 0 & 0.2042 & 0.9349 & -0.2042 & 0.07012 & 0.07012 & 1.343 \\ -0.2042 & 0 & -0.8648 & 0.2042 & 0.8648 & 0 & 0 \\ -0.9349 & 0.8648 & 0 & -1.139 & -0.8648 & 0.5905 & -0.9349 \\ 0.2042 & -0.2042 & 1.139 & 0 & 0.2743 & 1.139 & -0.134 \\ -0.07012 & -0.8648 & 0.8648 & -0.2743 & 0 & -1.8 & -0.2743 \\ -0.07012 & 0 & -0.5905 & -1.139 & 1.8 & 0 & 0 \\ -1.343 & 0 & 0.9349 & 0.134 & 0.2743 & 0 & 0 \end{pmatrix}.$$

Der Automat $\mathcal{Z}$ besitzt die zwei Zyklen $(0, 1, 4)$ und $(2, 3, 7, 6, 5)$. Die korresponierenden Zustandsvektoren der Differenzengleichung sind für den ersten Zyklus die Spalten 1, 2 und 5 sowie für den zweiten Zyklus die Spalten 3, 4, 6, 7 und 8 von $\boldsymbol{X}_k$. Abbildung 2.5 zeigt das Verhalten des durch (2.66) definierten Systems für den Anfangswert

$$\boldsymbol{x}(t_0 = 0) = (+, +, +, +, +, +, +)\,.$$

Dies ist ein Zustandsvektor des Zyklus mit der Länge drei. Die anderen beiden Zustände dieses Zyklus werden zu den Abtastzeitpunkten $t = 1$ und $t = 2$ angenommen. Das System (2.66) befindet sich mit dem angegebenen Anfangswert in einer Dauerschwingung mit der Periode 3.

Analog verhält sich das zeitkontinuierliche System, wenn als Anfangszustand

$$\boldsymbol{x}(t_0 = 0) = (+, -, +, -, -, -, +)$$

hergenommen wird. Der zeitliche Verlauf der Zustandsgrößen ist aus Abbildung 2.5 ersichtlich. Der Anfangszustand entspricht in diesem Fall einem Zustand aus dem Zyklus der Länge 5 von $\mathcal{Z}$. Dementsprechend durchläuft (2.66) eine Dauerschwingung der Periode 5.

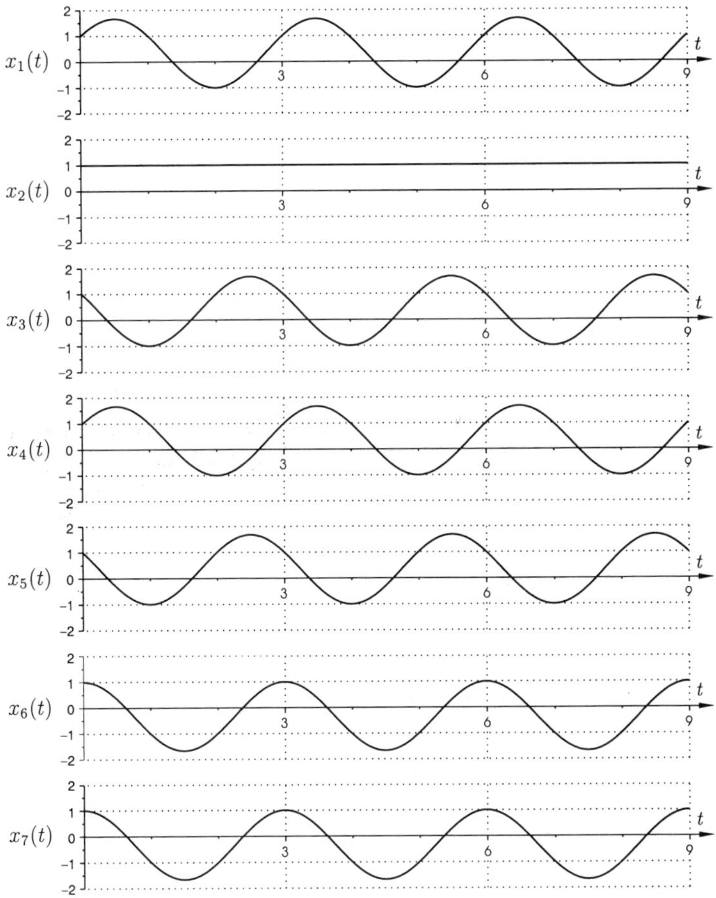

Abbildung 2.7: Eigenverhalten des kontinuierlichen Systems mit Anfangszustand $\boldsymbol{x}(t_0) = (+,+,+,+,+,+,+)^T$

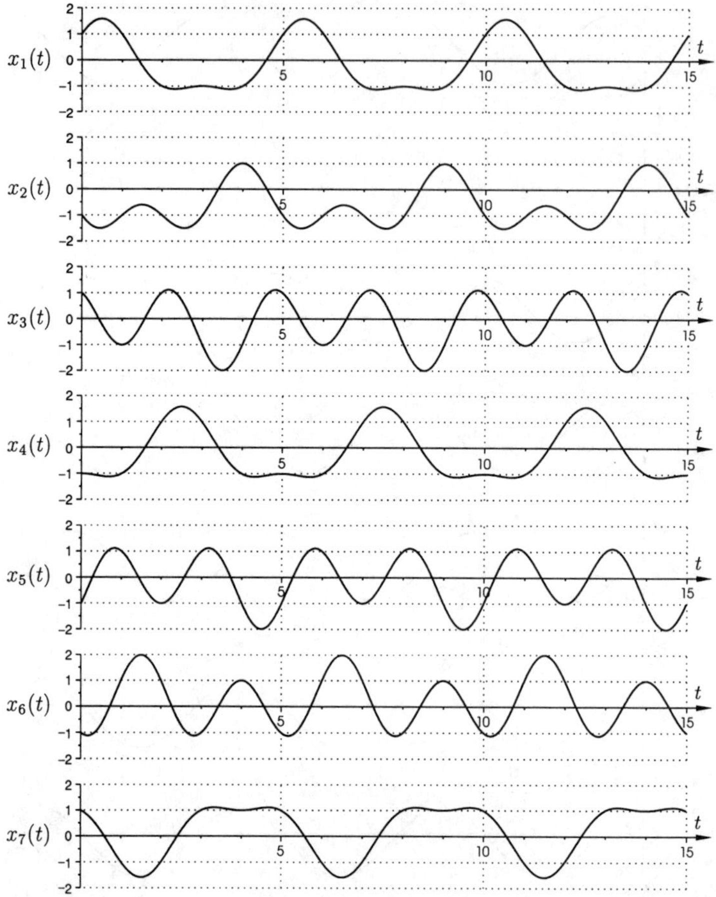

Abbildung 2.8: Eigenverhalten des kontinuierlichen Systems mit Anfangszustand $\boldsymbol{x}(t_0) = (+, -, +, -, -, -, +)^T$

Die Lage der Eigenwerte von $\boldsymbol{A}$ ermöglicht im angegebenen Beispiel die Interpretation der Differenzengleichung als Abtastsystem, d.h. als zeitdiskretisierte Darstellung eines zeitkontinuierlichen Systems.

Der Zusammenhang zwischen den Eigenwerten λ_z von $\boldsymbol{A}$ und den Eigenwerten λ_s der Systemmatrix $\boldsymbol{A}_c$ ist durch die Beziehung

$$z \; = \; e^{sT} \tag{2.68}$$

mit $s = \lambda_s$ und $z = \lambda_z$ gegeben. Die auf der komplexen Ebene[2] erklärte Exponentialfunktion ist nicht eineindeutig. Sie bildet die rechte s–Halbebene in das Äußere des Einheitskreises ($\mathbb{EK} \setminus \partial\mathbb{EK}$) und die linke s–Halbebene in das Innere des Einheitskreises ($\mathbb{C} \setminus \mathbb{EK}$) der komplexen Bildebene[3] ab. Das Bild der imaginären Achse ist $\partial\mathbb{EK}$.

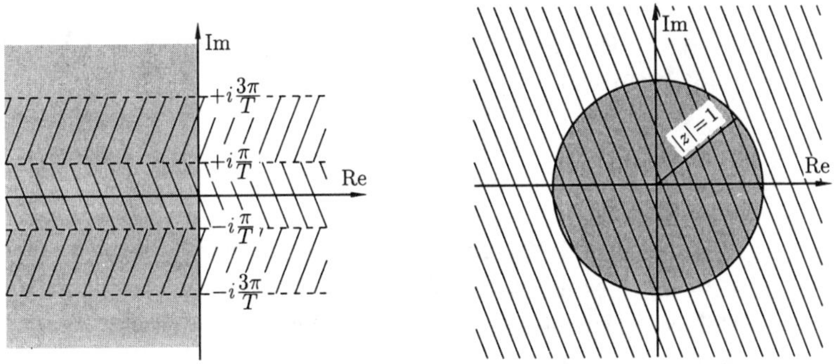

Abbildung 2.9: Ursprungs– und Bildebene der durch (2.68) gegebenen Beziehung

Bewegt man einen Punkt s parallel zur imaginären Achse, so wiederholt sich das Bild dieses Punktes dabei mit der Periode $\frac{2\pi}{T}$. Es ist also

$$\exp(sT) \; = \; \exp\left[\left(\mathrm{Re}(s) + i \cdot \left(\mathrm{Im}(s) + q\frac{2\pi}{T}\right)\right) \cdot T\right] \quad , \quad q \in \mathbb{Z}\,. \tag{2.69}$$

Die Exponentialfunktion bildet demnach jeweils einen parallel zu reellen Achse verlaufenden und $\frac{2\pi}{T}$ breiten Streifen der s–Ebene auf die *gesamte* z–Ebene ab. In der Vorstellung kann man dies als einen Stapel von Bildebenen sehen, den sogenannten *Riemannschen Flächen*. Die imaginäre Achse wird auf den Rand des Einheitskreises „aufgewickelt", wobei eine Umdrehung einem Stück der Länge $\frac{2\pi}{T}$ auf der imaginären Achse entspricht. Der Übergang von einer Riemannschen Fläche in die nächste findet auf Abbildung 2.9 bei der Überquerung der gestrichelt

[2] im weiteren s–Ebene genannt

[3] Die Bildebene wird fortan als z–Ebene bezeichnet

eingezeichneten Grenzen in der s–Ebene statt. Der entsprechende Übergang in der z–Ebene ist dann die negative reelle Achse.

Die Nichteindeutigkeit der Exponentialfunktion manifestiert sich im *Shannonschen Abtasttheorem* [25, 53]. Es besagt, daß sämtliche Eigenwerte eines zeitkontinuierlichen Systems *innerhalb* des $\frac{2\pi}{T}$ breiten Streifens um die reelle Achse liegen müssen, um eine eineindeutige Abbildung gemäß (2.68) zu erreichen. Die Breite des Streifens kann durch die Wahl der Abtastzeit T eingestellt werden. Diese muß so lange erniedrigt werden, bis sämtliche Eigenwerte von $\boldsymbol{A}_c$ innerhalb besagten Streifens und damit die z–Bilder dieser Eigenwerte alle in *einer* Riemannschen Fläche liegen.

Die in dieser Arbeit behandelten Differenzengleichungssysteme besitzen, wie Satz 2.9 besagt, lediglich Eigenwerte in $\{0\} \cup \partial\mathbb{EK}$. Zu jedem auf dem Rand des Einheitskreises liegenden konjugiert komplexen Eigenwertpaar von $\boldsymbol{A}$ muß gemäß (2.68) ein entsprechendes Eigenwertpaar von $\boldsymbol{A}_c$ auf der imaginären Achse existieren.

Es gibt zwei rein reelle Punkte aus $\partial\mathbb{EK}$, nämlich 1 und -1. Das s–Urbild von 1 bezüglich (2.68) besteht gemäß (2.69) aus den Punkten $q\,i\frac{2\pi}{T}$ mit $q \in \mathbb{Z}$.

2.5.1 Eigenwerte von $\boldsymbol{A}$ in -1

Problematischer zeigt sich die Behandlung eines Eigenwertes $\lambda_z = -1$, dessen s–Urbild $i\frac{\pi}{T} + q\,i\frac{2\pi}{T}$, $q \in \mathbb{Z}$ ist. Besitzt $\boldsymbol{A}$ nur genau einen Eigenwert in $\lambda_z = -1$, so kann dem auch nur genau ein Eigenwert $\lambda_c = +i\frac{\pi}{T}$ *oder* $\lambda_c = -i\frac{\pi}{T}$ des Systems (2.66) zugeordnet werden.

Die Eigenwerte der Übergangsmatrix $\boldsymbol{A}_c$ des zu (2.19) gesuchten zeitkontinuierlichen Systems (2.66) sind die Nullstellen des Polynoms

$$P(s) \;=\; \mathrm{Det}\,(\,s\boldsymbol{I} \;-\; \boldsymbol{A}_c\,)\;, \tag{2.70}$$

dessen Koeffizienten reellwertig sind. Dann gilt der aus dem Fundamentalsatz der Algebra abgeleitete

Satz 2.26 *Ist*

$$P(x) \;=\; a_0 \,+\, a_1 x \,+\, \cdots \,+\, a_n x^n$$

ein Polynom mit reellen Koeffizienten, so treten die echt komplexen Nullstellen in konjugierten Paaren *auf, schärfer: Zu jeder* echt komplexen *Nullstelle ζ gehört die Nullstelle $\overline{\zeta}$, und beide Nullstellen haben ein und dieselbe Vielfachheit.*

Der *Beweis* ist [24], Nr. 69 zu entnehmen.

Die Aussage dieses Satzes hat im Umkehrschluß die Konsequenz, daß es zu der beschriebenen Systemmatrix $\boldsymbol{A}$ *keine reellwertige* Matrix $\boldsymbol{A}_c$ gibt, die die zu den Eigenwerten von $\boldsymbol{A}$ gemäß (2.68) gehörenden Eigenwerte besitzt.

In dem Fall, daß $\boldsymbol{A}$ genau zwei Eigenwerte im Punkt -1 aufweist, kann diesen das konjugiert komplexe Eigenwertpaar $\lambda_c = \pm i\frac{\pi}{T}$ zugewiesen werden, so daß eine entsprechende reellwertige Matrix $\boldsymbol{A}_c$ existiert.

Demnach gilt der

Satz 2.27 *Es sei $\boldsymbol{A}$ die Systemmatrix der Differenzengleichung (2.19). $\boldsymbol{A}$ besitze lediglich Eigenwerte auf dem Rand des Einheitskreises.*
Dann kann $\boldsymbol{A}$ nur dann als die Systemmatrix eines durch Abtastung eines zeitkontinuierlichen Systems entstandenen Abtastsystems interpretiert werden, wenn $\boldsymbol{A}$ keine Eigenwerte im Punkt -1 besitzt oder deren Anzahl gerade ist.

Die Konstruktion einer Matrix $\boldsymbol{A}_c$ mit Eigenwerten in $\pm i\frac{\pi}{T}$ bedeutet jedoch eine Verletzung des Shannonschen Abtasttheorems. Wie bereits erwähnt, fordert dieses, daß sich die Eigenwerte von $\boldsymbol{A}_c$ *innerhalb* eines Streifens um die reelle Achse befinden.

Die ursprüngliche Form des Shannonschen Theorems sagt aus, daß bei der in äquidistanten Zeitpunkten erfolgenden Abtastung eines Signals die Abtastfrequenz mehr als das Doppelte der oberen Grenzfrequenz des abgetasteten Sigals betragen muß:

$$f_A \;=\; \frac{1}{T} \;\overset{!}{>}\; 2 \cdot f_G\,. \tag{2.71}$$

Nur dann kann einem Signal nach seiner Abtastung ein bezüglich Frequenz *und* Amplitude eindeutiges Spektrum zugeordnet werden. Anderenfalls tritt der sogenannte *Aliasing–Effekt* auf. Die der Abtastfrequenz entsprechende *Kreisfrequenz*

$$\omega_A \;=_{Df.}\; 2\pi \cdot f_A \;=\; \frac{2\pi}{T}$$

ist die Länge des angesprochenen Abschnittes der imaginären Achse in der s–Ebene (siehe Abbildung 2.9 links), und die Imaginärteile der konjugiert komplexen Eigenwertpaare von $\boldsymbol{A}_c$ beschreiben eine *Eigenfrequenz* des Systems (2.66).

Offensichtlich gehört dann zu einem Eigenwertpaar in $\pm i\frac{\pi}{T}$ eine Eigenfrequenz, die *gleich* der halben Abtastfrequenz ist, so daß die Ungleichung (2.71) nicht erfüllt ist. Ein solches Signal, für daß in (2.71) die Gleichheit gilt, kann nach der Abtastung zu den Zeitpunkten $k \cdot T$ nur noch bezüglich seiner Frequenz, nicht jedoch bezüglich seiner Amplitude und Phase eindeutig identifiziert werden, wie Abbildung 2.10 beispielhaft verdeutlicht ist.

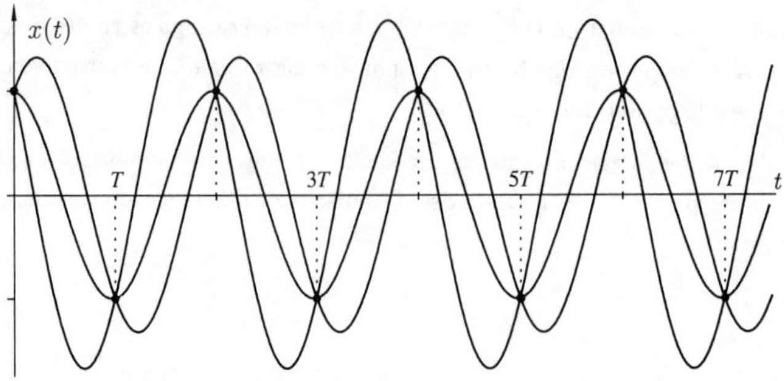

Abbildung 2.10: Bei einer Abtastung mit $f_A = 2f_G$ ist im allgemeinen keine eindeutige Rekonstruktion des kontinuierlichen Signals aus den Abtastwerten mehr möglich.

Derartige Sinusschwingungen werden durch einen harmonischen Oszillator mit der Übertragungsfunktion

$$G(s) = \frac{1}{\frac{1}{\omega_0^2}s^2 + 1}$$

erzeugt. Hierbei ist ω_0 die Eigenkreisfrequenz des Oszillators. Die abgebildeten Zeitfunktionen $\boldsymbol{x}(t)$ stellen den Ausgang des zweiten der beiden hintereinandergekoppelten Energiespeicher dar.

Die Zustandsdarstellung des Eigenverhaltens eines solchen Systems in Regelungsnormalform besitzt die Gestalt

$$\dot{\boldsymbol{x}}(t) = \begin{pmatrix} 0 & 1 \\ -\omega_0 & 0 \end{pmatrix} \cdot \boldsymbol{x}(t)\,.$$

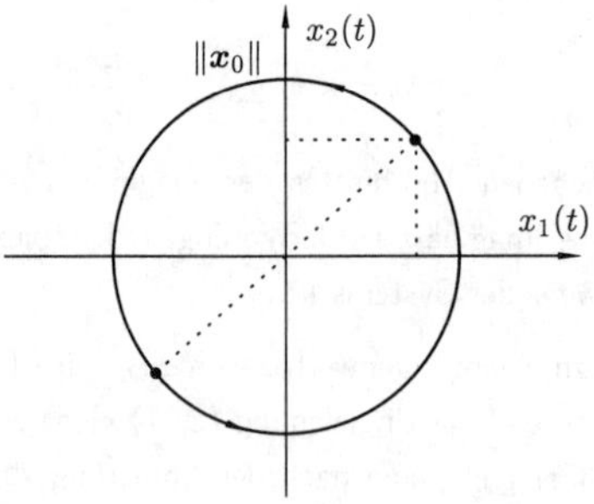

Abbildung 2.11: Zustandstrajektorie des Oszillators

Der Zustandspunkt $\boldsymbol{x}_t = \binom{x_1}{x_2}$ bewegt sich wie in Abbildung 2.11 gezeigt auf dem Rand eines Kreises mit dem Radius der Norm des Anfangszustandes $\boldsymbol{x}_0 = \boldsymbol{x}\,(t=0)$, es ist also

$$x_1^2 + x_2^2 \;=\; \|\boldsymbol{x}_0\|^2 \;.$$

Die Lösungen der Zustandsdifferentialgleichung sind

$$\begin{aligned} x_1 &= \|\boldsymbol{x}_0\| \cdot \sin(\omega_0 t) \;, \\ x_2 &= \|\boldsymbol{x}_0\| \cdot \cos(\omega_0 t) \;. \end{aligned}$$

Eine Abtastung *beider* Systemzustände mit der Abtastfrequenz

$$f_A \;=\; \frac{1}{T} \;=\; 2 \cdot f_G \;=\; 2 \cdot \frac{\omega_0}{2\pi} \;=\; \frac{\omega_0}{\pi}$$

nimmt sodann alternierend die beiden in Abbildung 2.11 gekennzeichneten Zustandspunkte auf, die zu den in Abbildung 2.12 eingezeichneten Abtastwerten korrespondieren. Mit dem Wissen, daß $\boldsymbol{x}_2 = \dot{\boldsymbol{x}}_1$ ist, kann im Gegensatz zu Abbildung 2.10 hieraus *eindeutig* das ursprüngliche zeitkontinuierliche Signal rekonstruiert werden.

Aufgrund Satz 2.13 läßt sich das durch $\boldsymbol{A}$ definierte Differenzengleichungssystem durch Transformation in die Rotationsnormalform in voneinander entkoppelte Teilsysteme zerlegen. Teilsysteme, die zu konjugiert komplexen Eigenwertpaaren auf dem Rand des Einheitskreises gehören, haben hierbei die Ordnung 2. Die Zustandspunkte dieser Teilsysteme liegen gemäß Satz 2.22 auf dem Rand eines in der zugehörigen Projektionsebene liegenden Kreises.

Auch ein in -1 liegendes Eigenwertpaar von $\boldsymbol{A}$ läßt sich als ein solches System interpretieren – die Zustandspunkte liegen sich dabei auf dem Rand des Kreises gegenüber, was Abbildung 2.11 entspricht und damit den durch *Zustands*abtastung eines Oszillators mit seiner doppelten Eigenfrequenz gewonnen Abtastwerten. Zu diesen Abtastwerten kann aber wieder – wie oben dargelegt – eindeutig das ursprüngliche kontinuierliche System bestimmt werden.

Dies bedeutet, daß selbst für

$$f_A \;=\; 2 \cdot f_G$$

(vgl. (2.71)) nach Festlegung der Abtastzeit T die Matrix $\boldsymbol{A}_c$ eindeutig bestimmt ist. Damit ist auch das System (2.66), für das in den Abtastzeitpunkten

$$\boldsymbol{x}\,(kT) \;=\; \boldsymbol{x}_k \tag{2.72}$$

gilt, eindeutig festgelegt.

Für die Zustände $\boldsymbol{x}_k$ des Automaten $\boldsymbol{\mathcal{Z}}$ gilt

$$\|\boldsymbol{x}_k\| \;=\; \sqrt{m}$$

für alle k. Damit ist die in dem System (2.66) enthaltene Energie konstant, d.h. es ist

$$\|\boldsymbol{x}(t)\| \;=\; \sqrt{m}$$

für alle t und damit die Länge des Zustandsvektors von (2.66) gleichbleibend.

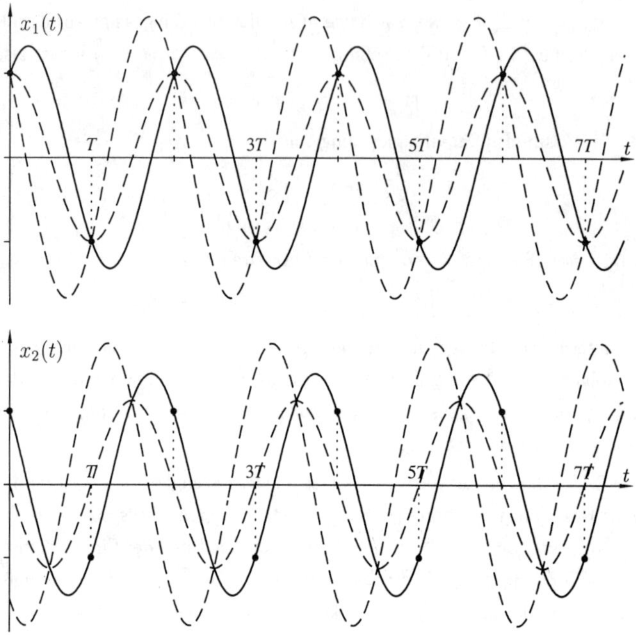

Abbildung 2.12: Die aus den Abtastwerten rekonstruierten Zustandsverläufe $x_1(t)$ und $x_2(t)$ des Oszillators

2.5.1.1 Hinzufügen von Eigenwerten

Trotzdem unter den Voraussetzungen von Satz 2.27 eine Interpretation von (2.19) als Abtastsystem nicht möglich ist, kann im Falle des Vorkommens einer ungeraden Anzahl von Eigenwerten in -1 eine zeitkontinuierliche Darstellung gefunden werden, die in einem m–dimensionalen Unterraum des Zustandsraums die Zustandswerte von (2.19) annimmt.

Als Beispiel sei der in Abbildung 2.13 zu sehende Automat hergenommen. Er besitzt die zwei spiegelbildlichen Zyklen $(0, 3, 6, 5)$ und $(1, 2, 7, 4)$. Das Durchlaufen der Ecken des dreidimensionalen Würfels ist auf der rechten Seite für den Zyklus $(0, 3, 6, 5)$ gezeigt. Offensichtlich handelt es sich bei dieser Darstellung von zwei Zyklen der Länge 4 um eine Alternative zur in Abbildung 2.5 gezeigten Möglichkeit.

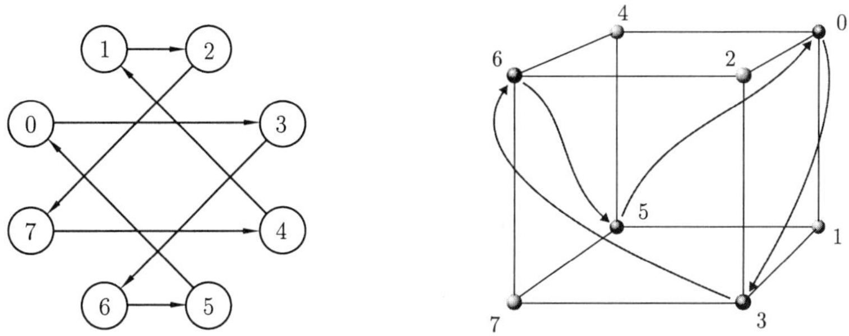

Abbildung 2.13: Ein Automat mit zwei symmetrischen Zyklen der Länge 4

Die Zustandsmatrizen sind

$$\boldsymbol{X}_k = \begin{pmatrix} + & + & + & + & - & - & - & - \\ + & + & - & - & + & + & - & - \\ + & - & + & - & + & - & + & - \end{pmatrix} \quad \text{und}$$

$$\boldsymbol{X}_{k+1} = \begin{pmatrix} + & + & - & - & + & + & - & - \\ - & - & - & - & + & + & + & + \\ - & + & - & + & - & + & - & + \end{pmatrix}.$$

Als Systemmatrix ergibt sich hiermit

$$\boldsymbol{A} = \begin{pmatrix} 0 & 1 & 0 \\ -1 & 0 & 0 \\ 0 & 0 & -1 \end{pmatrix}$$

mit den Eigenwerten $-1, \pm i$.

Gemäß (2.68) muß – bei einer Abtastzeit von $T = 1\text{sec}$ – eine Systemmatrix $\boldsymbol{A}_c$ eines dazu passenden kontinuierlichen Systems (2.66) die Eigenwerte $+i\pi$ *oder* $-i\pi$ sowie $\pm i\frac{\pi}{2}$ besitzen. Durch Hinzunahme des anderen der beiden Eigenwerte $\pm i\pi$ wird die Dimension von $\boldsymbol{A}_c$ auf vier erhöht. Es kann ein zeitkontinuierliches System dieser Dimension angegeben werden. Dessen Zustandstrajektorien können so auf einen dreidimensionalen Unterraum orthogonal projiziert werden, daß diese Projektionen in den Abtastzeitpunkten die Werte der Zustandsvektoren des Automaten annehmen. Mit

$$\boldsymbol{A}_c = \begin{pmatrix} 0 & \frac{\pi}{2} & 0 & 0 \\ -\frac{\pi}{2} & 0 & 0 & 0 \\ 0 & 0 & 0 & -\pi \\ 0 & 0 & \pi & 0 \end{pmatrix} \tag{2.73}$$

ist die Übergangsmatrix eines solchen Systems gegeben.

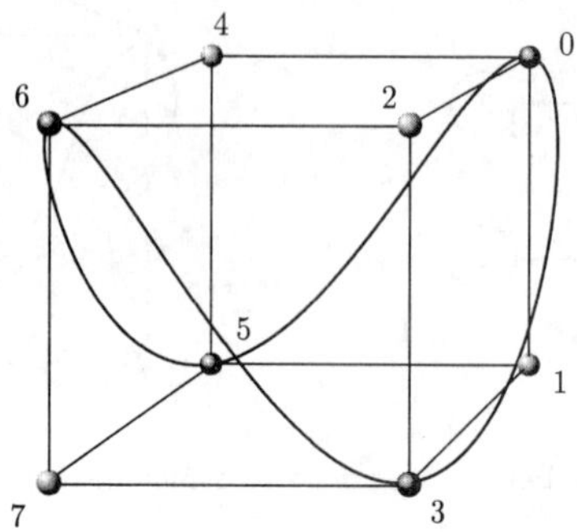

Abbildung 2.14: Trajektorie von $\overline{\boldsymbol{x}}(t)$

Die orthogonale Projektion $\overline{\boldsymbol{x}}(t)$ von $\boldsymbol{x}(t)$ auf einen dreidimensionalen Unterraum wird durch Weglassen der letzten Zustandskoordinate erreicht. Dies ist zulässig, weil die zugrundeliegende Basis orthonormal ist. Wird für das durch die Übergangsmatrix in (2.73) definierte homogene System (2.66) der Anfangszustand

$$\boldsymbol{x}\,(t_0) \;=\; (+,+,+,+)$$

angenommen, so durchläuft die orthogonale Projektion $\overline{\boldsymbol{x}}(t)$ die Trajektorie in Abbildung 2.14. In den diskreten Abtastzeitpunkten $t = kT$ nimmt $\overline{\boldsymbol{x}}(t)$ den Wert der Zustandsvektoren $\boldsymbol{x}_k$ aus dem Zyklus $(\,0,\,3,\,6,\,5\,)$ an.

Bemerkenswert ist hierbei, daß $\|\boldsymbol{x}(t)\| \;=\; 2$ und damit konstant ist. Der Betrag der orthogonalen Projektion $\|\overline{\boldsymbol{x}}(t)\|$ entspricht aber nur genau in den Abtastzeitpunkten dem der Zustandsvektoren $\boldsymbol{x}_k$, nämlich $\sqrt{3}$. Der Zustandsverlauf ist in Abbildung 2.15 für zwei volle Zyklendurchläufe aufgetragen. Offensichtlich vollführen $x_1(t)$ und $x_2(t)$ die Eigenschwingung mit der Frequenz $\frac{1}{4T}$, die zum Eigenwertpaar $\pm i\frac{\pi}{2T}$ von $\boldsymbol{A}_c$ gehört. Die Eigenbewegung zum Eigenwertpaar $\pm i\frac{\pi}{2T}$ hingegen ist durch den Verlauf von $x_3(t)$ und $x_4(t)$ gegeben. Die ersten drei Kurven sind die Verläufe der Elemente von $\overline{\boldsymbol{x}}(t)$.

2.5.2 Eigenwerte von A in 0

Bisher wurde in diesem Abschnitt die Betrachtung von Ketten ausgelassen. In der Theorie der Abtastregelungen werden beispielsweise beim Entwurf von *Kompensationsregelungen* Pole des geregelten Systems in den Nullpunkt gelegt, um auf diese Weise eine Regelung mit

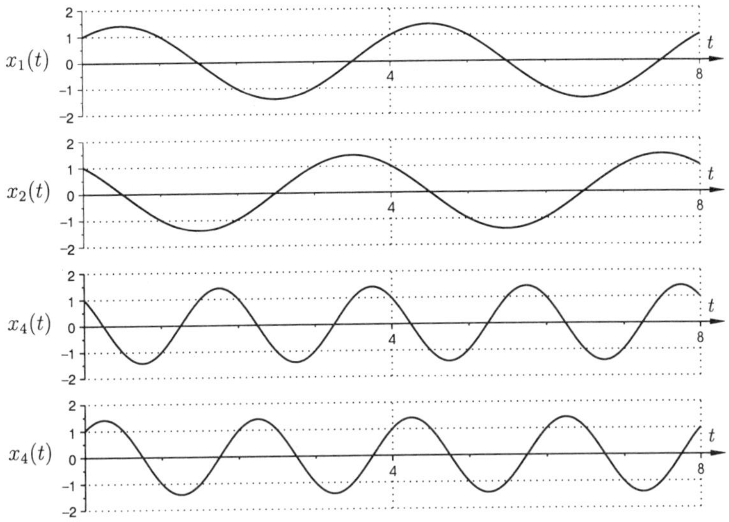

Abbildung 2.15: Zustandsverläufe für den Anfangszustand $\boldsymbol{x}(t_0) = (+, +, +, +)$

endlicher Einstellzeit[4)] [25, 53] zu erreichen. Bei dieser für kontinuierliche Systeme nicht möglichen Art der Regelung wird das Führungsverhalten des Regelkreises daraufhin ausgelegt, einen Führungsgrößensprung innerhalb einer *endlichen* Zahl von Abtastschritten nachzuvollziehen.

Die bereits in Abschnitt 2.3 erwähnte Analogie zu den hier betrachteten Differenzengleichungssystemen der Gestalt (2.19) zeigt sich darin, daß zu Eigenwerten von $\boldsymbol{A}$ im Nullpunkt Ketten von Zuständen gehören. Diese münden immer in einen Zyklus mit einer Länge $l \geq 1$. Die Zustandstrajektorie eines passenden zeitkontinuierlichen Systems müßte dann eine Gestalt wie in Abbildung 2.16 aufweisen. Insbesondere sind die Beträge der Zustandsvektoren $\boldsymbol{x}(t)$ konstant. In einem Abtastsytem bedeutet jedoch eine endliche Einstellzeit, daß bei verschwindender Eingangsgröße eine Anfangsstörung nach einer endlichen Anzahl von Abtastschritten ausgeregelt ist, es gibt also ein $k_0 \in \mathbb{N}$ so, daß

$$\boldsymbol{x}(t) \equiv \boldsymbol{o} \quad \text{für} \quad t \geq k_0 T\,.$$

Dies widerspricht der Betragskonstanz der Zustandsvektoren $\boldsymbol{x}(t)$, die gelten muß, wenn ein zeitkontinuierliches System in den Abtastzeitpunkten mit (2.19) übereinstimmen soll.

Es folgt daraus:

4) deadbeat response

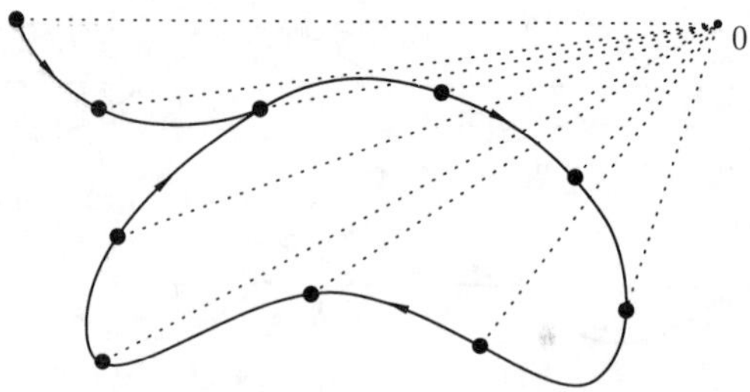

Abbildung 2.16: Trajektorienverlauf für einen Zyklus mit einmündender Kette

Satz 2.28 *Besitzt* $\boldsymbol{A} \in \mathbb{Q}^{(m,m)}$ *Eigenwerte in* 0*, so existiert kein kontinuierliches System (2.66) mit einer Übergangsmatrix* $\boldsymbol{A}_c \in \mathbb{R}^{(m,m)}$ *so, daß*

$$\boldsymbol{x}(kT) \;=\; \boldsymbol{x}_k$$

gilt.

Die entwickelte Argumentation für Satz 2.28 ist aus der Forderung nach der Betragskonstanz der Zustände $\boldsymbol{x}_k$ hervorgegangen.

Jedoch läßt sich der Satz auch systemtheoretisch begründen. So wurde bereits eingangs dieses Abschnittes erwähnt, daß ein *Abtast*System mit endlicher Einstellzeit keine Entsprechung im Zeitkontinuierlichen besitzt. Gemäß (2.68) müßte der entsprechende Pol eines zeitkontinuierlichen Systems dann nämlich in $-\infty$ liegen. Damit ist ein kontinuierliches System (2.66), welches die Eigenschaft (2.72) aufweist, nicht definiert.

2.6 Anzahl der Automaten mit gleicher Zyklenkonstellation

Die Abbildung eines endlichen, deterministischen Systems auf einen Automaten $\mathcal{Z}$ erfolgt durch die Benennung der Zustände des Systems mit Symbolen. In den meisten Fällen wird man eine Numerierung vornehmen und – bei N verschiedenen Zuständen – die Zahlen $0, \ldots, N-1$ verwenden.

In welcher Reihenfolge die Zustände numeriert werden hat keinen Einfluß auf die Funktionalität des sich ergebenden Modells. Hinsichtlich seiner mathematischen Komplexität, die sich in der Größe der Matrix $\boldsymbol{A}$ ausdrückt, hat die Reihenfolge der Numerierung jedoch erhebliche Auswirkungen.

Dies rechtfertigt die folgenden Betrachtungen über die Anzahl der Möglichkeiten, ein System mit N Zuständen als Automaten $\mathfrak{Z}$ darzustellen.

Zunächst sollen nur solche Systeme betrachten werden, die keine Nullzyklen besitzen. Mit der Anzahl r aller Zyklen seien die Zahlen $l_1, \ldots, l_r$ die Längen dieser Zyklen in absteigender Reihenfolge, also $l_\rho \geq l_{\rho+1}$, $\rho = 1, \ldots, r-1$. Wird nun der erste Zyklus hergenommen, so gibt es insgesamt $\binom{N}{l_1}$ unterschiedliche Möglichkeiten, die Zustände dieses Zyklus mit l_1 verschiedenen Zahlen aus $0, \ldots, N-1$ zu benennen. Da $\binom{N}{l_1}$ die Anzahl der Möglichkeiten des *ungeordneten* Ziehens (ohne Zurücklegen) von l_1 Zahlen aus N ist, in einem Zyklus die Zustände und damit diese Zahlen jedoch geordnet sind, gibt es zu jeder gezogenen Zahlenkonstellation nochmals $(l_1 - 1)!$ Möglichkeiten, diese in einem Zyklus anzuordnen. Da die Rechtsverschiebung auf einem Zyklus ein Isomorphismus ist, entspricht dies nicht den $l_1!$ Möglichkeiten, l_1 verschiedene Zahlen anzuordnen.
Liegen beispielsweise die Zahlen $1, 2, 3, 4$ für die Numerierung eines Zyklus vor, so lassen sie sich auf insgesamt $4! = 24$ verschiedene Arten hintereinanderschreiben:

(1 2 3 4)	(2 3 4 1)	(3 4 1 2)	(4 1 2 3)
(1 2 4 3)	(2 4 3 1)	(4 3 1 2)	(3 1 2 4)
(1 3 2 4)	(3 2 4 1)	(2 4 1 3)	(4 1 3 2)
(1 3 4 2)	(3 4 2 1)	(4 2 1 3)	(2 1 3 4)
(1 4 2 3)	(4 2 3 1)	(2 3 1 4)	(3 1 4 2)
(1 4 3 2)	(4 3 2 1)	(3 2 1 4)	(2 1 4 2)

Wie zu sehen ist, beschreiben die Einträge einer Zeile jeweils denselben Zyklus, Es ist unerheblich, welches Element an erster Stelle steht, wichtig ist allein die Reihenfolge. Also kann eine Zahl auch festgehalten und die restlichen – nämlich $l_1 - 1$ – vertauscht werden, wie in der ersten Spalte beispielhaft zu sehen ist. Dies ergibt dann die Anzahl der mit den Zahlen 1 bis 4 erschaffbaren Zyklen.

Wird obige Überlegung für den zweitlängsten Zyklus mit der Länge l_2 durchgeführt, so ergibt sich als Anzahl der Möglichkeiten für seine Darstellung $\binom{N-l_1}{l_2} \cdot (l_2 - 1)!$ bei vorheriger Vergabe von l_1 Zahlen für den längsten Zyklus. So kann für alle r Zyklen vorgegangen werden, und es ergibt sich die Größe

$$\prod_{\rho=1}^{r} \binom{N - \sum_{\mu=1}^{\rho-1} l_\mu}{l_\rho} \cdot (l_\rho - 1)!\,. \tag{2.74}$$

Als letztes bleibt zu beachten, daß die Vertauschung zweier Zyklen gleicher Länge zur selben Darstellung des Systems führt: $(0\,1)(2\,3\,4)(5\,6\,7)$ entspricht $(0\,1)(5\,6\,7)(2\,3\,4)$. Nach den bisherigen Überlegungen werden diese beiden Möglichkeiten noch beide mitgezählt. Um dies zu berücksichtigen, werden Zahlen $h_1, \ldots, h_N$ eingeführt, die die Anzahl der vorkommenden Zyklen mit der Länge $1, \ldots, N$ angeben. Im angeführten Beispiel wäre also $h_3 = 2$ und $h_1 = 0$. Nun kann (2.74) durch die Fakultäten dieser Häufigkeiten als Anzahlen der Anordnungsmöglichkeiten von Zyklen gleicher Länge geteilt werden, und es ergibt sich der

Satz 2.29 *Ein Automat $\mathcal{Z}$ mit N Zuständen enthalte r Zyklen der Längen $l_1, \ldots, l_r$ mit $l_\rho \geq l_{\rho+1} > 0$ für $\rho = 1, \ldots, r-1$. Die Zahlen $h_1, \ldots, h_N$ geben die Anzahl der vorkommenden Zyklen mit der Länge $1, \ldots, N$ an.*
Dann ist die Anzahl der Möglichkeiten, durch Umnumerieren der Zustände einen Automaten gleicher Zyklenkonstellation zu erhalten, gleich

$$\frac{\prod_{\rho=1}^{r} \binom{N - \sum_{\mu=1}^{\rho-1} l_\mu}{l_\rho} \cdot (l_\rho - 1)!}{\prod_{\nu=1}^{N} h_\nu!} . \tag{2.75}$$

Enthält $\mathcal{Z}$ zusätzliche Nullzyklen, so steigt die Anzahl der Darstellungsmöglichkeiten stark an. Bilden beispielsweise die Zustände $\boldsymbol{x}_1, \ldots, \boldsymbol{x}_l$ eine Kette, so ist die Anzahl der Möglichkeiten, eine solche Kette mit l aus N Symbolen darzustellen gleich $\binom{N}{l} \cdot l!$, da im Gegensatz zu einem Zyklus der Länge l eine Rechtsverschiebung der Zustände kein Isomorphismus ist: $(1\,2\,3\,4)$ entspricht $(4\,1\,2\,3)$; im Gegensatz dazu sind $1 \to 2 \to 3 \to 4$ und $4 \to 1 \to 2 \to 3$ jedoch unterschiedliche Darstellungen.

Zyklen, in die Ketten münden, müssen ebenfalls eingehender betrachtet werden. Sei $\boldsymbol{x}_1, \ldots, \boldsymbol{x}_l$ ein Zyklus der Länge l, und einige seiner Zustände besitzen mehr als einen Vorgänger, beispielsweise für $l = 4$:

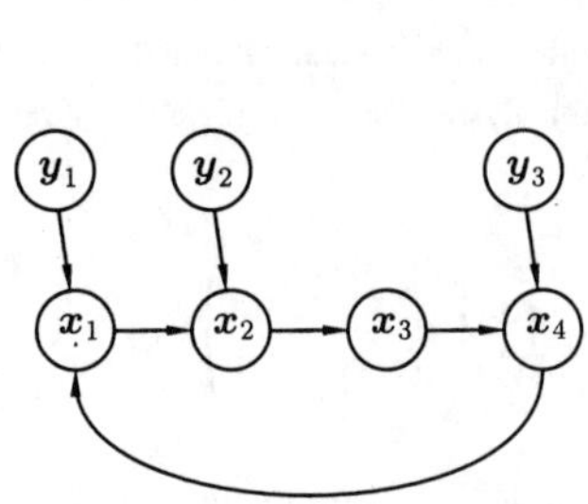

Dann ist

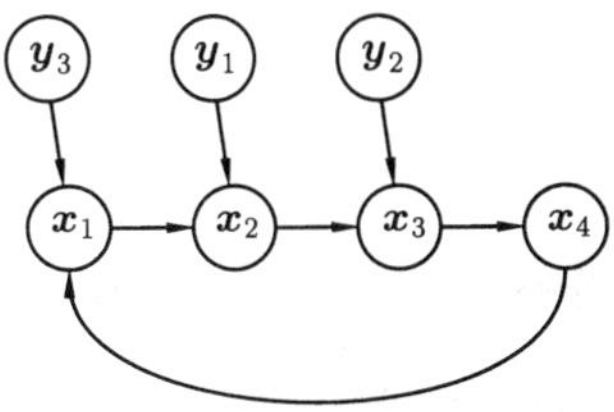

eine weitere, davon verschiedene Möglichkeit, diese Konstellation darzustellen, obwohl der eigentliche Zyklus in zwei äquivalenten Darstellungen vorliegt. Insgesamt ist die Anzahl der Möglichkeiten hier die Anzahl der möglichen Rechtsverschiebungen der „Eingangsanordnung“ der Ketten in den Zyklus also l. Im angeführten Beispiel wären also noch

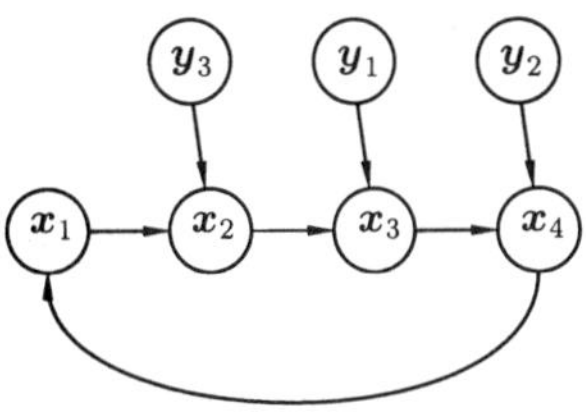

und

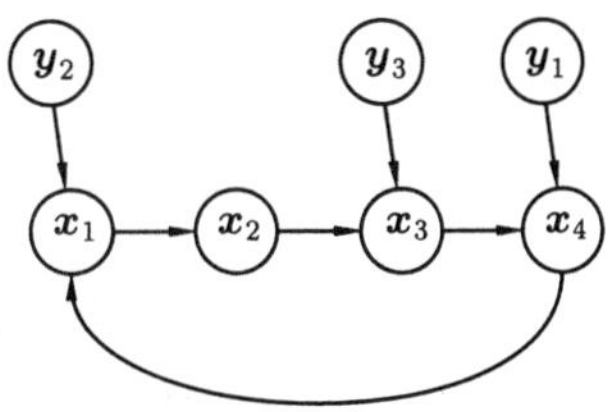

weitere Darstellungsmöglichkeiten.

Auch die Zählweise der Zyklen gleicher Länge, die sich im Zähler von (2.75) ausdrückt, muß angepaßt werden: Nun können nur noch solche Zyklen gleicher Länge als vertauschbar angesehen werden, wenn die Konstellation der in sie mündenden Ketten ebenfalls dieselbe ist.

Aufgrund dieser Überlegungen wird der folgende Satz formuliert:

Satz 2.30 *Ein Automat $\mathfrak{Z}$ mit N Zuständen enthalte r Zyklen der Längen $l_1, \ldots, l_r$, $l_\rho \geq l_{\rho+1} > 0$, $\rho = 1, \ldots, r-1$ sowie r_0 Ketten der Längen $l'_1, \ldots, l'_{r_0}$.*
Die Zahlen $h_{1,1}, \ldots, h_{1,p_1}, \ldots, h_{N,1}, \ldots, h_{N,p_N}$ geben die Anzahl der vorkommenden Zyklen mit der Länge $1, \ldots, N$ und jeweils gleicher Konstellation der in sie mündenden Ketten an, wobei jeweils p_ν verschiedene Konstellationen vorkommen.

Dann ist die Anzahl der Möglichkeiten, durch Umnumerieren der Zustände einen Automaten gleicher Zyklenkonstellation zu erhalten, gleich

$$\frac{\left\{\prod_{\rho=1}^{r}\binom{N-\sum_{\mu=1}^{\rho-1} l_\mu}{l_\rho}\cdot(l_\rho-1)!\right\}\cdot\left\{\prod_{\rho'=1}^{r_0}\binom{N-\sum_{\mu=1}^{r} l_\mu-\sum_{\mu'=1}^{\rho'-1} l'_{\mu'}}{l'_{\rho'}}\cdot l'_{\rho'}!\right\}}{\prod_{\substack{\nu=1\\ \kappa=1}}^{\substack{N\\ p_\nu}} h_{\nu,\kappa}!}. \tag{2.76}$$

3 Die Analyse des Automaten mit Hilfe der linearen Darstellung

Die Darstellung des Automaten $\mathcal{Z}$ in linearer Form (2.19) hat den Vorzug, besonders einfach handhabbar zu sein. Gleichungssysteme dieser Art sind sehr gut erforscht, und es lassen sich interessante Parallelen zu anderen dynamischen Systemen herstellen, wie in Abschnitt 2.5 gezeigt wurde.

Im folgenden werden die Eigenschaften der Darstellung (2.19) ausgenutzt, um Aussagen über das Verhalten des Automaten treffen zu können. Dies zeigt sich insbesondere darin, daß dabei nur sehr unkomplizierte mathematische Operationen auszuführen sind.

Obwohl hier die Einschränkung besteht, daß $\mathcal{Z}$ autonom ist, werden die in diesem Kapitel entwickelten Verfahren auch in Kapitel 5 Verwendung finden.

3.1 Bestimmung der Zyklen von $\mathcal{Z}$

In den Abschnitten 2.3.1 und 2.3.4 wurden wichtige Zusammenhänge zwischen den Eigenwerten von $\boldsymbol{A}$ und den Zyklen von $\mathcal{Z}$ vorgestellt. Es wurde jedoch deutlich, daß es nicht in allen Fällen einfach gelingt, aus den Eigenwerten von $\boldsymbol{A}$ eindeutig auf die wirklich vorhandenen Zyklen zu schließen. Bei Automaten mit vielen Zuständen können außerdem recht große Systemmatrizen mit einer Zeilenzahl m entstehen, die zwischen n und 2^n liegt. Ebensoviele Eigenwerte wären dann zu berechnen. Die Beschränkung des Wertebereichs der Elemente von $\boldsymbol{A}$ (siehe (2.21)) und die Tatsache, daß die Eigenwerte nur auf bestimmten Stellen des Einheitskreises oder in 0 liegen können (Satz 2.9), ist zwar hilfreich bei der Eigenwertberechnung. Jedoch soll im folgenden ein Verfahren hergeleitet werden, welches die Bestimmung von Zyklen auf weitaus einfachere Weise ermöglicht.

Besitzt ein Automat einen Zyklus der Länge $p \in \mathbb{N}$, so gilt für einen Zustand $\boldsymbol{x}$, der diesem Zyklus angehört

$$\boldsymbol{A}^p \cdot \boldsymbol{x} \;=\; \boldsymbol{x} \,. \tag{3.1}$$

$\boldsymbol{x}$ ist also ein Eigenvektor der Matrix $\boldsymbol{A}^p$ zum Eigenwert 1. Natürlich gilt (3.1) auch für Zustände, die Zyklen angehören, deren Länge p teilt.

Es ergibt sich also folgender

Hilfssatz 3.1 Alle Zustände von $\mathcal{Z}$, die einem Zyklus der Länge $p \in \mathbb{N}$ oder Zyklen, deren Länge p teilt angehören, sind Lösungen des Gleichungssystems

$$(\boldsymbol{I} - \boldsymbol{A}^p)\,\boldsymbol{x} \;=\; \boldsymbol{o}\,.$$

Da die möglichen Zustände von $\mathcal{Z}$ jedoch sämtlich spaltenweise in $\boldsymbol{X}_k$ enthalten sind, folgt sofort der

Satz 3.2 Es sei $p \in \mathbb{N}$ die Länge eines Zyklus von $\mathcal{Z}$ und

$$\overline{\boldsymbol{X}} \;=\; (\boldsymbol{I} - \boldsymbol{A}^p)\,\boldsymbol{X}_k\,. \tag{3.2}$$

Dann gehört ein Zustand von $\mathcal{Z}$ – also ein Spaltenvektor von $\boldsymbol{X}_k$ – einem Zyklus der Länge p oder einem Zyklus mit einer Länge, die p teilt an, wenn der Spaltenvektor von $\overline{\boldsymbol{X}}$ mit der gleichen Nummer der Nullvektor ist.

Ausgehend von Satz 3.2 sei v_p die Anzahl der Nullspalten in

$$\overline{\boldsymbol{X}}_p \;=\; (\boldsymbol{I} - \boldsymbol{A}^p)\,\boldsymbol{X}_k\,, \tag{3.3}$$

$p = 1, \ldots, \hat{p}$ mit

$$\hat{p} \;=\; \begin{cases} \min\{2^{m-1}, N\}\,, & \text{falls } N > 4 \\ 2^{m-1}\,, & \text{sonst} \end{cases}\,.$$

Der Wert 2^{m-1} ist gemäß Satz 2.21 die Länge des größten mit $m \geq 3$ Binärstellen darstellbaren Zyklus. Für eine Zustandsanzahl $N > 4$ ist jedoch in den meisten Fällen $2^{m-1} > N$. Es kann aber keinen Zyklus geben, dessen Länge größer als N ist, so daß p nicht bis 2^{m-1} laufen muß. p kann also die Längen aller möglichen Zyklen annehmen, abgesehen von Zyklen der Länge 0. Diese können bei den folgenden Betrachtungen ausgeklammert werden, ohne daß eine Einschränkung auf Automaten ohne Nullzyklen erfolgen muß, wie dies zu Beginn des Abschnitts 2.6 nötig war. Offensichtlich ist die Summe aller Zustände von Zyklen, deren Länge p teilt, gleich v_p. Wird nun mit z_p die Anzahl der wirklich vorkommenden Zyklen mit der Länge p benannt, so erfüllt z_p die Gleichung

$$m_{p,1} \cdot z_1 + \cdots + m_{p,\hat{p}} \cdot z_{\hat{p}} \;=\; v_p \tag{3.4}$$

mit

$$m_{p,j} \;=\; \begin{cases} j & \text{falls } j|p \\ 0 & \text{sonst} \end{cases}, \qquad j = 1, \ldots, \hat{p}\,, \tag{3.5}$$

und zwar aufgrund der Disjunktheit der Zyklen von $\mathcal{Z}$. So muß die Summe aller Zustände einer Menge von Zyklen immer gleich der Summe der Längen dieser Zyklen sein, wenn – wie bereits erwähnt – nur Zyklen mit einer Länge größer oder gleich 1 betrachtet werden.

Die mit p indizierten Gleichungen (3.4) ergeben ein Lineares Gleichungssystem

$$\boldsymbol{M} \cdot \boldsymbol{z} \;=\; \boldsymbol{v} \tag{3.6}$$

der Dimension $\hat{p}$. Die v_p sind in dem Vektor $\boldsymbol{v}$ zusammengefaßt. $\boldsymbol{M}$ enhält die $m_{i,j}$ gemäß (3.4). Wie leicht zu sehen ist, besitzt $\boldsymbol{M}$ unabhängig von $\mathcal{Z}$ immer dieselbe Gestalt – lediglich die Größe variiert in Abhängigkeit von m beziehungsweise N:

$$\boldsymbol{M} \;=\; \begin{pmatrix} 1 & 0 & \multicolumn{11}{l}{\cdots\cdots\cdots\cdots\cdots\cdots} \\ 1 & 2 & 0 & \multicolumn{10}{l}{\cdots\cdots\cdots\cdots\cdots} \\ 1 & 0 & 3 & 0 & \multicolumn{9}{l}{\cdots\cdots\cdots\cdots} \\ 1 & 2 & 0 & 4 & 0 & \multicolumn{8}{l}{\cdots\cdots\cdots\cdots} \\ 1 & 0 & 0 & 0 & 5 & 0 & \multicolumn{7}{l}{\cdots\cdots\cdots} \\ 1 & 2 & 3 & 0 & 0 & 6 & 0 & \multicolumn{6}{l}{\cdots\cdots\cdots} \\ 1 & 0 & 0 & 0 & 0 & 0 & 7 & 0 & \multicolumn{5}{l}{\cdots\cdots} \\ 1 & 2 & 0 & 4 & 0 & 0 & 0 & 8 & 0 & \multicolumn{4}{l}{\cdots\cdots} \\ 1 & 0 & 3 & 0 & 0 & 0 & 0 & 0 & 9 & 0 & \multicolumn{3}{l}{\cdots} \\ 1 & 2 & 0 & 0 & 5 & 0 & 0 & 0 & 0 & 10 & 0 & \multicolumn{2}{l}{\cdots} \\ 1 & 0 & 0 & 0 & 0 & 0 & 0 & 0 & 0 & 0 & 11 & 0 & \cdots \\ \vdots & & & & & & & & & & & \ddots & \ddots \end{pmatrix} \tag{3.7}$$

$\boldsymbol{M}$ ist eine untere Dreiecksmatrix, deren Diagonalelemente sämtlich von 0 verschieden sind. Dies bedeutet nicht nur, daß (3.6) immer eine eindeutig bestimmte Lösung $\boldsymbol{z}$ besitzt, sondern darüberhinausgehend ist diese Lösung sehr einfach zu ermitteln.

Die Elemente des Vektors $\boldsymbol{z}$ geben nun die Anzahlen der Zyklen mit den jeweiligen Längen 1 bis $\hat{p}$ an. Wieder aus der Disjunktheit der Zyklen untereinander folgt weiter, daß die Zahl der Zyklen der Länge 0 gerade die Gesamtanzahl aller Zustände abzüglich der Summe aller zu anderen Zyklen gehörenden Zustände ist.

Zusammenfassend ergibt sich somit der

Satz 3.3 Es sei $\boldsymbol{v} \in \mathbb{N}_0^{2^{m-1}}$ mit

$$v_p \;=\; \text{Anzahl der Nullspalten in } (\boldsymbol{I} - \boldsymbol{A}^p) \cdot \boldsymbol{X}_k \,,$$

$p = 1, \ldots, \hat{p}$ mit

$$\hat{p} \;=\; \begin{cases} \min\{2^{m-1}, N\}\,, & \text{falls } N > 4 \\ 2^{m-1}\,, & \text{sonst} \end{cases}$$

und $\boldsymbol{M} \in \mathbb{N}_0^{(\hat{p},\hat{p})}$ eine Matrix mit

$$m_{i,j} \;=\; \begin{cases} j & \text{falls } j|i \\ 0 & \text{sonst} \end{cases}\,, \qquad i,j \;=\; 1, \ldots, 2^n\,.$$

Dann geben die Elemente der eindeutig bestimmten Lösung $\boldsymbol{z}$ des linearen Gleichungssystems

$$\boldsymbol{M} \cdot \boldsymbol{z} \;=\; \boldsymbol{v}$$

die Zyklen von $\boldsymbol{\mathcal{Z}}$ in folgender Weise an:

i) Es existieren z_p Zyklen der Länge p, $p = 1, \ldots, \hat{p}$.

ii) Es existieren $N - \sum_{p=1}^{\hat{p}} p z_p$ Zyklen der Länge 0.

In diesem Satz wird in ii) als Gesamtzahl der Zustände N angenommen. Für die Gültigkeit der Aussagen dieses Abschnittes es nicht notwendig, daß die Zustandsanzahl eine Potenz von 2 ist, sondern sie kann hier eine beliebige natürliche Zahl $N \in \mathbb{N}$ sein. Im allgemeinen – beispielsweise für die Entwicklung gemäß Algorithmus 2.1 – muß jedoch vorausgesetzt werden, daß $N = 2^n$, $n \in \mathbb{N}$ gilt. In Abschnitt 6.1.1 wird auf diese Problematik eingegangen.

3.2 Ermittlung der den Zyklen angehörenden Zustände

Nachdem im vorherigen Abschnitt ein Verfahren angegeben wurde, mit dem die Zyklen von $\boldsymbol{\mathcal{Z}}$ ermittelt werden können, sollen nun die Zustände gefunden werden, die den einzelnen Zyklen angehören. Es ist naheliegend, dies durch Auswertung der Nullspalten von $\overline{\boldsymbol{X}}_p$ (siehe (3.3)) zu tun.

Das p-te Element des Lösungsvektors $\boldsymbol{z}$ von (3.6) gibt die Anzahl der Zyklen mit der Länge p, $p > 0$ an. Hieraus läßt sich ein Vektor $\overline{\boldsymbol{z}}$ bilden, indem die nichtpositiven Elemente von $\boldsymbol{z}$ weggelassen und an die übrigen Stellen nicht die Zyklenanzahl, sondern deren Länge gesetzt wird; dies darüberhinaus in absteigender Reihenfolge. Zu einem Vektor

$$\boldsymbol{z} \;=\; (0,1,2,1,0,2,0,1,0,0,0,0,0,0,0,0)$$

erhielte man also

$$\overline{z} \;=\; (8,6,4,3,2)\;.$$

Mit dem ersten Element beginnend werden nun alle Elemente aus $\overline{z}$ herausgenommen, die das erste Element teilen, also im Beispiel die Elemente $(8,4,2)$. Dies kann so lange wiederholt werden, bis $\overline{z}$ geleert ist, und man erhält so eine Liste von Vektoren, in der die Elemente von $\overline{z}$ so angeordnet sind, daß nachfolgende Elemente immer das erste Element teilen:

$$T \;=_{Df.}\; \big((8,4,2)\,,(6,3)\big)\,. \tag{3.8}$$

Die Nullspalten von $\overline{\boldsymbol{X}}_8$ (3.3) setzen sich genau aus den Zuständen der Zyklen mit den Längen 8, 4 und 2 zusammen. Werden die korrespondierenden Spalten aus $\boldsymbol{X}_k$ entfernt und in $\boldsymbol{X}'_k$ versammelt, gehören noch die Zustände der Zyklen mit den Längen 6 und 3 zu den Nullspalten in

$$\overline{\boldsymbol{X}}'_6 \;=\; (\boldsymbol{I} - \boldsymbol{A}_6)\cdot \boldsymbol{X}'_k\,.$$

Durch eine solche Aufteilung von $\boldsymbol{X}_k$ und $\overline{z}$ ist es möglich, eine rekursive Funktion anzugeben, die die Zustände den Zykluslängen zuordnet.

Der folgende Algorithmus ist in einer Syntax gehalten, die die einfache Umsetzung in eine Programmiersprache gestattet. Hierbei bezeichnen in den Klammern { und } gesetzte Ausdrücke keine Mengen, sondern geordnete Listen; die Zeilen einer Matrix bilden demnach eine Liste der Form {{...},{...},...,{...}}.

Algorithmus 3.4

:GLOBAL L := {}	Liste von Listen der den Zyklen zugeordneten Zuständen
:GLOBAL $\overline{z}$:= $\{p \mid z_p \neq 0, p = 2^{m-1},\dots,1\}$	nichtpos. Elemente weglassen
:$\overline{z}$:= PREPEND($\overline{z}$,0)	0 voranstellen
:	
:FUNCTION ZYKL ($\hat{\boldsymbol{X}}_k$, $\hat{z}$) :=	Definition der rekursiven Funktion
: [	
: LOCAL T := {}	Liste von Listen der Aufteilung von $\hat{z}$ (s. (3.8)).
: LOCAL M := $\hat{z}_1$	Erstes Element...
: $\hat{z}$:= REST($\hat{z}$)	...aus $\hat{z}$ entfernen.
: WHILE LENGTH($\hat{z}$) > 0 DO	Beginn der Aufteilung
: [	
: APPEND(T, { $\hat{z}_p \mid \hat{z}_p \mid \hat{z}_1$, $p = 1,\dots,$LENGTH($\hat{z}$)})	Erstes Element aus $\hat{z}$ nehmen und alle, die dieses teilen. Diese Liste an T anhängen...
: DROP($\hat{z}$,LAST(T))	...und aus $\hat{z}$ entfernen.
:]	Ende der WHILE-Schleife

15 :	FOR i = LENGTH(T) TO 1 STEP -1 DO	Hauptschleife. Die zu den in den T_i angegebenen Zykluslängen gehörenden Zustände (Spalten von $\boldsymbol{X}_k$) werden ermittelt.
16 :	[	
17 :	$\boldsymbol{a}$:= Nummern der Nullspalten in $\overline{\boldsymbol{X}}_{T_{i,1}} = \left(\boldsymbol{I} - \boldsymbol{A}^{T_{i,1}}\right) \cdot \boldsymbol{X}_k$	
18 :	$\boldsymbol{X}_k'$:= Spalten von $\boldsymbol{X}_k$ mit den Nummern aus $\boldsymbol{a}$	
19 :	Entferne die in $\boldsymbol{a}$ aufgeführten Spalten aus $\boldsymbol{X}_k$	
20 :	IF LENGTH(T_i) > 1 THEN	Gibt es in der Teilliste T_i mehr als eine Zykluslänge?
21 :	ZYKL($\boldsymbol{X}_k'$,T_i)	Ja, also Rekursion mit dieser Teilliste und den zugehörigen Zuständen
22 :	ELSE	
23 :	L := APPEND(L,{$T_{i,1}, \boldsymbol{X}_k'$})	Die Länge von T ist 1, daher können die Zustände in $\boldsymbol{X}_k'$ nur Zyklen einer Länge angehören. Abspeichern in L.
24 :	]	Ende der FOR-Schleife
25 :	IF NUMCOLS[$\boldsymbol{X}_k$] > 0 THEN	Sind von den Zuständen noch welche übrig?
26 :	L := APPEND(L,{$M, \boldsymbol{X}_k$})	Diese stellen dann Zyklen der Länge 0 dar.
27 :	]	Ende der Definition der rekursiven Funktion ZYKL
28 :		Ab hier Definition des Hauptprogrammes
29 :	If LAST($\overline{\boldsymbol{z}}$) == 1 THEN	Gibt es Zyklen der Länge 1?
30 :	[	
31 :	$\boldsymbol{a}$:= Nummern der Nullspalten in $\overline{\boldsymbol{X}}_1 = (\boldsymbol{I} - \boldsymbol{A}) \cdot \boldsymbol{X}_k$	
32 :	$\boldsymbol{X}_k'$:= Spalten von $\boldsymbol{X}_k$ mit den Nummern aus $\boldsymbol{a}$	
33 :	Entferne die in $\boldsymbol{a}$ aufgeführten Spalten aus $\boldsymbol{X}_k$	
34 :	L := { {$1, \boldsymbol{X}_k'$} })	L besteht nun aus der Liste der Zustände, die 1er-Zyklen bilden
35 :	$\overline{\boldsymbol{z}}$:= DROP($\overline{\boldsymbol{z}}$,-1)	Letztes Element aus $\overline{\boldsymbol{z}}$ weglassen
36 :	]	
37 :	ZYKL($\boldsymbol{X}_k$,$\overline{\boldsymbol{z}}$)	Die Wurzel

In den Zeilen 5 bis 27 wird die rekursive Unterfunktion ZYKL definiert. Das erste Element M der Liste $\overline{\boldsymbol{z}}$ ist die Länge des längsten Zyklus von $\boldsymbol{\mathcal{Z}}$. Der Rest von $\overline{\boldsymbol{z}}$ wird in der WHILE–Schleife in eine Liste T von Teillisten aufgeteilt, die wie (3.8) gebildet wird. In der in Zeile 15 beginnenden FOR–Schleife werden zunächst jeder Teilliste T_i diejenigen Zustände zugeordnet, die zu den Zyklen gehören, deren Längen in T_i aufgeführt sind. Dies geschieht durch Auswertung der Nullspalten in

$$\overline{\boldsymbol{X}}_{T_{i,1}} = \left(\boldsymbol{I} - \boldsymbol{A}^{T_{i,1}}\right) ,$$

da alle Elemente von T_i das erste Element $T_{i,1}$ teilen. Enthält T_i nur ein Element, so bilden die gefundenen Zustände Zyklen der Länge, die durch dieses Element angegeben wird. Besteht T_i aber aus mehreren Elementen, wird ZYKL in Zeile 21 rekursiv aufgerufen. Nach Durchlaufen der FOR–Schleife wird überprüft, ob in ihr nicht alle Zustände irgendwelchen Zykluslängen zugeordnet werden konnten. Dies bedeutet, daß diese Zustände Zyklen der Länge 0 angehören müssen.

Bevor der erste Aufruf von ZYKL erfolgt und damit die Wurzel des Rekursionsbaumes gelegt wird, müssen die Zyklen der Länge 1 ausgenommen werden. Würden deren Zustände in $\boldsymbol{X}_k$ belassen, so würden sie in jedem Fall der letzten Zykluslänge in der letzten Teilliste der beim ersten Aufruf von ZYKL gebildeten Liste T zugeordnet.

Nach Durchlauf des Algorithmus enthält L zweielementige Listen. Das erste Element ist jeweils eine Zykluslänge. Das zweite Element besteht aus einer Liste der Zustände, die zu den Zyklen der angegebenen Länge gehören. Die Anzahl der Elemente in dieser Zustandsliste ist ein ganzzahliges Vielfaches der zugehörigen Zykluslänge. Die weitere Aufspaltung dieser Menge von Zuständen in einzelne Zyklen wird durch sukzessives Ausführen von (2.15) durchgeführt.

Der rekursive Algorithmus hat insbesondere dann Vorteile, wenn ein globaler *Kellerspeicher* eingeführt wird, der bereits errechnete Potenzen von $\boldsymbol{A}$ enthält, die in Zeile 17 benötigt werden. In der Schleife ab Zeile 21 kann in diesem Kellerspeicher nach der Potenz von $\boldsymbol{A}$ gesucht werden, deren Grad kleiner oder gleich $T_{i,1}$ und dabei maximal ist. Von dieser Potenz aus wird weitergerechnet, bis der Grad $T_{i,1}$ erreicht ist. Auf diese Weise kann um den Preis eines erhöhten Speicherverbrauchs ein großer Geschwindigkeitsvorteil realisiert werden.

3.3 Einige Beispiele

3.3.1 Ein autonomer Automat

Der im folgenden behandelte autonome Automat ist bereits in Abbildung 2.2 auf Seite 11 aufgeführt worden.

Gegeben sei ein autonomer endlicher Automat $\mathcal{Z} = (\mathbb{X}, x_0, \tau)$ mit

$$\begin{aligned} \mathbb{X} &= \{0, 1, 2, 3, 4, 5, 6, 7\}, \\ \tau &= \{0 \mapsto 1, 1 \mapsto 2, 2 \mapsto 1, 3 \mapsto 3, \\ &\quad 4 \mapsto 5, 5 \mapsto 6, 6 \mapsto 7, 7 \mapsto 4\}, \end{aligned}$$

siehe Abbildung 3.1. Dies führt zu den Vektoren

$$\begin{aligned} \boldsymbol{g}^T &= (0,1,2,3,4,5,6,7), \\ \boldsymbol{h}^T &= (1,2,1,3,5,6,7,4). \end{aligned}$$

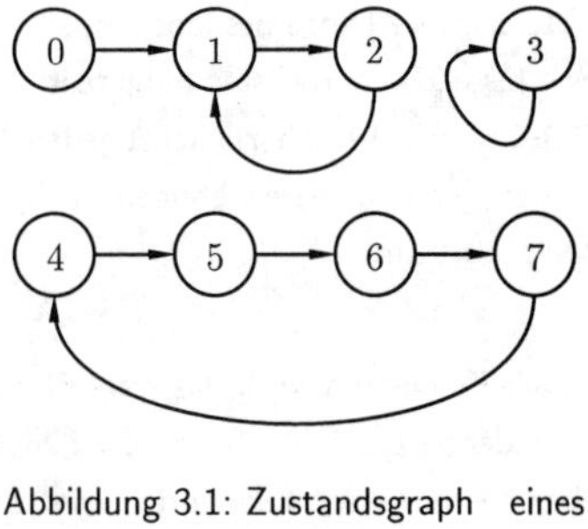

Abbildung 3.1: Zustandsgraph eines Automaten $\mathcal{Z}$

Der Automat besitzt acht Zustände, also ist eine Walsh–Entwicklung im $\mathbb{S}_3$ mit der Walsh–Basis $\boldsymbol{W}_3$ möglich.

Es ergeben sich die Matrizen

$$\boldsymbol{G} = \begin{pmatrix} 0 & 0 & 0 & 0 & 1 & 1 & 1 & 1 \\ 0 & 0 & 1 & 1 & 0 & 0 & 1 & 1 \\ 0 & 1 & 0 & 1 & 0 & 1 & 0 & 1 \end{pmatrix} \quad \text{und} \quad \boldsymbol{H} = \begin{pmatrix} 0 & 0 & 0 & 0 & 1 & 1 & 1 & 1 \\ 0 & 1 & 0 & 1 & 0 & 1 & 1 & 0 \\ 1 & 0 & 1 & 1 & 1 & 0 & 1 & 0 \end{pmatrix}$$

sowie

$$\boldsymbol{X}_k = \begin{pmatrix} + & + & + & + & - & - & - & - \\ + & + & - & - & + & + & - & - \\ + & - & + & - & + & - & + & - \end{pmatrix} \quad \text{und}$$

$$\boldsymbol{X}_{k+1} = \begin{pmatrix} + & + & + & + & - & - & - & - \\ + & - & + & - & + & - & - & + \\ - & + & - & - & - & + & - & + \end{pmatrix}.$$

Der erste Schritt des Algorithmus ergibt

$$\tilde{\boldsymbol{X}}_k = \begin{pmatrix} 0 & 1 & 0 & 0 & 0 & 0 & 0 & 0 \\ 0 & 0 & 0 & 1 & 0 & 0 & 0 & 0 \\ 0 & 0 & 0 & 0 & 0 & 0 & 0 & 1 \end{pmatrix},$$

$$\tilde{\boldsymbol{X}}_{k+1} = \begin{pmatrix} 0 & 1 & 0 & 0 & 0 & 0 & 0 & 0 \\ 0 & 0 & 0 & 0 & \frac{1}{2} & -\frac{1}{2} & \frac{1}{2} & \frac{1}{2} \\ -\frac{1}{4} & -\frac{1}{4} & \frac{1}{4} & \frac{1}{4} & -\frac{1}{4} & -\frac{1}{4} & \frac{1}{4} & -\frac{3}{4} \end{pmatrix}.$$

Offensichtlich sind die Spalten 1, 3, 5, 6 und 7 von $\tilde{\boldsymbol{X}}_k$ Nullspalten, während sie dies in $\tilde{\boldsymbol{X}}_{k+1}$ nicht sind. Die Zeilen von $\boldsymbol{W}_3$ mit diesen Nummern werden an $\boldsymbol{X}_k$ angehängt, nach einer Vertauschung ihrer Elemente gemäß τ auch an $\boldsymbol{X}_{k+1}$. Ein nochmaliges Durchlaufen von Schritt 1 des Algorithmus ist nicht mehr nötig, da in diesem Fall $\boldsymbol{X}_k$ bereits 8 Zeilen und damit alle Zeilen aus $\boldsymbol{W}_3$ enthält:

$$\boldsymbol{X}_k = \begin{pmatrix} + & + & + & + & - & - & - & - \\ + & + & - & - & + & + & - & - \\ + & - & + & - & + & - & + & - \\ + & + & + & + & + & + & + & + \\ + & + & - & - & - & - & + & + \\ + & - & - & + & + & - & - & + \\ + & - & - & + & - & + & + & - \\ + & - & + & - & - & + & - & + \end{pmatrix},$$

$$X_{k+1} = \begin{pmatrix} + & + & + & + & - & - & - & - \\ + & - & + & - & + & - & - & + \\ - & + & - & - & - & + & - & + \\ + & + & + & + & + & + & + & + \\ + & - & + & - & - & + & + & - \\ - & - & - & + & - & - & + & + \\ - & - & - & + & + & + & - & - \\ - & + & - & - & + & - & + & - \end{pmatrix}$$

Die Anwendung von (2.13) ergibt das Ergebnis

$$A = \begin{pmatrix} 1 & 0 & 0 & 0 & 0 & 0 & 0 & 0 \\ 0 & 0 & \frac{1}{2} & 0 & 0 & \frac{1}{2} & -\frac{1}{2} & \frac{1}{2} \\ -\frac{1}{4} & \frac{1}{4} & -\frac{3}{4} & -\frac{1}{4} & \frac{1}{4} & -\frac{1}{4} & -\frac{1}{4} & \frac{1}{4} \\ 0 & 0 & 0 & 1 & 0 & 0 & 0 & 0 \\ 0 & 0 & \frac{1}{2} & 0 & 0 & -\frac{1}{2} & \frac{1}{2} & \frac{1}{2} \\ -\frac{1}{4} & -\frac{3}{4} & -\frac{1}{4} & -\frac{1}{4} & \frac{1}{4} & \frac{1}{4} & \frac{1}{4} & -\frac{1}{4} \\ -\frac{1}{4} & \frac{1}{4} & -\frac{1}{4} & -\frac{1}{4} & -\frac{3}{4} & \frac{1}{4} & \frac{1}{4} & -\frac{1}{4} \\ -\frac{1}{4} & \frac{1}{4} & \frac{1}{4} & -\frac{1}{4} & \frac{1}{4} & -\frac{1}{4} & -\frac{1}{4} & -\frac{3}{4} \end{pmatrix}.$$

Gemäß Satz 2.21 ist die Maximallänge für einen Zyklus $2^{m-1} = 4$. Unter Anwendung von (3.2) für $p = 1, \ldots, 4$ ergibt sich daher das lineare Gleichungssystem

$$\begin{pmatrix} 1 & 0 & 0 & 0 \\ 1 & 2 & 0 & 0 \\ 1 & 0 & 3 & 0 \\ 1 & 2 & 0 & 4 \end{pmatrix} \cdot z = \begin{pmatrix} 1 \\ 3 \\ 1 \\ 7 \end{pmatrix} \tag{3.9}$$

gemäß (3.4) und (3.6).Die Lösung von (3.9) ist $z = (1,1,0,1)^T$, es existieren damit gemäß Satz 3.3 jeweils ein Zyklus der Länge 1, 2 und 4. Nach Satz 3.3.ii) ist die Anzahl der Nullzyklen gleich

$$8 - 1 \cdot 1 - 2 \cdot 1 - 4 \cdot 1 = 1 .$$

Unter Anwendung von Satz 3.2 auf die (durch die mit der Walsh-Entwicklung 2.1 erweiterten) Matrizen X_k und X_{k+1} gelangt man zu den Zuständen, die diesen Zyklen angehören.

Betrachtet man beispielsweise den Zyklus der Länge $p = 4$, so ist

$$\overline{\boldsymbol{X}}_4 \;=\; \left(\boldsymbol{I} - \boldsymbol{A}^4\right) \cdot \boldsymbol{X}_k \;=\; \begin{pmatrix} 0 & 0 & 0 & 0 & 0 & 0 & 0 & 0 \\ 2 & 0 & 0 & 0 & 0 & 0 & 0 & 0 \\ 0 & 0 & 0 & 0 & 0 & 0 & 0 & 0 \\ 0 & 0 & 0 & 0 & 0 & 0 & 0 & 0 \\ 2 & 0 & 0 & 0 & 0 & 0 & 0 & 0 \\ 2 & 0 & 0 & 0 & 0 & 0 & 0 & 0 \\ 2 & 0 & 0 & 0 & 0 & 0 & 0 & 0 \\ 0 & 0 & 0 & 0 & 0 & 0 & 0 & 0 \end{pmatrix} . \tag{3.10}$$

Gleichung (3.10) bedeutet, daß die Zustände 1 bis 7 den Zyklen der Längen 4, 2 oder 1 angehören, da 4, 2 und 1 Teiler von 4 sind. Der Zustand 0 ist aber offensichtlich derjenige, der den Zyklus mit der Länge 0 ausmacht. Den Zustand, der zum Zyklus der Länge 1 gehört, bestimmt man mit

$$\overline{\boldsymbol{X}}_1 \;=\; (\boldsymbol{I} - \boldsymbol{A}) \cdot \boldsymbol{X}_k \;=\; \begin{pmatrix} 0 & 0 & 0 & 0 & 0 & 0 & 0 & 0 \\ 0 & 2 & -2 & 0 & 0 & 2 & 0 & -2 \\ 2 & -2 & 2 & 0 & 2 & -2 & 2 & -2 \\ 0 & 0 & 0 & 0 & 0 & 0 & 0 & 0 \\ 0 & 2 & -2 & 0 & 0 & -2 & 0 & 2 \\ 2 & 0 & 0 & 0 & 2 & 0 & -2 & 0 \\ 2 & 0 & 0 & 0 & -2 & 0 & 2 & 0 \\ 2 & -2 & 2 & 0 & -2 & 2 & -2 & 2 \end{pmatrix} .$$

Die Nullspalte ist hier die vierte Spalte, Zustand 3 ist also ein Fixpunkt von $\boldsymbol{A}$. Mit $\left(\boldsymbol{I} - \boldsymbol{A}^2\right) \cdot \boldsymbol{X}_k$ erhält man die Zustände, die dem 2er–Zyklus angehören. Die übrigen Zustände sind dann diejenigen des 4er–Zyklus, es ergeben sich also insgesamt als Zyklen mit einer Länge größer als Null (3), $(1, 2)$ und $(4, 5, 6, 7)$.

3.3.2 Modellierung eines Petrinetzes

Eine Bedingung kann erfüllt oder nicht erfüllt sein; sie stellt somit eine binäre Größe dar. Dementsprechend wird für einen Zustand $\boldsymbol{x}_k$ des Petrinetzes die Belegung aller seiner Bedingungen zu einem Zeitpunkt hergenommen. Entsprechend dieser Belegung treten eindeutig bestimmte Ereignisse ein, d.h. Transitionen schalten und die Bedingungsbelegungen gehen in neue Zustände über. Dies ist der Folgezustand $\boldsymbol{x}_{k+1}$.

Zu dem in Abbildung 3.2 gezeigten Beispiel für ein B/E–Netz ergeben sich somit folgende Matrizen $\boldsymbol{G}$ und $\boldsymbol{H}$ bzw. $\boldsymbol{X}_k$ und $\boldsymbol{X}_{k+1}$:

Behandelt wird ein B/E–Netz, welches in [18] ebenfalls als Beispiel diente. Es existieren vier Bedingungen

$$\{b_1, b_2, b_3, b_4\}$$

und drei Ereignisse

$$\{e_1, e_2, e_3\}\ .$$

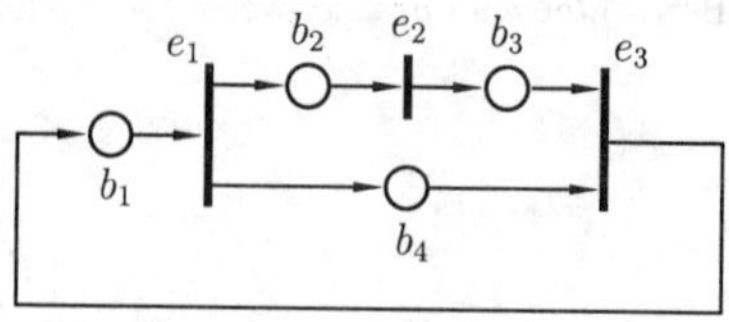

Abbildung 3.2: Bedingungs/Ereignis–Netz

$$\begin{array}{l} b_{4,k} \\ b_{3,k} \\ b_{2,k} \\ b_{1,k} \\ b_{4,k+1} \\ b_{3,k+1} \\ b_{2,k+1} \\ b_{1,k+1} \end{array}
\begin{array}{c}
\overbrace{\begin{pmatrix}
0&0&0&0&0&0&0&0&1&1&1&1&1&1&1&1\\
0&0&0&0&1&1&1&1&0&0&0&0&1&1&1&1\\
0&0&1&1&0&0&1&1&0&0&1&1&0&0&1&1\\
0&1&0&1&0&1&0&1&0&1&0&1&0&1&0&1
\end{pmatrix}}^{\boldsymbol{G}} \\
\underbrace{\begin{pmatrix}
0&1&0&0&0&1&0&0&1&1&1&1&0&1&0&1\\
0&0&1&1&1&1&1&1&0&0&1&1&0&1&0&1\\
0&1&0&0&0&1&1&1&0&0&0&0&0&0&1&1\\
0&0&0&1&0&0&0&1&0&1&0&1&1&1&1&1
\end{pmatrix}}_{\boldsymbol{H}}
\end{array} ; \qquad (3.11)$$

$$\boldsymbol{X}_k = \begin{pmatrix}
+&+&+&+&+&+&+&+&-&-&-&-&-&-&-&-\\
+&+&+&+&-&-&-&-&+&+&+&+&-&-&-&-\\
+&+&-&-&+&+&-&-&+&+&-&-&+&+&-&-\\
+&-&+&-&+&-&+&-&+&-&+&-&+&-&+&-
\end{pmatrix},$$

$$\boldsymbol{X}_{k+1} = \begin{pmatrix}
+&-&+&+&+&-&+&+&-&-&-&-&+&-&+&-\\
+&+&-&-&1&-&-&-&+&+&-&-&+&-&+&-\\
+&-&+&+&+&-&-&-&+&+&+&+&+&+&-&-\\
+&+&+&-&+&+&+&-&+&-&+&-&-&-&-&-
\end{pmatrix}.$$

Nach Durchlaufen des Entwicklungsalgorithmus 2.1 kann nun eine Walsh–Entwicklung und die Bestimmung der Systemmatrix $\boldsymbol{A}$ durchgeführt werden, so daß – mit erweiterten Matrizen $\boldsymbol{X}_k$ und $\boldsymbol{X}_{k+1}$ – eine Darstellung der Form

$$\boldsymbol{X}_{k+1} = \boldsymbol{A} \cdot \boldsymbol{X}_k$$

möglich ist. Mit einer Belegung der Anfangsbedingungen $\boldsymbol{x}_0$ ist dann mit der durch $\boldsymbol{A}$ definierten linearen Abbildung die Reaktion des B/E–Netzes und sein weiteres Verhalten eindeutig

beschrieben.
Im vorliegenden Fall hat $\boldsymbol{A}$ die Dimension $m = 16$. Es sind also alle Zeilenvektoren der Walshmatrix $\boldsymbol{W}_4$ zum Einsatz gekommen.

Die Eigenwerte von $\boldsymbol{A}$ sind

$$-\tfrac{1}{2} \pm j\tfrac{\sqrt{3}}{2},\ -\tfrac{1}{2} \pm j\tfrac{\sqrt{3}}{2},\ 1,\ 1,\ 1,\ 1,\ 1,\ 1,\ 1,\ 1,\ 1,\ 1,\ 0,\ 0\,.$$

Um zu ermitteln, von welcher Länge die vorkommenden Zyklen sind, wird mittels (3.3) der Vektor

$$\boldsymbol{v} \;=\; (\,8, 8, 14, 8, 8, 14, 8, 8, 14, 8, 8, 14, 8, 8, 14, 8\,)^T$$

gebildet. Die Einträge der in diesem Falle 16–reihigen Matrix $\boldsymbol{M}$ (siehe (3.7)) ergeben sich aus (3.5). Die Matrix $\boldsymbol{M}$ muß trotz $m = 16$ nur 16–reihig und nicht 2^{m-1}–reihig aufgestellt werden, da es nur 16 Zustände gibt. Die Auswertung der Lösung

$$\boldsymbol{z} \;=\; (\,8, 0, 2, 0, 0, 0, 0, 0, 0, 0, 0, 0, 0, 0, 0, 0\,)^T$$

von (3.6) gemäß Satz 3.3 zeigt, daß 8 Zyklen der Länge 1 und jeweils 2 Zyklen der Längen 3 und 0 existieren.

Werden Zustände gesucht, die zu einem bestimmten Zyklus gehören, so kann diese Frage mittels (3.2) beantwortet werden. beispielsweise bilden jene Zustände, die zu den 8 Nullspalten von

$$\overline{\boldsymbol{X}} \;=\; \left(\boldsymbol{I} - \boldsymbol{A}^1\right)\boldsymbol{X}_k$$

gehören, die 8 Zyklen der Länge 1. Um *alle* Zustände ihren Zyklen zuordnen zu können, ist die Verwendung von Algorithmus 3.4 jedoch effektiver.

Bei einer Numerierung der Zustände dergestalt, daß deren Binärschreibweise die Spalten von $\boldsymbol{G}$ ergibt, sind folgende Zyklen anzuschreiben:

$$\begin{array}{ll} (2),\ (11) & \text{Zyklen der Länge } 0\,, \\ (0),\ (4),\ (6),\ (7), (8),\ (9),\ (13),\ (15) & \text{Zyklen der Länge } 1\,, \\ (1, 10, 12),\ (3, 5, 14) & \text{Zyklen der Länge } 3\,. \end{array} \qquad (3.12)$$

Gemäß [18] besitzt das betrachtete B/E–Netz acht Verklemmungszustände. Dies bedeutet, daß die Bedingungsbelegung bei jedem Schritt auf sich selbst abgebildet wird. Dies sind jedoch Zyklen der Länge 1, d.h.:

Jeder Zyklus mit der Länge 1 *beschreibt einen Verklemmungszustand des B/E–Netzes. Existieren Zyklen der Länge* 1*, so besitzt die Matrix* $\boldsymbol{A}$ *mindestens einen Eigenwert in* 1*.*

Die Verklemmungszustände sind demnach in der zweiten Zeile von (3.12) zu finden.

4 Ein Ansatz für eine optimale Darstellung von $\mathcal{Z}$

Wie bereits mehrfach erwähnt, birgt der Vorteil einer formalen Beschreibung eines deterministischen Automaten $\mathcal{Z}$ als *lineares* Differenzengleichungssystem erster Ordnung den Nachteil, daß die Dimension m dieses Systems bei einer Anzahl von $N \in \mathbb{N}$ Zuständen von $\mathcal{Z}$ im schlechtesten Fall immerhin 2^n mit $2^{n-1} < N \leq 2^n$, $n \in \mathbb{N}$, betragen kann. Da die Systemdimension m daher in jedem Fall kleiner als $2N$ ist, hängt ihre Obergrenze linear von der Zustandsanzahl ab; diese Anzahl kann jedoch sehr groß werden.

Für einen Automaten $\mathcal{Z}$, dessen Zyklenkonstellation noch unbekannt ist, muß der Algorithmus in Abschnitt 2.2.1 durchlaufen werden, und es kann nicht im Voraus gesagt werden, wie groß m – innerhalb seiner vorbestimmten Schranken – sein wird. Ist hingegen eine Darstellung der Form (2.15) einmal gewonnen und diese gemäß des in Abschnitt 3.1 vorgestellten Verfahrens analysiert, kann eine neue, kompaktere Darstellung gefunden werden. Es zeigt sich nämlich, daß die Dimension m von (2.15) von der *Numerierung* der Zustände von $\mathcal{Z}$ abhängt. Denn aufgrund der Binärdarstellung dieser Zustandsnummern werden die Zustandsvektoren gebildet und diese wiederum spaltenweise zu den Matrizen $\boldsymbol{X}_k$ und $\boldsymbol{X}_{k+1}$ zusammengefaßt. Der Algorithmus, der auf der Basis dieser beiden Matrizen die Gleichung (2.15) generiert, überprüft bei jeder Iteration, ob die Zeilen von $\boldsymbol{X}_k$ und $\boldsymbol{X}_{k+1}$ denselben Raum aufspannen. Denn nur dann kann es eine lineare Abbildung mit einer der Zeilenanzahl von $\boldsymbol{X}_k$ entsprechenden Dimension geben, die $\boldsymbol{X}_k$ in $\boldsymbol{X}_{k+1}$ überführt. Decken sich die beiden aufgespannten Räume nicht, so werden so lange Zeilen der Walshmatrix $\boldsymbol{W}_n$ angefügt, bis die Deckung erreicht ist – im Extremfall beinhaltet $\boldsymbol{X}_k$ schlußendlich alle Zeilen von $\boldsymbol{W}_n$, deren Anzahl 2^n beträgt.

Liegt demnach von vornherein eine Numerierung vor, die eine „bessere" Überdeckung der von $\boldsymbol{X}_k$ und $\boldsymbol{X}_{k+1}$ aufgespannten Räume gewährleistet, kann m verkleinert, bzw. minimiert werden.

Das folgende Beispiel soll dies verdeutlichen. Gegeben sei ein Automat $\mathcal{Z}$ mit jeweils zwei Zyklen der Länge 1 und 3, wie er in Abbildung 4.1 zu sehen ist. Nach der Entwicklung in eine

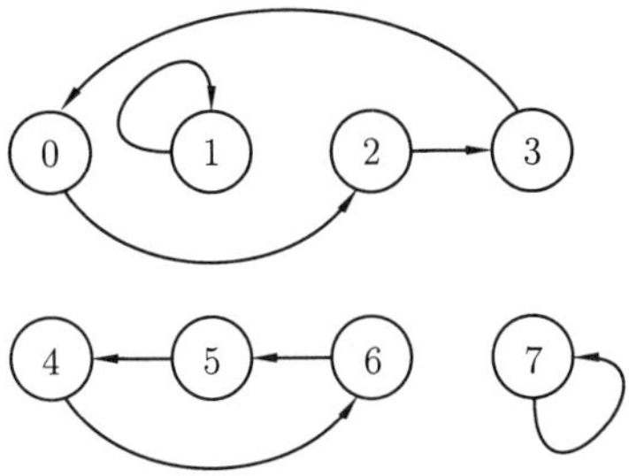

Abbildung 4.1: Ein Automat mit jeweils zwei Zyklen der Länge 1 und 3

Differenzengleichung (2.15) ist

$$\boldsymbol{A} = \begin{pmatrix} 1 & 0 & 0 & 0 & 0 & 0 & 0 \\ 0 & 0 & -\frac{1}{2} & 0 & -\frac{1}{2} & \frac{1}{2} & -\frac{1}{2} \\ 0 & \frac{1}{2} & 0 & -\frac{1}{2} & \frac{1}{2} & \frac{1}{2} & 0 \\ 0 & 0 & -\frac{1}{2} & 0 & \frac{1}{2} & -\frac{1}{2} & -\frac{1}{2} \\ 0 & -\frac{1}{2} & -\frac{1}{2} & -\frac{1}{2} & 0 & 0 & \frac{1}{2} \\ 0 & -\frac{1}{2} & \frac{1}{2} & -\frac{1}{2} & 0 & 0 & -\frac{1}{2} \\ 0 & -\frac{1}{2} & 0 & \frac{1}{2} & \frac{1}{2} & \frac{1}{2} & 0 \end{pmatrix} \tag{4.1}$$

und damit die Dimension der Zustände $\boldsymbol{x}_k$ von anfangs 3 auf $m = 7$ angewachsen.

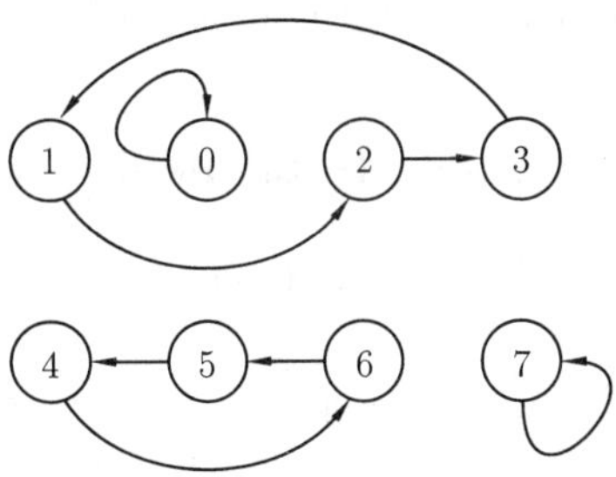

Abbildung 4.2: Eine alternative Zyklenkonstellation für den Automaten in Abbildung 4.1

Durch Vertauschung lediglich der ersten beiden Zustandsnummern von $\boldsymbol{\mathcal{Z}}$ ergibt sich ein Zustandsgraph gemäß Abbildung 4.2. Dessen Entwicklung in eine Differenzengleichung führt zu der im Vergleich zu (4.1) weitaus kleineren Systemmatrix

$$A = \begin{pmatrix} 1 & 0 & 0 & 0 \\ 0 & 0 & 0 & 1 \\ 0 & 1 & 0 & 0 \\ 0 & 0 & 1 & 0 \end{pmatrix}. \tag{4.2}$$

Hier ist also derselbe Automat in zwei Darstellungen beschrieben, lediglich die Numerierung der Zustände wurde verschieden gewählt.

Die Größe m der Matrix $\boldsymbol{A}$ ist die Anzahl der Binärstellen, mit denen die Zustände dargestellt werden, also die Elementanzahl der Zustandsvektoren. Diese Zahl hängt wiederum ab von den Winkeln, die die Zustände eines Zyklus miteinander einschließen. Besteht eine Darstellung der Zustände eines Zyklus derart, daß hierzu eine Systemmatrix $\boldsymbol{A}$ existiert, so daß die aufeinanderfolgenden Zustände eines Zyklus der Differenzengleichung (2.15) genügen, dann erfüllt die Matrix

$$\boldsymbol{X} =_{Df.} \left(\boldsymbol{x}_1 \cdots \boldsymbol{x}_l \right) \in \{-1, 1\}^{(m,l)}$$

die Aussagen des Satzes 2.23 auf Seite 52. Umgekehrt bedeutet dies, daß es keine Darstellung (2.15) geben kann, wenn die Aussagen von Satz 2.23 nicht erfüllt sind. Weiterhin müssen im Falle des Vorliegens mehrerer Zyklen deren Zustände den Aussagen von Satz 2.25 genügen, um die Existenz von (2.15) zu ermöglichen. Dies wird zusammengefaßt im

Winkelkriterium 4.1 *Eine Darstellung des Automaten $\mathfrak{Z}$ in Form einer linearen Differenzengleichung (2.15) ist nur möglich, falls die Aussagen der Sätze 2.23 bzw. 2.25 erfüllt sind.*

Das Winkelkriterium ist ein notwendiges Kriterium, nicht jedoch ein hinreichendes.

4.1 Der Boolsche Differentialkalkül

Die Zustandsvektoren sind die Ecken eines m–dimensionalen Würfels, ihre Elemente nehmen ausschließlich die Werte ± 1 an.

Die Elemente der i–ten Spalte der in Gleichung (3.3) berechneten Matrix $\overline{\boldsymbol{X}}_1$ geben an, welche Binärstellen des zugehörigen Zustandes $\boldsymbol{x}_i$ beim Übergang in den Folgezustand $\boldsymbol{A} \cdot \boldsymbol{x}_i$ zu ändern sind: Eine 0 gibt an, daß keine Änderung stattfindet, der Wert -2 kennzeichnet den Übergang von -1 auf $+1$ und dementsprechend steht der Wert 2 für die Änderung von $+1$ auf -1. Die aus $\overline{\boldsymbol{X}}_1$ generierte Matrix

$$\overline{\boldsymbol{X}}_1^{\Delta} \in \{0, 1\}^{m,N} \quad \text{mit} \quad \overline{x}_{1,i,j}^{\Delta} = \frac{|\overline{x}_{1,i,j}|}{2} \tag{4.3}$$

enthält sodann Spaltenvektoren, deren Elemente angeben, ob eine Binärstelle des zugehörigen Zustandes beim Übergang in den Folgezustand umgeschaltet wird oder nicht; im ersten Fall besitzt das entsprechende Element des Spaltenvektors den Wert 1, sonst den Wert 0. Damit enthalten die Spalten von $\overline{\boldsymbol{X}}_1^{\Delta}$ die *Differentiale des Variablenvektors* $\boldsymbol{x}$ *in den Punkten (Zuständen)* $\boldsymbol{x}_1, \ldots, \boldsymbol{x}_N$. Die Bezeichnung „Differential" findet aufgrund gewisser formaler Analogien zur Differentialrechnung Anwendung und ist im Boolschen Differentialkalkül gebräuchlich[1)].

Wird nun nicht mehr die Matrix $\overline{\boldsymbol{X}}_1$, sondern allgemeiner $\overline{\boldsymbol{X}}_p$, $p \in \mathbb{N}$ betrachtet, so geben die Spalten der analog zu (4.3) gebildeten Matrix $\overline{\boldsymbol{X}}_p$ an, welche Binärstellen eines Zustandes $\boldsymbol{x}_i$ bei seiner Abbildung auf den Zustand $\boldsymbol{x}_{i+p}$ – so diese existiert – einer Änderung unterworfen sind.

Werden die Ersetzungen $0|1$ und $1|-1$ in (2.4) zurückgenommen, so liegen die Zustände wieder in der Form (2.3) vor. Der Übergang vom i–ten in den j–ten Zustand wird dann auf zwei Arten darstellbar:

$$\begin{aligned} \boldsymbol{x}_j &= \boldsymbol{x}_i - \overline{\boldsymbol{x}}_{j-i,i}\,, \\ \boldsymbol{g}_j &= \boldsymbol{g}_i \oplus \boldsymbol{C} \cdot \overline{\boldsymbol{x}}^{\Delta}_{j-i,i}\,. \end{aligned} \tag{4.4}$$

Die Matrix $\boldsymbol{C}$ ist in (2.18) auf Seite 16 definiert. Das Symbol $\oplus$ bezeichnet in (4.4) die Addition modulo 2. In der Terminologie der Boolschen Algebra ist dies die Antivalenz bzw. die Exklusiv–Oder–Relation. Analog zu $\oplus$ ist $\otimes$ als das Produkt zweier Zahlen modulo 2 definiert.

Beim Übergang von $\overline{\boldsymbol{X}}_1$ zu $\overline{\boldsymbol{X}}_p$ zeigt sich, daß der Begriff „Differential" nicht mehr gehalten werden kann. In der Tat sind die Spalten von $\overline{\boldsymbol{X}}_p^{\Delta}$ ebenso wie diejenigen von $\overline{\boldsymbol{X}}_p$ letztlich Differenzen, wie in der zweiten Zeile von (4.4) zu erkennen ist. Der formale Begriff Differential, wie er in der Theorie des Boolschen Differentialkalküls [6] üblich ist, kann jedoch auch für die Spalten von $\overline{\boldsymbol{X}}_p^{\Delta}$ dann benutzt werden, wenn $\overline{\boldsymbol{X}}_p^{\Delta}$ als die Matrix $\overline{\boldsymbol{X}}_1^{\Delta}$ für die Abbildung $\boldsymbol{A}^p$ interpretiert wird.

Sind zwei Zustandsvektoren $\boldsymbol{x}_i$ und $\boldsymbol{x}_j$ gegeben, so ist das Produkt $\boldsymbol{x}_i^T \cdot \boldsymbol{x}_j$ dieser beiden Vektoren die Differenz zwischen der Anzahl der Elemente, deren Vorzeichen in beiden Zuständen gleich sind, und der Anzahl der Elemente, deren Vorzeichen ungleich sind. Für

$$\boldsymbol{x}_i = (+,+,+,-,+) \quad \text{und} \quad \boldsymbol{x}_j = (+,-,-,+,+)$$

ergibt beispielsweise das Produkt

$$\boldsymbol{x}_i^T \cdot \boldsymbol{x}_j = 2 - 3 = v^+ - v^- = p_{ij} = -1$$

als Differenz zwischen den Anzahlen gleicher und ungleicher Vorzeichen, v^+ und v^-. $p_{i,j}$ ist hierbei ein Element aus der aus Abschnitt 2.4 bekannten Matrix $\boldsymbol{P} = \boldsymbol{X}^T \cdot \boldsymbol{X}$. Mit der

1) Siehe hierzu [BOCH81], und dort insbesondere Abschnitt 2.

Dimension m von $\boldsymbol{x}_i$ und $\boldsymbol{x}_j$ ist

$$v^- \;=\; m - v^+ \;=\; m - v^- - p_{ij}$$

und damit

$$v^- \;=\; \frac{m - p_{ij}}{2} \,. \tag{4.5}$$

Dieser Wert v^- gibt in dem Falle, daß der Zustand $\boldsymbol{x}_j$ von $\boldsymbol{x}_i$ aus erreichbar ist, also eine Zahl $p \in \mathbb{N}$ existiert, so daß $\boldsymbol{A}^p \cdot \boldsymbol{x}_i = \boldsymbol{x}_j$ gilt, gerade die Anzahl der bei diesem Übergang zu ändernden Binärstellen an. Damit ist v^- das Quadrat der Norm des i–ten Spaltenvektors $\overline{\boldsymbol{x}}^{\Delta}_{p,i}$ von $\overline{\boldsymbol{X}}^{\Delta}_{p}$.

v^- kann nur bestimmte Werte annehmen, denn aus Satz 2.24 folgt mit (4.5)

Satz 4.2 *Aus den Einträgen der in Abschnitt 2.4 eingeführten Matrix*

$$\boldsymbol{P} \;=\; \boldsymbol{X}^T \cdot \boldsymbol{X} \;\in\; \mathbb{Z}^{(l,l)} \,,$$

die die Winkel der einzelnen Zustände untereinander enthält, ergibt sich die Matrix

$$\boldsymbol{P}^{\Delta} \;\in\; \{0, \ldots, m\}^{(l,l)}$$

der Änderungsraten der Zustände *gemäß*

$$p^{\Delta}_{i,j} \;=\; v^-_{i,j} \;=\; \frac{m - p_{ij}}{2} \,,$$

$i, j = 1, \ldots, l$. *Die* Änderungsrate $p^{\Delta}_{i,j}$ *gibt die Anzahl der beim Übergang von* $\boldsymbol{x}_i$ *nach* $\boldsymbol{x}_j$ *umgeschalteten Binärstellen an. Sie ist die* Hamming–Distanz[2)] *dieser beider Zustände.*

Aus dieser Beziehung zwischen $\boldsymbol{P}$ und $\boldsymbol{P}^{\Delta}$ ist ersichtlich, daß der Winkel zwischen zwei Zuständen und ihre Hamming–Distanz äquivalent sind. Daher werden die Begriffe *Hamming–Distanz, Winkelabstand* und *Änderungsrate* im weiteren synonym verwendet.

Der Begriff der Änderungsrate weist dabei vor allem auf die dynamische Natur der betrachteten Systeme hin.

Das Winkelkriterium 4.1 fordert die Einhaltung der Änderungsrate des Systems. Wird die Differenzengleichung (2.15) als Modell eines dynamischen, zeitdiskreten Systems interpretiert, so bedeutet dies, daß die Energiemenge, die in einer Zeiteinheit zwischen den Energiespeichern ausgetauscht wird, konstant bleibt. Dies heißt wiederum jedoch nichts anderes, als daß sich das System dämpfungsfrei in einer Dauerschwingung bewegt, der kontinuierlichen Entsprechung eines Zyklus mit einer Länge ≥ 1. Hier sind jedoch die aus Abschnitt 2.5 bekannten Einschränkungen zu beachten.

---

2) Die Hamming–Distanz zweier in Binärdarstellung vorliegender Zahlen mit gleichviel Ziffern ist die Anzahl der Binärstellen gleicher Wertigkeit, die in den beiden Zahlen unterschiedlich belegt sind.

4.2 Eine untere Schranke für die Anzahl der für einen Zyklus benötigten Binärstellen

Gehört $\boldsymbol{x}_i$ einem Zyklus der Länge $l \geq 1$ an, so gilt $\boldsymbol{x}_i = \boldsymbol{x}_{i+l}$. Wegen Satz 3.1 ist damit die Summe der Differentiale, die jeden Zustandsübergang auf dem Weg von $\boldsymbol{x}_i$ zu $\boldsymbol{x}_{i+l} = \boldsymbol{x}_i$ beschreiben, der Nullvektor $\boldsymbol{o}$. Die Differentiale sind die Spaltenvektoren der Matrix $\overline{\boldsymbol{X}}_1^{\Delta}$.

Tabelle 4.1: Die Differentiale eines Zyklus der Länge 5

$\boldsymbol{x}_1$	$\boldsymbol{x}_2$	$\boldsymbol{x}_3$	$\boldsymbol{x}_4$	$\boldsymbol{x}_5$	$\boldsymbol{x}_1$
+	−	−	−	+	+
+	−	−	+	+	+
+	+	−	−	+	+
+	+	−	−	−	+
+	+	+	−	−	+
$\overline{\boldsymbol{x}}_{1,1}^{\Delta}$	$\overline{\boldsymbol{x}}_{1,2}^{\Delta}$	$\overline{\boldsymbol{x}}_{1,3}^{\Delta}$	$\overline{\boldsymbol{x}}_{1,4}^{\Delta}$	$\overline{\boldsymbol{x}}_{1,5}^{\Delta}$	
1	0	0	1	0	
1	0	1	0	0	
0	1	0	1	0	
0	1	0	0	1	
0	0	1	0	1	
2	2	2	2	2	

Der Zusammenhang zu den Matrizen $\boldsymbol{P}$ bzw. $\boldsymbol{P}^{\Delta}$ sei an einem Beispiel verdeutlicht. Gegeben sei die Matrix

$$\boldsymbol{P} = \begin{pmatrix} 5 & 1 & -3 & -3 & 1 \\ & 5 & 1 & -3 & -3 \\ & & 5 & 1 & -3 \\ & & & 5 & 1 \\ & & & & 5 \end{pmatrix} \tag{4.6}$$

der hintereinander geschriebenen Zustände eines Zyklus der Länge $l = 5$. Da $\boldsymbol{P}$ gemäß Satz 2.23 symmetrisch ist, werden die Elemente unterhalb der Diagonalen weggelassen. Wie anhand der Diagonalelemente zu erkennen ist, besitzen diese Zustände die Dimension $m = 5$. Die

Matrix $\boldsymbol{P}^{\Delta}$ ergibt sich daher gemäß Satz 4.2 zu

$$\boldsymbol{P}^{\Delta} \;=\; \begin{pmatrix} 0 & 2 & 4 & 4 & 2 \\ & 0 & 2 & 4 & 4 \\ & & 0 & 2 & 4 \\ & & & 0 & 2 \\ & & & & 0 \end{pmatrix} . \tag{4.7}$$

Bei einem Schritt in diesem Zyklus ändern sich 2 Binärstellen, werden zwei Schritte ausgeführt, so ändern sich 4 Stellen, bei drei Schritten wiederum 4 Stellen und so fort. Die Zustände $\boldsymbol{x}_1, \ldots, \boldsymbol{x}_5$ des Zyklus könnten dann die folgenden sein, spaltenweise in der Matrix $\boldsymbol{X}$ zusammengefaßt:

$$\boldsymbol{X} \;=_{Df.}\; \begin{pmatrix} + & - & - & - & + \\ + & - & - & + & + \\ + & + & - & - & + \\ + & + & - & - & - \\ + & + & + & - & - \end{pmatrix} . \tag{4.8}$$

Die Spalten der Matrix $\overline{\boldsymbol{X}}_1^{\Delta}$ sind dann die im unteren Teil des Schemas in Tabelle 4.1 erscheinenden. Die Zeilensummen modulo 2 von $\overline{\boldsymbol{X}}_1^{\Delta}$ sind alle 0. Die Summe der Spaltenelemente ist die Anzahl der sich bei *einem* Schritt ändernden Elemente, und damit gleich $p_{1,2}^{\Delta}$, also der Hamming–Distanz.

Das Schema läßt sich für jede andere Schrittzahl p aus der Matrix $\overline{\boldsymbol{X}}_p^{\Delta}$ bilden, und die Zahlen in der untersten Zeile sind gleich $p_{1,(p+1)\,\mathrm{mod}\,l}^{\Delta}$, siehe hierzu auch den Beweis von Satz 2.25. Für zwei Zustände $\boldsymbol{x}_i$ und $\boldsymbol{x}_{(i+p)\,\mathrm{mod}\,l}$ ist die Differenz

$$\overline{\boldsymbol{x}}_{p,i} \;=\; \boldsymbol{x}_i \;-\; \boldsymbol{x}_{(i+p)\,\mathrm{mod}\,l}$$

beziehungsweise

$$\boldsymbol{C} \cdot \overline{\boldsymbol{x}}_{p,i}^{\Delta} \;=\; \boldsymbol{g}_{(i+p)\,\mathrm{mod}\,l} \oplus \boldsymbol{g}_i \,.$$

Die Vektoren $\boldsymbol{g}_{(i+p)\,\mathrm{mod}\,l}$ und $\boldsymbol{g}_i$ sind die aus (2.3) entnommenen Spaltenvektoren.

Beide Darstellungen können durch die dazwischenliegenden Zustände ausgedrückt werden:

$$\begin{aligned} \overline{\boldsymbol{x}}_{p,i} \;=\;& \boldsymbol{x}_{(i+p)\,\mathrm{mod}\,l} - \boldsymbol{x}_{(i+p-1)\,\mathrm{mod}\,l} + \\ & \boldsymbol{x}_{(i+p-1)\,\mathrm{mod}\,l} - \boldsymbol{x}_{(i+p-2)\,\mathrm{mod}\,l} + \\ & \boldsymbol{x}_{(i+p-2)\,\mathrm{mod}\,l} - \ldots - \boldsymbol{x}_{i+1} + \\ & \boldsymbol{x}_{i+1} - \boldsymbol{x}_i \\ \;=\;& \overline{\boldsymbol{x}}_{1,(i+p-1)\,\mathrm{mod}\,l} + \overline{\boldsymbol{x}}_{1,(i+p-2)\,\mathrm{mod}\,l} + \ldots + \overline{\boldsymbol{x}}_{1,i} \end{aligned}$$

und

$$\overline{\boldsymbol{x}}_{p,i}^{\Delta} \;=\; \overline{\boldsymbol{x}}_{1,(i+p-1)\bmod l}^{\Delta} \oplus \overline{\boldsymbol{x}}_{1,(i+p-2)\bmod l}^{\Delta} \oplus \dots \oplus \overline{\boldsymbol{x}}_{1,i}^{\Delta}\,.$$

Im angegebenen Beispiel ist die Anzahl der sich in zwei Schritten ändernden Binärstellen 4. Ein einziger Schritt ändert 2 Stellen. Dies bedeutet, daß die sich beim zweiten Schritt ändernden Stellen nicht die sein können, die sich bereits beim ersten Schritt geändert haben. Beim Übergang von $\boldsymbol{x}_1$ nach $\boldsymbol{x}_2$ ändern sich beispielsweise die ersten beiden Stellen, ein weiterer Schritt nach $\boldsymbol{x}_3$ wird durch Änderung der dritten und vierten Binärstelle vollzogen.

Die *Überlappung* der sich ändernden Stellen ist im Beispiel demnach 0; bei 2 umgeschalteten Binärstellen je Schritt wären aber auch die Überlappungen 1 und 2 möglich. Im ersten Fall würde beim zweiten Schritt genau eine der im ersten Schritt geänderten Binärstellen wieder zurückgeschaltet, so daß die Änderungsrate über zwei Schritte 2 betrüge. im zweiten Fall hingegen nähmen *alle* Binärstellen im zweiten Schritt bereits wieder ihre Ausgangswerte an, so daß dies zu einem Zyklus der Länge 2 führte. Diese Überlegungen führen zu dem

Satz 4.3 *Die Änderungsrate der Binärstellen eines Zyklus kann die Werte $0, \dots, m$ annehmen. Besitzen die Binärstellen eines Zyklus die Änderungsrate r je Schritt, so ist über zwei Schritte die Änderungsrate $0, 2, \dots, 2\cdot r$ in Abhängigkeit von der Überlappung $s = r, \dots, 0$.*

Die Änderungsrate über drei Schritte r_3 wird mittels der Änderungsrate über zwei Schritte r_2 und der Änderungsrate über einen Schritt r_1 bestimmt. Es sei beispielsweise $r_1 = 3$ und die Überlappung $s_1 = 1$, also

$$\begin{aligned} \boldsymbol{x}_1 &= (+,+,+,+,+,+,+)^T \\ \boldsymbol{x}_2 &= (-,-,-,+,+,+,+)^T \\ \boldsymbol{x}_3 &= (-,-,+,-,-,+,+)^T \end{aligned} \qquad \begin{aligned} \overline{\boldsymbol{x}}_1^{\Delta} &= (1,1,1,0,0,0,0) \\ \overline{\boldsymbol{x}}_1^{\Delta} &= (0,0,1,1,1,0,0) \end{aligned}$$

so daß die Änderungsrate über zwei Schritte $r_2 = 4$ beträgt. Wegen Satz 2.23 müssen sich diese Änderungsraten im weiteren fortsetzen, d.h. die Änderungsrate zwischen den Zuständen $\boldsymbol{x}_2$ und $\boldsymbol{x}_4$ muß der zwischen $\boldsymbol{x}_1$ und $\boldsymbol{x}_3$ entsprechen. Für $\boldsymbol{x}_4$ ergeben sich nun mehrere Möglichkeiten; einige davon sind in Tabelle 4.2 zu sehen. Es handelt sich hierbei – abgesehen von Permutationen, wie beispielsweise in den Spalten ii.) und iii.) – um alle Möglichkeiten. In der unteren Hälfte sind, wie bereits in (4.1), die Differentiale aufgetragen. Die kleinen Ziffern geben die Änderungsraten an. Die jeweils erste Zahl ist die Änderungsrate r_1 für einen Schritt, die zweite diejenige für zwei Schritte und die dritte ist r_3. Offensichtlich gilt $r_3 \in \{1,3,5,7\}$, r_3 liegt also zwischen $|r_2 - r_1|$ und $r_2 + r_1$. Ist eine Anzahl $p-1$ von Schritten ausgeführt, so sind r_p Binärstellen geändert worden. Wegen Satz 2.23 ist r_{p-1} unabhängig von dem beliebig gewählten Zustand $\boldsymbol{x}_1$ eines Zyklus, mit dem die Schrittfolge begonnen wird. Beim nächsten

Tabelle 4.2: Differentiale zwischen Zuständen

$\boldsymbol{x}_1$	$\boldsymbol{x}_2$	$\boldsymbol{x}_3$	$\boldsymbol{x}_4$									
			i.	ii.	iii.	iv.	v.	vi.	vii.	viii.	ix.	x.
+	−	−	+	+	+	+	−	−	−	−	−	−
+	−	−	+	−	−	+	−	−	+	+	+	−
+	−	+	+	+	+	−	+	+	+	+	−	−
+	+	−	+	−	−	−	−	+	−	−	−	−
+	+	−	−	+	+	−	+	−	+	+	−	−
+	+	+	+	−	+	−	−	−	−	+	−	−
+	+	+	+	+	−	+	−	−	+	−	+	−
	1	0	1_3	1_3	1_3	1_3	0_3	0_3	0_3	0_3	0_3	0_3
	1	0	1_4	0_4	0_4	1_4	0_4	0_4	1_4	1_4	1_4	0_4
	1	1	0_1	0_3	0_3	1_3	0_5	0_5	0_5	0_5	1_5	1_7
	0	1	1	0	0	0	0	1	0	0	0	0
	0	1	0	1	1	0	1	0	1	1	0	0
	0	0	0	1	0	0	1	1	1	0	1	1
	0	0	0	0	1	0	1	1	0	1	0	1.

Schritt p werden r_1 Binärstellen umgeschaltet. Diese Binärstellen können dabei sowohl alle wieder den Anfangswert aus dem Anfangszustand $\boldsymbol{x}_1$ annehmen oder sämtlich den jeweils anderen Binärwert.

Es sei nun angenommen, daß

$$r_p = r_{p-1} + r_1 ,$$

also maximal sei. Damit werden r_1 Elemente aus $\boldsymbol{x}_p$, deren Wert demjenigen aus $\boldsymbol{x}_1$ entsprach, umgeschaltet. Wird nun ein Element weniger auf diese Weise umgeschaltet, so muß es – da r_1 konstant ist – an anderer Stelle eine Umschaltung geben, die ein Element des Vorgängers $\boldsymbol{x}_p$ wieder auf seinen Anfangswert aus $\boldsymbol{x}_1$ zurückschaltet. Damit ist r_p nicht nur um 1, sondern um 2 kleiner dann wäre also

$$r_p = r_{p-1} + r_1 - 2 .$$

Ein Beispiel hierfür ist in den Spalten ix.) und x.) zu sehen. Soll eine Binärstelle weniger umgeschaltet werden, nämlich die letzte, so muß aber wegen $r_1 = 3$ an anderer Stelle umgeschaltet werden. Dies ist hier dann in der zweiten Binärstelle der Fall.

Wird diese Überlegung unter der Voraussetzung angestellt, zwei Elemente weniger umzuschalten, so gelangt man zu dem Wert

$$r_p \;=\; r_{p-1} + r_1 - 4$$

und so fort, bis das Minimum

$$r_p \;=\; r_{p-1} + r_1 - 2 \cdot r_1 \;=\; r_{p-1} - r_1$$

erreicht ist.

Was geschieht jedoch, wenn r_{p-1} bereits kleiner als r_1 ist, wie dies in Spalte i.) der Fall ist? Dort ist $r_{p-1} = 1$, mithin wäre

$$r_p \;=\; r_{p-1} - r_1 \;=\; -2\,,$$

was nicht möglich ist. Diese Konstellation würde aber auch bedeuten, daß r_1 Binärstellen, die in $\boldsymbol{x}_p$ noch ungleich den korrespondierenden Stellen im Anfangszustand $\boldsymbol{x}_1$ waren, wieder auf ihre alten Wert zurückgeschaltet würden. Da aber mit $r_p = 1$ nur genau eine Binärstelle ungleich ihrem Anfangswert ist, ist diese Konstellation nicht möglich. Das Minimum ist vielmehr

$$r_p \;=\; r_1 - r_{p-1}$$

für $r_{p-1} < r_1$.

Zusammenfassend formuliert ergibt sich mittels dieser Argumentation der Satz

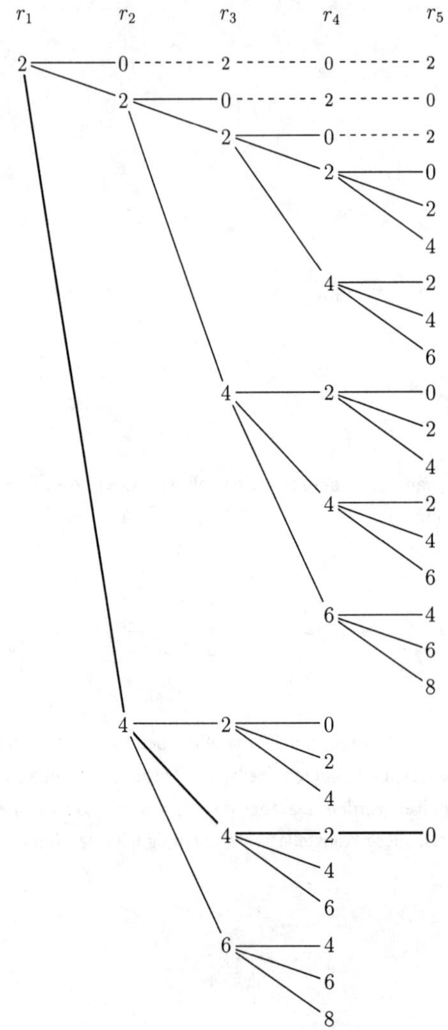

Abbildung 4.3: Änderungsraten für $r_1 = 2$

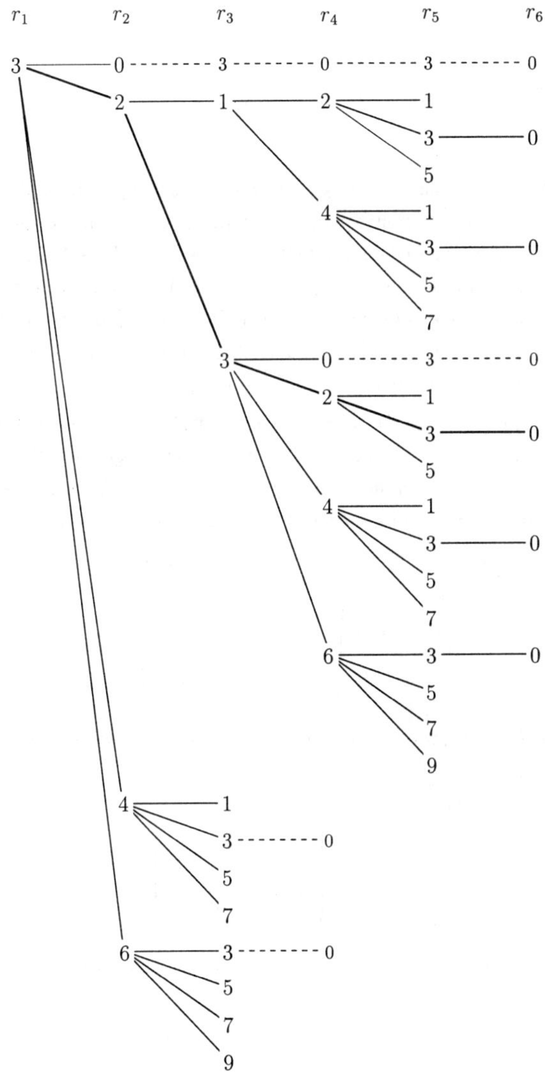

Abbildung 4.4: Änderungsraten für $r_1 = 3$

Satz 4.4 *Gegeben seien die Änderungsrate r_1 der Zustände eines Zyklus der Länge l sowie die Überlappung zwischen zwei Umschaltungen s_1. Dann ist*

$$\begin{array}{rrcl} & r_2 & = & 2 \cdot (r_1 - s_1) \quad \Longleftrightarrow \quad s_1 = r_1 - \frac{r_2}{2} \\ \textit{und} & r_i & \in & \{\, |r_{i-1} - r_1|\,,\, |r_{i-1} - r_1| + 2, \ldots, r_{i-1} + r_1 \,\} \end{array}$$

für $i = 3, \ldots, l$.

Eine graphische Darstellung dieser Aussage zeigen die Abbildungen 4.3 und 4.4. In der horizontalen Richtung sind die Änderungsraten (Hamming–Distanzen) für jeweils 1 bis 5 bzw. 6 Schritte aufgetragen. Wird die Änderungsrate 0 erreicht, so kann die Abfolge der Änderungsrate bis zu diesem Punkt nur zu einem Zyklus gehören, dessen Länge die entsprechende Pfadlänge ist. Aus diesem Grund sind die in der rechten oberen Ecke zu sehenden Werte nur angedeutet. Die in Abbildung 4.3 stark gezogenen Linien bezeichnen den zu dem Zyklus mit der $\boldsymbol{P}$– bzw. $\boldsymbol{P}^{\Delta}$–Matrix (4.6) und (4.7) gehörenden Pfad $(2 - 4 - 4 - 2 - 0)$.

Es finden sich in Abbildung 4.3 noch weitere Pfade, die nach 5 Schritten den Wert 0 erreichen, beispielsweise $(2-2-4-2-0)$ und $(2-2-2-2-0)$. Wegen des Winkelkriteriums 4.1 wären die geforderten Symmetrien der Matrix $\boldsymbol{P}$ für den ersten Pfad nicht gegeben. Für den zweiten Pfad läßt sich jedoch ein passender Zyklus finden, beispielsweise

$$\boldsymbol{X} =_{Df.} \begin{pmatrix} + & - & + & + & + \\ + & - & - & - & - \\ + & + & - & + & + \\ + & + & + & - & + \\ + & + & + & + & - \end{pmatrix}. \tag{4.9}$$

Im Vergleich zu (4.8) überschneiden sich die Differentiale um 1, wie an der Matrix der Differentiale

$$\overline{\boldsymbol{X}}_1^{\Delta} = \begin{pmatrix} 1 & 1 & 0 & 0 & 0 \\ 1 & 0 & 0 & 0 & 1 \\ 0 & 1 & 1 & 0 & 0 \\ 0 & 0 & 1 & 1 & 0 \\ 0 & 0 & 0 & 1 & 1 \end{pmatrix}$$

zu erkennen ist. Dies entspricht dem Wert von s_1 aus Satz 4.4. Die Matrix der Änderungsraten ist im Gegensatz zu (4.7) nun

$$\boldsymbol{P}^{\Delta} = \begin{pmatrix} 0 & 2 & 2 & 2 & 2 \\ & 0 & 2 & 2 & 2 \\ & & 0 & 2 & 2 \\ & & & 0 & 2 \\ & & & & 0 \end{pmatrix}. \tag{4.10}$$

Alle Zustände dieses Zyklus haben damit paarweise den Hamming-Abstand 2 zueinander.

In Abbildung 4.3 gibt es keinen Pfad der Länge 5 mit dem Blatt 0, was einem Zyklus der Länge $l = 5$ entsprechen könnte. Der Grund hierfür ist in der Tatsache zu finden, daß es in der Spalte zu r_3 ausschließlich ungerade Wert gibt. Da r_1 ebenfalls ungerade ist, kommen laut Satz 4.4 für die Einträge r_4 der vierten Spalte nur ganze Zahlen aus dem Intervall

$$\left[\ |r_3 - r_1|\ ;\ r_3 + r_1\ \right]$$

infrage, und zwar von diesen nur jede zweite. Ist also $r_3 + r_1$ gerade, so auch alle anderen Werte für r_4. Dies ist aber der Fall, denn die Summe aus zwei ungeraden nichtnegativen Zahlen ist immer gerade. r_1 ist jedoch ungerade, und in der fünften Spalte kann es nur einen Eintrag $r_5 = 0$ geben, wenn zuvor in der vierten Spalte ein Eintrag $r_5 = r_1$ vorhanden ist. Damit ist ein Zyklus der Länge 5 mit einer ungeraden 1–Schritt–Änderungsrate[3)] r_1 nicht möglich.

Dieser Argumentation folgend ergibt sich der

Satz 4.5 *Gegeben sei ein Zyklus der Länge $l > 1$ bzw. eine Änderungsrate r_1.*
Dann gilt:

i) r_2 *ist immer gerade.*

ii)

$$\begin{array}{lcl} r_1 \text{ ist gerade} & \Longleftrightarrow & r_i \text{ ist gerade}\ ,\quad i \in \mathbb{N}_{\geq 2} \\ r_1 \text{ ist ungerade} & \Longleftrightarrow & \left\{ \begin{array}{ll} r_{2i} & \text{ist gerade} \\ r_{2i+1} & \text{ist ungerade} \end{array} \right. ,\quad i \in \mathbb{N} \end{array}$$

iii)

$$\begin{array}{lcl} l \text{ ist ungerade} & \Longrightarrow & r_1 \text{ ist gerade} \\ l \text{ ist gerade} & \Longleftarrow & r_1 \text{ ist ungerade} \end{array}$$

Beweis. Die erste Behauptung ist eine direkte Folgerung aus Satz 4.4, denn danach ist

$$r_2 = 2\,(r_1 - s_1)$$

und damit unabhängig von r_1 und s_1 in jedem Fall gerade.

Für den zweiten Teil des Beweises sei zunächst r_1 als gerade angenommen. Dann ist gemäß Satz 4.4 r_3 ein Element der Menge

$$\left\{\ |r_2 - r_1|\,,\ |r_2 - r_1| + 2,\ \ldots,\ r_2 + r_1 - 2,\ r_2 + r_1\ \right\} \tag{4.11}$$

3) Hamming–Distanz direkt aufeinanderfolgender Zustände

und damit ebenfalls gerade. Denn mit r_1, r_2 gerade gilt, daß

$$r_1 + r_2 \;=\; 2a + 2b \;=\; 2(a+b) \quad , \quad a, b \in \mathbb{N}_0 \tag{4.12}$$

ebenfalls gerade ist; damit aber auch jedes andere Element der Menge (4.11). Als Induktionsschluß ist noch zu zeigen, daß aus r_i, r_1 gerade auch r_{i+1} gerade folgt. r_{i+1} ist ein Element aus der Menge

$$\{\; |r_i - r_1|\,,\, |r_i - r_1| + 2, \ldots, r_i + r_1 - 2,\, r_i + r_1 \,\}$$

und mit derselben Schlußweise wie beim Beweis des Induktionsbeginns ergibt sich die Behauptung.

Nun sei r_1 als ungerade vorausgesetzt. Wegen Teil i) ist r_2 gerade, und die Summe

$$r_1 + r_2 \;=\; 2a + 1 + 2b \;=\; 2(a+b) + 1 \quad , \quad a, b \in \mathbb{N}_0$$

ist ungerade, hernach auch jedes Element aus der Menge (4.11). Für die Änderungsrate des nächsten Schrittes gilt

$$r_4 \;\in\; \{\; |r_3 - r_1|\,,\, |r_3 - r_1| + 2, \ldots, r_3 + r_1 - 2,\, r_3 + r_1 \,\}$$

und aus r_1, r_3 ungerade folgt analog zu (4.12), daß $r_1 + r_3$ gerade ist, mithin auch r_4. Der Induktionsschluß wird nun für die Änderungsraten mit geradem und jene mit ungeradem Index durchgeführt:

$$\begin{array}{llll} \alpha) & r_{2i} \text{ gerade} & \Longrightarrow\; r_{2i} + r_1 \text{ ungerade} & \Longrightarrow\; r_{2i+1} \text{ ungerade} \\ \beta) & r_{2i+1} \text{ ungerade} & \Longrightarrow\; r_{2i+1} + r_1 \text{ gerade} & \Longrightarrow\; r_{2i+2} \text{ gerade} \end{array}$$

Die dritte Behauptung iii) geht von der Voraussetzung aus, daß l ungerade sei. Für einen Zyklus der Länge l ist $r_l = 0$ und $r_{l-1} = r_1$. Es sei nun angenommen, r_1 sei ungerade. $l-1$ ist aber gerade; wegen i) ist dann $r_{l-1} = r_1$ gerade im Widerspruch zur Voraussetzung. Der zweite Teil von iii) ist die logische Umkehrung des ersten und damit ebenfalls gezeigt. ◇

Wie bereits an dem Beispiel eines Zyklus der Länge $l = 5$ ersichtlich war, lassen sich zu einer Dimension m verschiedene Differentialmatrizen $\overline{\boldsymbol{X}}^{\Delta}$ und damit auch Produktmatrizen $\boldsymbol{P}^{\Delta}$ finden. Im angegebenen Beispiel waren dies (4.7) und (4.10). Die Elemente von $\boldsymbol{P}^{\Delta}$ sind die Knoten eines Pfades in einem Baum wie 4.3 oder 4.4. Dieser Pfad entspricht indessen einer *Änderungsstrategie*, einer Vorschrift, wie weit die Zustände des Zyklus als Ecken auf einem Würfel der Dimension m voneinander entfernt sein sollen. Und diese Hamming–Distanz ist dann – wenn m festgelegt ist – äquivalent dem Winkel zwischen den Zuständen.

Grundsätzlich ist es möglich, für jeden Anfangswert r_1 einen Baum der Form 4.3 oder 4.4 zu generieren, und dann in diesem nach von der Wurzel ausgehenden Pfaden der Länge $l-1$ zu suchen, die in einem Blatt mit dem Wert 0 enden. Dabei ist jedoch auf die Einhaltung des Winkelkriteriums 4.1 zu achten, also insbesondere auf die Symmetrieaussage in Satz 2.23 iii). Diese legt nämlich fest, daß in den Abbildungen 4.3 und 4.4 für zwei Knoten des Pfades

$$k_i \;=\; k_{l+1-i}$$

mit

$$\begin{aligned} i &= 1,\ldots,\frac{l-1}{2} && \text{falls } l \text{ ungerade und} \\ i &= 1,\ldots,\frac{l-2}{2} && \text{falls } l \text{ gerade} \end{aligned}$$

gilt. Mit anderen Worten: beginnt man gleichzeitig vom Anfang und vom Ende des Pfades mit dessen Durchlauf, wobei das Blatt mit dem Wert 0 nicht mitgerechnet sei, so besitzen die beiden Schritt für Schritt durchlaufenen Knoten denselben Wert.

Hierzu sei noch einmal das Beispiel des Zyklus mit $l = 5$ angeführt. Zu (4.7) gehört der mit starken Linien markierte Pfad in Abbildung 4.3. Für einen Zyklus mit gerader Länge l ist gemäß Satz 4.5 die 1–Schritt–Änderungsrate r_1 ungerade. Für $l = 6$ ist daher in Abbildung 4.4 ein Pfad hervorgehoben, so daß auch hier die Symmetrieeigenschaft des Winkelkriteriums zu erkennen ist.

Die Pfade – oder Änderungsstrategien –, die für die Darstellung eines Zyklus maßgeblich sind, können durch Anwendung eines Baumsuchalgorithmus gefunden werden. Hierbei ist aufgrund der Symmetrieeigenschaft kein Pfad der Länge l, sondern lediglich ein Pfad der Länge

$$\begin{aligned} &\frac{l-1}{2} && \text{falls } l \text{ ungerade}\,, \\ &\frac{l-2}{2} && \text{falls } l \text{ gerade}\,. \end{aligned} \tag{4.13}$$

zu ermitteln, also nur die Änderungsraten von r_1 bis $r_{\frac{l-1}{2}}$, falls l ungerade, bzw. $r_{\frac{l}{2}-2}$, falls l gerade ist. Dann ist der i–te Knoten

$$k_i \;=\; p^{\Delta}_{1,i+1} \;=\; p^{\Delta}_{1,l-i+1}\,,$$

wobei i eine natürliche Zahl mit dem aus (4.13) zu entnehmenden Maximalwert ist.

Der folgende Satz faßt dies zusammen und stellt einen passenden Baumsuchalgorithmus bereit, um einen Pfad zu ermitteln.

Satz 4.6 *Es sei $l \geq 3$ die Länge eines Zyklus von $\boldsymbol{\mathcal{Z}}$. Dann sind alle Möglichkeiten, einen solchen Zyklus ausgehend von einer bestimmten 1–Schritt–Änderungsrate r_1 darzustellen, durch die mittels des folgenden Algorithmus gefundenen Pfade gegeben:*

```
:GLOBAL L := {k1}        Liste, die den aktuellen Pfad enthält.
                         K1 ist der Startknoten und damit die
                         Änderungsrate r1 (Hamming–Distanz)
                         für einen Schritt.
```

:GLOBAL T := 1	aktuelle Rekursionstiefe, also die Pfadlänge
:	
:FUNCTION REK (L_R, T_R)	Definition der Rekursionsfunktion
: [	
: IF (T_R == T_{max}) THEN	maximale Rekursionstiefe erreicht?
: OUT(L_R)	Ausgabefunktion aufrufen
: ELSE	Knoten expandieren
: FOR k = LAST(L_R)-k_1 TO LAST(L_R)+k_1 STEP 2 DO	Alle Folgeknoten gemäß Satz 4.4 berechnen
: IF k >= 0 THEN	Liegt die neue Änderungsrate im erlaubten Bereich?
: REK(APPEND(L_R,k),$T_R + 1$)	neue Rekursion mit umd den Knoten k vergrößerter Liste für den Pfad
:]	Ende der Definition von REK
:	
:FUNCTION OUT (L_P)	Ausgabefunktion für einen Pfad
: [	
: IF ODD(l) THEN	gewünschte Pfadlänge ungerade?
: [	
: k_D = LAST(L_P)	Zwischenspeicher für den Knoten, der in der Mitte des Ergbnispfades stehen wird.
: L_D = DROP(L_P,LENGTH(L_P))	letztes Element aus der Liste entfernen
: OUTPUT(JOIN(L_D,$\{k_D\}$,REVERSE(L_D)))	Gesamtpfad bilden und ausgeben
:]	
: ELSE	l ist gerade
: OUPTUT(JOIN(L_P,REVERSE(L_P)))	Gesamtpfad bilden und ausgeben
:]	Ende der Definition von OUT
:	
:REK(L,T)	erster Aufruf mit dem Startknoten

Hierbei ist der Startknoten

$$k_1 \in \begin{cases} 2\mathbb{N} & \text{falls } l \text{ ungerade} \\ \mathbb{N} & \text{falls } l \text{ gerade} \end{cases}$$

und die maximale Rekursionstiefe

$$T_{max} \in \begin{cases} \frac{l-1}{2} & \text{falls } l \text{ ungerade} \\ \frac{l-2}{2} & \text{falls } l \text{ gerade} \end{cases} .$$

Der Algorithmus besteht aus einer sehr einfachen Version einer Tiefensuche, die nur dann abbricht, wenn ein Pfad der Länge T_{max} konstruiert ist. Die Übergabe der aktuellen Pfadliste als Parameter an die Funktion REK kann durch die Einrichtung eines globalen Stapelspeichers[4] vermieden werden. Nach Ausgabe eines Pfades muß dann der letzte Knoten wieder vom Stapel genommen werden. Da genau ein Stapelspeicher ausreichend für alle Rekursionstiefen ist, spart er sehr viel Speicherplatz und auch Rechenzeit.

Es muß nicht der gesamte Pfad berechnet werden, da die Änderungsraten wegen des Winkelkriteriums symmetrisch sind. Dies bedeutet, daß der Pfad in dem Falle, daß l ungerade ist, eine Spiegelsymmetrie bezüglich seines mittleren Elementes aufweist . Ist l gerade, so ist die zweite Hälfte des Pfades identisch mit der gespiegelten ersten Hälfte. Dies ist der Grund für die Festlegung von T_{max} im obigen Satz und die Definition der Ausgabefunktioon OUT.

Die von dem Algorithmus gefundenen Pfade unterscheiden sich in der Anzahl der benötigten Binärstellen. Nach Satz 2.21 kann ein Zyklus in einer m–dimensionalen Darstellung höchstens die Länge 2^{m-1} besitzen, sofern $m \geq 3$ ist, und es existiert immer ein spiegelbildlicher Zyklus gleicher Länge, dessen Zustände die negativen Zustände des Ausgangszyklus sind. Aus diesem Grund können nicht gleichzeitig ein Zustand $\boldsymbol{x}$ und sein am Nullpunkt gespiegeltes Komplement $-\boldsymbol{x}$ zum selben Zyklus gehören.

Die Werte der Knoten eines Pfades stellen als Änderungsraten r_i die Anzahl der in Bezug auf den – willkürlich gewählten – Anfangszustand geänderten Binärstellen dar. m muß demnach mindestens so groß sein wie das Maximum der r_i. Wegen der aufgeführten Folgerung aus Satz 2.21 gilt sogar

$$m \ \geq \ \max_i r_i + 1$$

für $\max_i r_i \geq 3$, wenn es also in dem Zyklus ein Zustandspaar gibt, dessen Hamming–Distanz mindestens 3 beträgt.

Satz 4.7 *Gegeben sei ein Pfad gemäß Satz 4.6. Dann ist die Dimension m der Zustandsdarstellung des zu dem Pfad gehörenden Zyklus mit der Länge l größer oder gleich der größeren der beiden Zahlen*

i) n *mit* $2^{n-1} < 2l \leq 2^n$,

ii) $$\begin{cases} \max_i r_i & \textit{falls } \max_i r_i \leq 2 \\ \max_i r_i + 1 & \textit{sonst} \end{cases}.$$

Daß dies nur eine untere Schranke für m ist, zeigt das Beispiel des Pfades $(2-2-2-2-0)$ für einen Zyklus der Länge $l = 5$. Nach Satz 4.7 ist $m \geq 4$. Eine Darstellung mit weniger

[4] Stack

als $m = 5$ Binärstellen ist jedoch für die durch diesen Pfad gegebenen Änderungsraten nicht möglich. Denn für $m = 4$ gibt es zum angegebenen Pfad

$$\binom{4}{2} = \frac{4!}{2! \cdot 2!} = 6$$

verschiedene Differentiale $\overline{\boldsymbol{x}}_1^{\Delta}$ mit der Änderungsrate 2:

$$\begin{pmatrix}1\\1\\0\\0\end{pmatrix}, \begin{pmatrix}1\\0\\1\\0\end{pmatrix}, \begin{pmatrix}1\\0\\1\\0\end{pmatrix}, \begin{pmatrix}1\\0\\0\\1\end{pmatrix}, \begin{pmatrix}0\\1\\1\\0\end{pmatrix}, \begin{pmatrix}0\\1\\0\\1\end{pmatrix}, \begin{pmatrix}0\\0\\1\\1\end{pmatrix}. \tag{4.14}$$

Um dem Pfad $(2-2-2-2-0)$ zu genügen, müssen sich die Differentiale um genau $s_1 = 1$ überschneiden. Werden nun fünf Differentiale $\overline{\boldsymbol{x}}_{1,1}^{\Delta}, \ldots, \overline{\boldsymbol{x}}_{1,5}^{\Delta}$ geordnet ausgewählt, so muß jede Linearkombination

$$\bigoplus_{\kappa=0}^{k-1} \overline{\boldsymbol{x}}_{1,(i+\kappa)\mathrm{mod}5}^{\Delta}$$

mit $i = 1, \ldots, 5$ und der Länge $k = 1, \ldots, 4$ einen Vektor ergeben, dessen Elemente zweimal den Wert 1 und dreimal den Wert 0 annehmen. Für $k = 5$ muß sich der Nullvektor ergeben. Weiterhin müssen die $\overline{\boldsymbol{x}}_{1,1}^{\Delta}, \ldots, \overline{\boldsymbol{x}}_{1,5}^{\Delta}$ paarweise verschieden sein. Wäre beispielsweise $\overline{\boldsymbol{x}}_{1,1}^{\Delta} = \overline{\boldsymbol{x}}_{1,k}^{\Delta}$, so ist $k \notin \{2, 5\}$, da sonst $\overline{\boldsymbol{x}}_{1,1}^{\Delta} \oplus \overline{\boldsymbol{x}}_{1,k}^{\Delta} = \boldsymbol{o}$ gälte. Für $k = 3$ gibt es kein geeignetes $\overline{\boldsymbol{x}}_{1,2}^{\Delta}$ aus der oben aufgeführten Menge so, daß die 3–Schritt–Änderungsrate 2 beträgt. Mit analoger Begründung fällt ebenfalls $k = 4$ weg. Damit ist die Forderung nach der paarweisen Verschiedenheit der Differentiale $\overline{\boldsymbol{x}}_{1,1}^{\Delta}, \ldots, \overline{\boldsymbol{x}}_{1,5}^{\Delta}$ begründet.

Aus den sechs möglichen Differentialen (4.14) lassen sich hernach $\binom{6}{5} = 6$ verschiedene ungeordnete Mengen von fünf Differentialen erzeugen. Jede dieser Mengen kann auf $4! = 24$ verschiedene Arten geordnet werden, entsprechend gibt es also jeweils 24 Differentialmatrizen $\overline{\boldsymbol{X}}_1^{\Delta}$. Für jede der sechs Mengen sei hier eine Differentialmatrix aufgeführt:

$$\begin{pmatrix}1&1&1&0&0\\1&0&0&1&1\\0&1&0&1&0\\0&0&1&0&1\end{pmatrix}, \begin{pmatrix}1&1&1&0&0\\1&0&0&1&0\\0&1&0&1&1\\0&0&1&0&1\end{pmatrix}, \begin{pmatrix}1&1&1&0&0\\1&0&0&1&0\\0&1&0&0&1\\0&0&1&1&1\end{pmatrix},$$

$$\begin{pmatrix}1&1&0&0&0\\1&0&1&1&0\\0&1&1&0&1\\0&0&0&1&1\end{pmatrix}, \begin{pmatrix}1&1&0&0&0\\1&0&1&1&0\\0&0&1&0&1\\0&1&0&1&1\end{pmatrix}, \begin{pmatrix}1&1&0&0&0\\0&0&1&1&0\\1&0&1&0&1\\0&1&0&1&1\end{pmatrix}.$$

Bevor alle durch die insgesamt $6 \cdot 24 = 144$ Differentialmatrizen gegebenen Möglichkeiten überprüft werden, ist es zweckmäßig, die angegebenen Matrizen daraufhin zu überprüfen, ob die Summen ihrer Spaltenvektoren

$$\bigotimes_{\kappa=1}^{5} \overline{\boldsymbol{x}}_{1,\kappa}^{\Delta} = \boldsymbol{o} \tag{4.15}$$

sind. Dies ist nämlich *nicht* abhängig von der Reihenfolge der Spaltenvektoren. Wie zu sehen ist, trifft (4.15) für keine der sechs Matrizen zu, so daß die geforderte Darstellung eines Zyklus der Länge 5 mit vier Binärstellen in der Tat nicht möglich ist.

Auf gleichartige Weise kann die Unmöglichkeit der Darstellung mit weniger als vier Binärstellen gezeigt werden.

4.3 Ein Algorithmus zum Auffinden möglicher Zyklendarstellungen

Da die durch Satz 4.7 gegebene untere Schranke für m nicht in jedem Falle eingenommen werden kann, ist nach Mengen von Zuständen zu suchen, die – bei möglichst kleinem m – das Winkelkriterium erfüllen. Die untere Schranke sowie die durch den Algorithmus aus Satz 4.6 gegebenen Pfade sind hierbei vonnutzen.

Für die l Zustände $\boldsymbol{x}_1, \ldots, \boldsymbol{x}_l$ der Dimension m, die den gesuchten Zyklus bilden können, muß zunächst die Hamming–Distanz aufeinanderfolgender Zustände dem Wert des ersten Knoten eines ausgewählten Pfades entsprechen.

Ist solch eine Zustandsmenge gefunden, ist sodann die Frage zu beantworten, ob die Zustände dem Winkelkriterium 4.1 genügen. Dieses Kriterium ist notwendig für die Existenz einer linearen Differenzengleichung (2.15) mit der gewünschten Dimension m.

Nach dem Bestehen auch dieses Tests ist durch Überprüfen der Lösbarkeit von

$$\boldsymbol{X}_k^T \cdot \boldsymbol{A}^T = \boldsymbol{X}_{k+1}^T$$

auch bereits die lineare Darstellung des Zyklus gefunden.

4.3.1 Lösungen von Markierungsgleichungen

Aus der Theorie der Petri–Netze ist das Verfahren bekannt, die Erreichbarkeit eines Netzzustandes $\boldsymbol{x}_e$ von einem Zustand $\boldsymbol{x}_a$ aus durch Lösen der Markierungsgleichung zu überprüfen. Die Existenz der Lösung ist ein notwendiges Kriterium für die Erreichbarkeit.

Definition 4.8 *Ein Stellen/Transitionen–Petri–Netz (oder kürzer S/T–Netz)* $\mathcal{N}$ *besteht aus*

i) einer Menge $\mathbb{S}$ *von* $\xi \in \mathbb{N}$ *Stellen,*

ii) einer Menge $\mathbb{T}$ *von* $\zeta \in \mathbb{N}$ *Transitionen sowie*

iii) einer Menge $\mathbb{E}$ *von Kanten, die die Stellen mit den Transitionen bzw. umgekehrt verbinden.*

Das in Beispiel 3.3.2 ab Seite 85 aufgeführte Bedingungs/Ereignis–Netz besitzt vier Bedingungen und drei Ereignisse und soll im folgenden als S/T–Netz betrachtet werden. Die Belegung der Stellen b_1, b_2, b_4 und b_4 läßt sich in einem *Markierungsvektor* $\boldsymbol{m}$ festhalten, dessen i–tes Element die Anzahl der in der Stelle b_i vorhandenen Marken angibt. Weiterhin gibt es *Transitionsvektoren*[5)] $\boldsymbol{t}$, deren Länge der Anzahl der Stellen entspricht. Sie sind definiert gemäß

$$(\boldsymbol{t}_i)_j \;=_{Df.}\; \begin{cases} -1 & \text{falls eine Kante von der Stelle } b_j \text{ zur Transition } e_i \text{ existiert} \\ +1 & \text{falls eine Kante von der Transition } e_i \text{ zur Stelle } b_j \text{ existiert} \\ 0 & \text{sonst} \end{cases} .$$

Es ist zu erkennen, daß nun im Gegensatz zur Interpretation von Abbildung 3.2 als B/E–Netz die Transitionen als von außen steuerbar angesehen werden.

Zu dem betrachteten Petri–Netz ist

$$\boldsymbol{t}_1 = \begin{pmatrix} -1 \\ +1 \\ 0 \\ +1 \end{pmatrix}, \quad \boldsymbol{t}_2 = \begin{pmatrix} 0 \\ -1 \\ +1 \\ 0 \end{pmatrix} \quad \text{und} \quad \boldsymbol{t}_3 = \begin{pmatrix} +1 \\ 0 \\ -1 \\ -1 \end{pmatrix} .$$

Die erste Transition e_1 bewirkt beispielsweise den Verlust einer Marke in Stelle b_1 und das Hinzukommen jeweils einer Marke in den Stellen b_2 und b_4.

Definition 4.9 *Die* Inzidenzmatrix *eines S/T–Netzes* $\mathcal{N}$ *ist definiert als Spaltenmatrix seiner Transitionen:*

$$\boldsymbol{N} \;=_{Df.}\; \begin{pmatrix} \boldsymbol{t}_1 & \cdots & \boldsymbol{t}_\zeta \end{pmatrix} \;\in\; \mathbb{Z}^{(\xi,\zeta)} .$$

Die bereits angesprochene notwendige Bedingung für die Erreichbarkeit einer Markierung lautet

[5)] Markierungsvektoren und Transitionsvektoren sollen im weiteren kurz Markierungen und Transitionen genannt werden.

Satz 4.10 *Wenn eine Markierung* $\boldsymbol{m}$ *eines S/T–Netzes* $\mathcal{N}$ *von einer Anfangsmarkierung* $\boldsymbol{m}_0$ *aus erreichbar ist, dann besitzt die* Markierungsgleichung

$$\boldsymbol{N} \cdot \boldsymbol{q} \;=\; \boldsymbol{m} - \boldsymbol{m}_0 \,. \tag{4.16}$$

eine Lösung für $\boldsymbol{q}$ *aus* $\mathbb{N}_0^{\varsigma}$.

Der *Beweis* dieses Satzes ist in [12] zu finden.

In Beispiel 3.3.2 ist $(1, 10, 12)$ ein Zyklus der Länge 3. Die den drei Zuständen entsprechenden Markierungen sind

$$\boldsymbol{m}_1 = \begin{pmatrix} 1 \\ 0 \\ 0 \\ 0 \end{pmatrix}, \quad \boldsymbol{m}_{10} = \begin{pmatrix} 0 \\ 1 \\ 0 \\ 1 \end{pmatrix} \quad \text{und} \quad \boldsymbol{m}_{12} = \begin{pmatrix} 0 \\ 0 \\ 1 \\ 1 \end{pmatrix}.$$

Dies entspricht der *umgekehrten* zweiten, elften und 13. Spalte der Matrix $\boldsymbol{G}$ in (3.11). Die Umkehrung kommt zustande, weil durch die Interpretation der Belegung der Stellen des Netzes als Binärstellen in einem Vektor diejenige Binärstelle mit dem niedrigsten Index als niederwertigste Stelle interpretiert wurde und daher als letztes Element in den Zustandsvektor aufgenommen wurde. Die Lösung der Markierungsgleichung

$$\boldsymbol{N} \cdot \boldsymbol{q} = \boldsymbol{m}_{12} - \boldsymbol{m}_1 \quad \Longleftrightarrow \quad \begin{pmatrix} -1 & 0 & 1 \\ 1 & -1 & 0 \\ 0 & 1 & -1 \\ 1 & 0 & -1 \end{pmatrix} \cdot \boldsymbol{q} = \begin{pmatrix} -1 \\ 0 \\ 1 \\ 1 \end{pmatrix}$$

ist

$$\boldsymbol{q} = (1, 1, 0)^T \,.$$

Die ersten beiden Transitionen müssen also jeweils einmal schalten. Bemerkenswert ist, daß diese Lösung nichts darüber aussagt, in welcher Reihenfolge dies geschehen soll. Aus technischer Sicht ist diese Frage deshalb wichtig, weil im allgemeinen negative Markenzahlen in den Stellen zu vermeiden sind.

Definition 4.11 *Es sei* $\mathcal{N}$ *ein S/T–Netz mit der Inzidenzmatrix* $\boldsymbol{N}$.
Jede ganzzahlige Lösung des Gleichungssystems

$$\boldsymbol{N} \cdot \boldsymbol{q} \;=\; \boldsymbol{o} \,, \tag{4.17}$$

also jeder ganzzahlige Vektor aus $\mathrm{Kern}(\boldsymbol{N})$, *heißt eine* Transitionsinvariante *von* $\mathcal{N}$.

Transitionsinvarianten sind offensichtlich Schaltfolgen, die von einer Markierung $\boldsymbol{m}$ wieder zu ihr selbst führen. Dies entspricht einem Zyklus mit einer Länge $l \geq 1$. Das Petri–Netz 3.2 besitzt die beiden Zyklen $(1, 10, 12)$ und $(3, 5, 14)$. Die Lösung von (4.17) ist der von der Transitionsinvariante $\boldsymbol{q} = (1, 1, 1)^T$ aufgespannte Raum. Zum einmaligen Durchlauf jeder der beiden Zyklen sind damit alle Transitionen einmal zu schalten. Es bestehen jedoch Unterschiede in der Ausführungsreihenfolge. Mehrmaliges Durchlaufen eines Zyklus korrespondiert mit einem ganzzahligen Vielfachen von $\boldsymbol{q}$. Ein Verklemmungszustand (Deadlock) entspricht der trivialen Lösung $\boldsymbol{q} = \boldsymbol{o}$ von (4.17), denn in diesem Fall wird keine Transition geschaltet.

4.3.2 Interpretation der Hamming–Distanzen als Kantengewichte eines gerichteten Graphen

Wie eingangs Abschnitt 4.3 erwähnt, ist es zweckmäßig, zur Bestimmung der Zustände eines Zyklus der gewünschten Länge l zunächst l Zustände zu finden, die – in eine passende Reihenfolge gebracht – alle dieselbe Hamming–Distanz voneinander haben. Trifft dies dann auch für den letzten und den ersten Zustand zu, so stellt die gefundene Menge von Zuständen einen Kandidaten für den Zyklus dar.

Das aufgeworfene Suchproblem kann graphentheoretisch formuliert werden. Der minimale Wert der Dimension m, unter der die Suche stattfinden soll, ist unter Zuhilfenahme von Satz 4.7 bereits festgelegt worden. Werden nun alle 2^m Zustandsvektoren analog (2.3) und (2.4) spaltenweise in der Matrix $\boldsymbol{X}$ versammelt, so beinhaltet das Produkt $\boldsymbol{P} = \boldsymbol{X}^T \cdot \boldsymbol{X}$ die Winkel zwischen den einzelnen Zustandsvektoren. Die gemäß Satz 4.2 gebildete Matrix $\boldsymbol{P}^\Delta$ enthält die zugehörigen Hamming–Distanzen.

Zu der Dimension m ist auch ein Wert für r_1 festgelegt worden. Es können daher nur Zustände $\boldsymbol{x}_i$ und $\boldsymbol{x}_j$ dem gesuchten Zyklus angehören, die die Hamming–Distanz r_1 haben, d.h. für die

$$r_1 = p_{i,j}^\Delta = \frac{m - p_{i,j}}{2} = \frac{m - \boldsymbol{x}_i^T \boldsymbol{x}_j}{2}$$

gilt.

Diese Zustandspaare

$$(\boldsymbol{x}_i, \boldsymbol{x}_j) \tag{4.18}$$

können als Paare von Knoten angesehen werden. Die Reihenfolge der beiden Knoten definiert eine *gerichtete* Kante mit der Bewertung $p_{i,j}^\Delta$. Werden all jene Knotenpaare, deren Kantenbewertung $p_{i,j}^\Delta = r_1$ ist, zu einem gerichteten Graphen zusammengefaßt, so sind die Knoten der in diesem Graphen enthaltenen *Kreise*[6)] der Länge l die gesuchten Kandidaten für einen

[6)] Der Begriff *Kreis* wird gewählt, weil der Begriff *Zyklus* in dieser Arbeit bereits anderweitig besetzt ist.

Zyklus. Jedes Zustandspaar $(\boldsymbol{x}_i, \boldsymbol{x}_j)$ ist auch in seiner umgekehrten Form $(\boldsymbol{x}_j, \boldsymbol{x}_i)$ vorhanden und definiert aufgrund der Symmetrie von $\boldsymbol{P}$ eine gleich gewichtete Kante, die entgegengesetzt gerichtet ist. Dies würde bedeuten, daß bei einer Suche nach einem Kreis in diesem Graphen auch in jedem Fall derselbe, in entgegengesetzter Richtung zu durchlaufende Kreis gefunden würde. Bei der Suche nach einer geordneten Zustandsmenge für einen Zyklus wären dies jedoch zwei Instanzen ein und derselben Lösung – schließlich kann ein Zyklus für sich allein genommen in beide Richtungen durchlaufen werden. Aus diesem Grund reicht es aus, für die Konstruktion des Graphen nur die Zustandspaare (4.18) aus der oberen Hälfte von $\boldsymbol{P}^{\Delta}$ zu verwenden, natürlich ausschließlich der Hauptdiagonalen.

Vor dem Fortgang dieser Überlegungen sollen zunächst einige Begriffe aus dem Bereich der Graphentheorie definiert werden.

Definition 4.12 *Ein* gerichteter Graph $\mathcal{G} = (\mathbb{V}, \mathbb{E})$ *besteht aus einer endlichen Knotenmenge* $\mathbb{V} \neq \emptyset$ *und einer geordneten Menge* $\mathbb{E}$ *von Paaren unterschiedlicher Knoten der Knotenmenge.* $\mathcal{G}$ *enthält* v *Knoten (vertices) und* e *Kanten (edges).*

Ein Pfad *in* $\mathcal{G}$ *ist eine Sequenz* $\mathcal{P}_{k,k'} = (\,k = k_1, \ldots, k_n = k'\,)$ *so, daß* $(k_i, k_{i+1}) \in \mathbb{E}$ *für alle* $1 \leq i < n$ *.*

Ein Kreis *ist ein Pfad in dem der erste und der letzte Knoten identisch sind. Ein Kreis heißt* elementar, *wenn kein Knoten außer dem ersten und letzten zweimal enthalten ist.*

Offensichtlich sind zwei Elementarkreise verschieden, wenn der eine *nicht* eine zyklische Permutation (Rechts–/Linksverschiebung) des anderen ist. Ein Zyklus von $\boldsymbol{\mathcal{Z}}$ besteht offensichtlich aus einem elementaren Kreis.

Graphen mit Schleifen, also Knoten der Form (k, k) sind in Definition 4.12 ebenso ausgeschlossen wie solche mit mehrfachen parallelen Kanten (k, k').

Definition 4.13 $\mathcal{F}$ *ist ein von der Knotenmenge* $\mathbb{W}$ induzierter *Subgraph von* $\mathcal{G} = (\mathbb{V}, \mathbb{E})$, *wenn* $\mathbb{W} \subseteq \mathbb{V}$ *gilt sowie*

$$\mathcal{F} \;=\; \Big(\mathbb{W},\ \{\,(x,y)\,|\,x,y \in \mathbb{W}\,\textit{und}\ (x,y) \in \mathbb{E}\,\}\Big)\,.$$

Ein induzierter Subgraph $\mathcal{F}$ *heißt eine* starke Komponente *von* $\mathcal{G}$, *wenn es für alle* $x, y \in \mathbb{W}$ *Pfade* $\mathcal{P}_{x,y}$ *und* $\mathcal{P}_{y,x}$ *gibt und diese Eigenschaft für keinen Subgraph von* $\mathcal{G}$ *zutrifft, der von der Knotenmenge* $\mathbb{W}'$ *mit* $\mathbb{W} \subset \mathbb{W}' \subseteq \mathbb{V}$ *induziert wird.*

Offensichtlich hat eine starke Komponente eine Extremaleigenschaft inne. Die angesprochene Knotenmenge $\mathbb{W}$ ist die größte, für die gilt, daß es zwischen je zwei verschiedenen Knoten x und y dieser Menge einen Pfad von x nach y und von y nach x gibt.

Satz 4.14 *Für einen ungerichteten endlichen Graph ist die starke Komponente genau dann der gesamte Graph, wenn der Graph zusammenhängend ist.*
Ist der Graph nicht zusammenhängend, so zerfällt er in zusammenhängende Subgraphen. Eine starke Komponente umfaßt dann einen Teil der Knotenmenge, der genau einen dieser Subgraphen induziert und ist mit diesem identisch.

Der *Beweis* ist einfach. Da der Graph $\mathcal{G}$ ungerichtet ist, gibt es genau dann einen Pfad $\mathcal{P}_{y,x}$, wenn es einen Pfad $\mathcal{P}_{x,y}$ gibt. $\mathcal{G}$ sei zusammenhängend und es gebe eine Knotenmenge $\mathbb{V} \subset \mathbb{W}$, die eine echte Untermenge der Knotenmenge $\mathbb{W}$ von $\mathcal{G}$ ist und eine starke Komponente $\mathcal{K}$ induziert. Dann gibt es einen Knoten $w \in \mathbb{W} \setminus \mathbb{V}$ und einen Knoten $v \in \mathbb{V}$, so daß es keinen Pfad $\mathcal{P}_{v,w}$ gibt. Damit ist $\mathcal{G}$ aber nicht zusammenhängend im Widerspruch zur Voraussetzung. Es sei nun $\mathcal{K}$ eine starke Komponente, die die gesamte Knotenmenge $\mathbb{W}$ von $\mathcal{G}$ umfaßt, die also von $\mathbb{W}$ induziert wird. Nach Definition 4.13 ist dann aber auch die Kantenmenge von $\mathcal{K}$ mit der von $\mathcal{G}$ identisch.

Es sei nun $\mathcal{G}$ nicht zusammenhängend. Dann zerfällt die (endliche) Knotenmenge in endlich viele disjunkte Teilmengen, die sich dadurch auszeichnen, daß es zwischen Elementen verschiedener Teilmengen keine Pfade in $\mathcal{G}$ gibt. Dann kann aus jeder dieser Teilmengen der ursprünglichen Knotenmenge ein zusammenhängender Subgraph $\mathcal{F}$ induziert werden. Eine starke Komponente auf $\mathcal{F}$ ist dann aber bereits nach Aussage des ersten Teils dieser Subgraph selbst. ◇

Der durch die Zustandspaare (4.18) definierte gerichtete Graph wird durch Hinzunahme der umgekehrten Zustandspaare einem *ungerichteten* Graph *gleichgesetzt*. Denn zu jeder gerichteten Kante existiert auch eine in der Gegenrichtung.

Im folgenden soll wiederum ein Beispiel zur Veranschaulichung dienen. Für $m = 3$ ist

$$\boldsymbol{X} = \begin{pmatrix} + & + & + & + & - & - & - & - \\ + & + & - & - & + & + & - & - \\ + & - & + & - & + & - & + & - \end{pmatrix}$$

und damit

$$P^{\Delta} = \begin{pmatrix} 0 & 1 & 1 & 2 & 1 & 2 & 2 & 3 \\ & 0 & 2 & 1 & 2 & 1 & 3 & 2 \\ & & 0 & 1 & 2 & 3 & 1 & 2 \\ & & & 0 & 3 & 2 & 2 & 1 \\ & & & & 0 & 1 & 1 & 2 \\ & & & & & 0 & 2 & 1 \\ & & & & & & 0 & 1 \\ & & & & & & & 0 \end{pmatrix}.$$

Die Zustandspaare mit einer Hamming–Distanz von 2 bzw. einem Winkelabstand von -1 sind

$$\begin{aligned}&(\boldsymbol{x}_1,\boldsymbol{x}_4),\ (\boldsymbol{x}_1,\boldsymbol{x}_6),\ (\boldsymbol{x}_1,\boldsymbol{x}_7),\ (\boldsymbol{x}_2,\boldsymbol{x}_3),\ (\boldsymbol{x}_2,\boldsymbol{x}_5),\ (\boldsymbol{x}_2,\boldsymbol{x}_8),\\&(\boldsymbol{x}_3,\boldsymbol{x}_5),\ (\boldsymbol{x}_3,\boldsymbol{x}_8),\ (\boldsymbol{x}_6,\boldsymbol{x}_4),\ (\boldsymbol{x}_4,\boldsymbol{x}_7),\ (\boldsymbol{x}_5,\boldsymbol{x}_8),\ (\boldsymbol{x}_6,\boldsymbol{x}_7).\end{aligned} \tag{4.19}$$

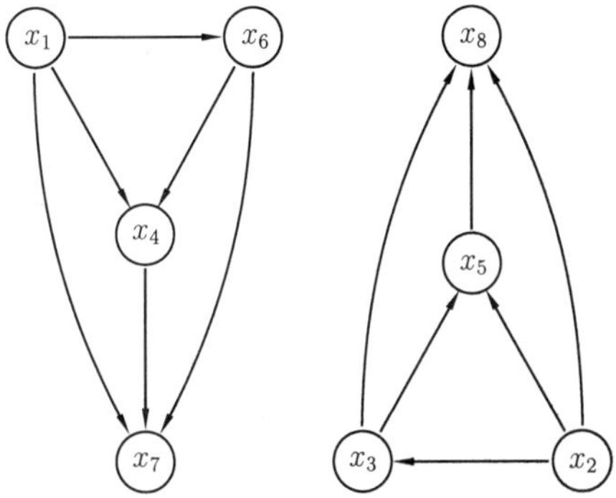

Abbildung 4.5: Gerichteter Graph der Paare mit Hamming–Distanz 2

Diese Zustandspaare definieren den Graphen in Abbildung 4.5. Seine Kanten sind gerichtet, Da die Zustandspaare (4.19) jeweils als geordnet angesehen werden.

Das Durchlaufen eines Zyklus entspricht der Weitergabe einer Marke in diesem Graphen, wenn die Knoten als Stellen interpretiert werden. Dies ist in Abbildung 4.6 angedeutet. Es handelt sich um ein S/T–Netz.

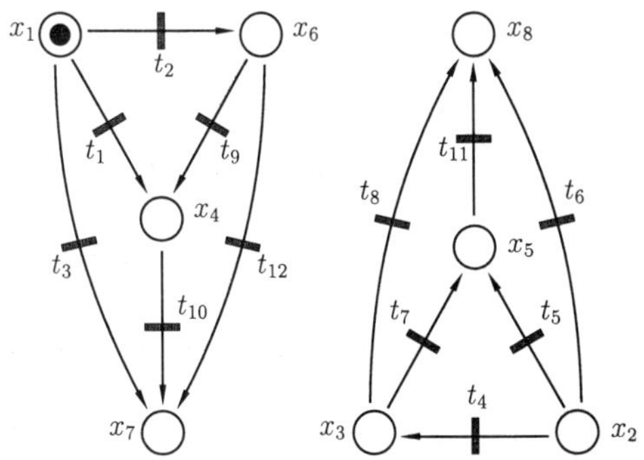

Abbildung 4.6: Interpretation als Petri–Netz

Das Erreichen eines Zustandes $\boldsymbol{x}_j$ von einem Zustand $\boldsymbol{x}_i$ aus entspricht in (4.16) den beiden Markierungen

$$\begin{aligned} \boldsymbol{m}_0 &= (0, \ldots, 0, m_i = 1, 0, \ldots, 0) \\ \text{und} \quad \boldsymbol{m} &= (0, \ldots, 0, m_j = 1, 0, \ldots, 0) \end{aligned}$$

Die Inzidenzmatrix ist hier

$$\boldsymbol{N} = \begin{pmatrix} -1 & -1 & -1 & 0 & 0 & 0 & 0 & 0 & 0 & 0 & 0 & 0 \\ 0 & 0 & 0 & -1 & -1 & -1 & 0 & 0 & 0 & 0 & 0 & 0 \\ 0 & 0 & 0 & 1 & 0 & 0 & -1 & -1 & 0 & 0 & 0 & 0 \\ 1 & 0 & 0 & 0 & 0 & 0 & 0 & 0 & -1 & -1 & 0 & 0 \\ 0 & 0 & 0 & 0 & 1 & 0 & 1 & 0 & 0 & 0 & -1 & 0 \\ 0 & 1 & 0 & 0 & 0 & 0 & 0 & 0 & 1 & 0 & 0 & -1 \\ 0 & 0 & 1 & 0 & 0 & 0 & 0 & 0 & 0 & 1 & 0 & 1 \\ 0 & 0 & 0 & 0 & 0 & 1 & 0 & 1 & 0 & 0 & 1 & 0 \end{pmatrix} . \qquad (4.20)$$

Die Reihenfolge der die Transitionen definierenden Spalten von $\boldsymbol{N}$ wurde der Position der Zustandspaare in der Liste (4.19) entsprechend gewählt.

Durch Lösen von (4.16) kann nun nach einem Pfad von $\boldsymbol{x}_i$ nach $\boldsymbol{x}_j$ gesucht werden, wobei das *rückwärtige* Durchlaufen einer Kante gestattet ist. Dies ist zulässig, da zu den Paaren (4.18) bzw. (4.19) ja die symmetrischen (umgekehrten) Paare existieren.

Definition 4.15 *Die im weiteren gebrauchten Inzidenzmatrizen*

$$\boldsymbol{N} \in \{0, -1, 1\}^{v,e}$$

besitzen alle eine Gestalt der Form (4.20). Zu jedem Zustandspaar $(\boldsymbol{x}_i, \boldsymbol{x}_j)$ gemäß (4.18) gehört eine Spalte $\boldsymbol{n}$ von $\boldsymbol{N}$, für deren Elemente gilt:

$$n_\nu =_{Df.} \begin{cases} -1 & \text{falls} \quad \nu = i \\ 1 & \text{falls} \quad \nu = j \\ 0 & \text{sonst} \end{cases} \qquad \nu = 1, \ldots, v$$

Diese Spalte von $\boldsymbol{N}$ beschreibt damit die durch das Zustandspaar definierte gerichtete Kante von $\boldsymbol{x}_i$ nach $\boldsymbol{x}_j$.
Die Zeilenanzahl v von $\boldsymbol{N}$ ist die Anzahl der betrachteten Zustände, die hier als Knoten (vertices) fungieren.
Die Spaltenanzahl e von $\boldsymbol{N}$ entspricht der Anzahl der Kanten (edges) und wird durch die Mächtigkeit der Menge der Zustandspaare festgelegt.
Diese Zustandspaare legen die Kanten (Transitionen) zwischen den Knoten (Stellen) fest. Die Zustandspaare definieren so einen gerichteten Graphen und zugleich ein spezielles S/T–Netz. In den Abbildungen 4.5 und 4.6 ist dies beispielhaft verdeutlicht.

Eine Eigenschaft dieses speziellen S/T–Netzes wird im folgenden Satz sogleich ausgenutzt.

Satz 4.16 *Gegeben sei die gemäß Definition 4.15 erzeugte Inzidenzmatrix* $\boldsymbol{N}$ *eines durch eine Menge von Zustandspaaren (4.18) gegebenen Graphen. Der Graph ist einem ungerichteten Graphen gleichwertig, da zu jeder durch ein Zustandspaar definierten Kante auch die entgegengesetzte Kante existiert.*
Es seien $\boldsymbol{x}$ *und* $\boldsymbol{y}$ *zwei Zustände von* $\boldsymbol{\mathcal{Z}}$*, die als Knoten in dem Graphen vorkommen. Die diesen Knoten zugeordneten Markierungen sind*

$$\begin{aligned} \boldsymbol{m_x} &= (0, \ldots, 0, m_{\boldsymbol{x},i} = 1, 0, \ldots, 0,)\,, \\ \boldsymbol{m_y} &= (0, \ldots, 0, m_{\boldsymbol{y},j} = 1, 0, \ldots, 0,)\,. \end{aligned}$$

Dann gilt:

$$\text{Es existiert ein Pfad } \boldsymbol{\mathcal{P}_{x\,y}} \iff \begin{array}{l} \text{Die Markierungsgleichung} \\ \boldsymbol{N} \cdot \boldsymbol{q} = \boldsymbol{m_y} - \boldsymbol{m_x} \\ \text{besitzt eine Lösung} \end{array} \tag{4.21}$$

Beweis. Die Richtung „$\Longrightarrow$" entspricht der Aussage von Satz 4.10. Es bedarf noch des Beweises der Gegenrichtung. Die Spalten von $\boldsymbol{N}$ haben die aus (4.20) bekannte Gestalt, also

$$(0, \ldots, 0, \pm 1, 0, \ldots, 0, \pm 1)\,,$$

wobei die Werte $+1$ und -1 jeweils genau einmal vorkommen. Dasselbe gilt für $\boldsymbol{m} =_{Df.} \boldsymbol{m_y} - \boldsymbol{m_x}$.
Es sind $r > 0$ Elemente der Lösung $\boldsymbol{q}$ von (4.21) ungleich 0. O.B.d.A. seien dies die ersten r Elemente.

Da $m_{\boldsymbol{x},i} \neq 0$ ist, gibt es unter den ersten r Spalten von $\boldsymbol{N}$ eine, deren i–tes Element $\neq 0$ ist. Wiederum o.B.d.A. sei dies die erste Spalte $\boldsymbol{n}_1$. Diese Spalte besitzt genau ein zweites Element $n_{g,1} \neq 0$. Ist $g = j$, so ist bereits alles gezeigt, denn es gibt dann eine direkte Kante zwischen $\boldsymbol{x}$ und $\boldsymbol{y}$.
Für den Fall $g \neq j$ existiert unter den ersten r relevanten Spalten von $\boldsymbol{N}$ eine weitere Spalte, deren g–tes Element ebenfalls $\neq 0$ ist, denn das für das entsprechende Element aus $\boldsymbol{m}$ gilt ja $m_g = 0$. Ohne die Allgemeinheit der Aussage zu verletzten, kann nun angenommen werden, daß die angesprochene Spalte von $\boldsymbol{N}$ gerade $\boldsymbol{n}_2$ sei.

Die bisherige Überlegung zeigt, daß es offensichtlich einen Pfad von $\boldsymbol{x}$ zu einem Knoten $\boldsymbol{x}_1 \neq \boldsymbol{y}$ gibt. Auch in $\boldsymbol{n}_2$ findet sich genau ein weiteres Element ungleich 0, es sei dies das h–te Element $n_{h,2}$. Die durch $\boldsymbol{n}_2$ gegebene Kante erweitert den Pfad von $\boldsymbol{x}$ nach $\boldsymbol{x}_1$ zu einem Pfad von $\boldsymbol{x}$ nach $\boldsymbol{x}_2$, der über $\boldsymbol{x}_1$ führt.

Wieder ist die Frage nach der Gleichheit von h und j zu stellen. Fällt die Antwort positiv aus, dann ist $\boldsymbol{x}_2 = \boldsymbol{y}$, und das Verlangte ist gezeigt.

Obige Überlegung kann nun sukzessive fortgeführt werden. Gelangt man dabei bei der Spalte $\boldsymbol{n}_r$ an, ohne inzwischen $\boldsymbol{y}$ erreicht zu haben, so bedeutet dies, daß für keine der bereits betrachteten Spalten $\boldsymbol{n}_1, \ldots, \boldsymbol{n}_{r-1}$ das j–te Element $n_{j,\rho} \neq 0$ war ($\rho = 1, \ldots, r-1$). Aus $m_j = 1$ folgt dann aber aus der Lösbarkeit von (4.21) $n_{j,r} \neq 0$. Damit existiert zu dem schon gefundenen Pfad $\mathcal{P}_{\boldsymbol{x}\,\boldsymbol{x}_{r-1}}$ auch eine Kante vom Knoten $\boldsymbol{x}_{r-1}$ nach $\boldsymbol{y}$, was die Behauptung zeigt. ◇

Die nun folgende und auf gerichtete Graphen anwendbare Version des soeben bewiesenen Satzes ist fast identisch – lediglich die Lösung $\boldsymbol{q}$ der Markierungsgleichung muß noch eine weitere Eigenschaft ausweisen.

Satz 4.17 *Wiederum sei wie in Satz 4.16 eine Inzidenzmatrix* $\boldsymbol{N}$ *gegeben. Der zugehörige Graph* $\mathcal{G}$ *sei ebenfalls von einer Menge von Zustandspaaren (4.18) definiert, jedoch sollen die umgekehrten Paare weggelassen werden, so daß* $\mathcal{G}$ gerichtet *ist.*
Es seien $\boldsymbol{x}$ *und* $\boldsymbol{y}$ *zwei Zustände von* $\mathcal{Z}$*, die als Knoten in dem Graphen vorkommen. Die diesen Knoten zugeordneten Markierungen sind*

$$\begin{aligned} \boldsymbol{m_x} &= (0, \ldots, 0, m_{\boldsymbol{x},i} = 1, 0, \ldots, 0,)\,, \\ \boldsymbol{m_y} &= (0, \ldots, 0, m_{\boldsymbol{y},j} = 1, 0, \ldots, 0,)\,. \end{aligned}$$

Dann gilt:

Es existiert ein Pfad $\mathcal{P}_{\boldsymbol{x}\,\boldsymbol{y}}$ $\Longleftarrow$ *Die Markierungsgleichung*

$$\boldsymbol{N} \cdot \boldsymbol{q} \;=\; \boldsymbol{m_y} - \boldsymbol{m_x} \tag{4.22}$$

besitzt eine Lösung $\boldsymbol{q} \in \{0,1\}^e$

Der *Beweis* folgt fast sofort aus Satz 4.16.
Zunächst ist leicht zu sehen, daß im Falle der Lösbarkeit von (4.22) eine Lösung $\boldsymbol{q}$ existiert, die keine anderen Elemente als 0 oder ± 1 enthält. Denn der Wert des i–ten Elementes q_i zeigt das Durchlaufen der i–ten Kante von $\mathcal{G}$ an. Ist $q_i = 0$, so wird die Kante gar nicht durchlaufen. Ein positiver Wert von q_i bedeutet das q_i–malige Durchlaufen dieser Kante und ein negativer Wert den q_i–maligen *rückwärtigen* Durchlauf. Ist $q_i > 1$ oder $q_i < -1$ so folgt daraus jedoch, daß der durch $\boldsymbol{q}$ dargestellte Pfad einen Kreis enthält. Dann existiert auch ein Pfad von $\boldsymbol{x}$ nach $\boldsymbol{y}$, der keine Kreise enthält. Jede Kante dieses Pfades wird dann genau einmal durchlaufen. Der zugehörige Lösungsvektor $\boldsymbol{q}$ von (4.22) enthält dann die Werte 0 oder ± 1 und repräsentiert diesen Pfad.

Enthält q nur nichtnegative Elemente, so bedeutet dies, daß für den Pfad von x nach y keine Kante rückwärts durchlaufen werden muß. Damit ist das Verlangte bereits gezeigt. ◇

Mit diesen beiden Sätzen ist gezeigt, daß die Markierungsgleichung für eine spezielle Klasse von Graphen bzw. S/T–Netzen eine hinreichende Bedingung für Erreichbarkeit liefert. Im allgemeinen ist dies nicht der Fall, beispielsweise wenn die Anzahl der Prä– und Postkanten einer Transition jeweils > 1 und ungleich ist. Beispiele hierfür sind in [12] zu finden. Die Entscheidbarkeit, ob eine gegebene Markierung von der Anfangsmarkierung eines markierten Netzes aus erreichbar ist, war eine lange offene Frage. Sie konnte im Jahre 1980 gelöst werden [40].

Eine wichtiger Spezialfall von Satz 4.17 soll nicht unerwähnt bleiben.

Satz 4.18 *Es seien die Voraussetzungen von Satz 4.17 gegeben. Dann gilt:*
Jede Transitionsinvariante beschreibt einen Kreis von $\mathcal{G}$.

Die Vektoren $\boldsymbol{q} \in \mathrm{Kern}\,(\boldsymbol{N})$ enthalten Schaltregeln, die einen – oder mehrere – Zustände auf sich selbst zurückführen. Der Durchlauf mehrerer paralleler und gleichlanger Kreise durch ein gegebenes $\boldsymbol{q} \in \mathrm{Kern}\,(\boldsymbol{N})$ ist also möglich.

4.3.3 Die Bestimmung von Elementarkreisen

Nach diesen Vorbereitungen soll nun jener Algorithmus vorgestellt werden, welcher alle möglichen elementaren Kreise in dem Graphen findet, der durch die Zustandspaare (4.18) gleicher Hamming–Distanz gegeben ist. Der Algorithmus stammt von JOHNSON [26] und wurde nur geringfügig abgeändert. Er ist effizienter als die in [51, 52] vorgestellten Verfahren. Im übrigen geben [39, 11] eine Übersicht über Verfahren zur Bestimmung von Kreisen und elementaren Kreisen. Erwähnenswert ist, daß diese grundsätzliche und allgemeine Fragestellung auf Arbeiten wie [9] und [30] zurückgeht.

Alle Algorithmen dieses Abschnitts setzen eine auf der Knotenmenge definierte Ordnungsrelation voraus. In *welcher* Reihenfolge die Knoten letztendlich angeordnet sind, ist nicht von belang. Der Algorithmus akzeptiert als Knotenidentifikatoren die ersten v natürlichen Zahlen, wodurch zugleich die Ordnung auf den Knoten widergespiegelt wird. Deshalb wird in den nun folgenden Erklärungen ein Knoten k_i mit seiner Nummer i gleichgesetzt.

Algorithmus 4.19. Auffinden der Elementarkreise.

`:GLOBAL` A_K `:= {}`	Adjazenzstruktur
`:GLOBAL` B `:= {}`	Liste von Listen. In $B[k]$ werden alle Knoten vermerkt, in deren Adjazenzstruktur k enthalten ist und die blockiert werden.
`:GLOBAL` b `:= {}`	Array boolscher Werte. $b[k]$ gibt an, ob ein Knoten k blockiert ist, also bereits während der aktuellen Suche nach einem Elementarkreis getestet und verworfen wurde.
`:GLOBAL` f	Merker, ob ein Kreis gefunden wurde
`:GLOBAL` S `:= {}`	Stapelspeicher für den gebildeten Pfad
`:GLOBAL` s	aktueller Startknoten des Pfades
`:`	
`:FUNCTION UNBLOCK (` u `) :=`	Funktion zur Rücknahme von Knotenblockierungen
`: [`	
`:   b[u] := FALSE`	zunächst den Knoten u selbst entblockieren
`:   FOR` $w \in B[u]$ `DO`	B–Liste von u durchgehen
`:     [`	
`:      DROP(`$B[u]$`,`w`)`	w aus $B[u]$ löschen
`:      IF` $b[w]$ `THEN`	
`:        UNBLOCK(`w`)`	`UNBLOCK` rekursiv aufrufen, wenn w blockiert ist
`:     ]`	
`: ]`	Ende der Definition von `UNBLOCK`
`:`	
`:BOOL FUNCTION KREIS (` k `) :=`	Definition der rekursiven Funktion `KREIS`
`: [`	
`:   f := FALSE`	Rücksetzen des globalen Merkers für „Kreis gefunden"
`:   STACK(`S`,`k`)`	untersuchten Knoten k auf den Stapel legen
`:   `$b[k]$` := TRUE`	Knoten als durchlaufen blockieren
`:   FOR` $w \in A_K[k]$ `DO`	alle Nachbarknoten von k durchgehen
`:     [`	
`:      IF` w `==` s `AND LENGTH(`S`) >` l_{min} `THEN`	Ist der Anfangsknoten wieder erreicht? Ist der gefundene Kreis länger als l_{min}?
`:        [`	
`:         STACK(`S`,`s`)`	Anfangsknoten auf den Stapel legen...
`:         OUTPUT(`S`)`	...und den Stapel mit dem gefundenen Elementarkreis ausgeben.
`:         UNSTACK(`S`,`s`)`	Anfangsknoten wieder herunternehmen
`:         f := TRUE`	Elementarkreis gefunden!
`:        ]`	
`:      ELSE`	Kreis noch nicht geschlossen
`:        IF` $\neg b[w]$ `AND LENGTH(`S`) <` l_{max} `THEN`	Weitersuchen, wenn w noch nicht blockiert und die Maximallänge der zu bestimmenden Elementarkreise noch nicht erreicht ist.

```
35 :       IF KREIS(w) THEN                      Kreis geschlossen?
36 :         f := TRUE
37 :    ]
38 :   IF f == TRUE THEN
39 :    UNBLOCK(k)                               Blockierungen aufheben, damit neue Suche begonnen werden kann
40 :   ELSE
41 :    FOR w ∈ A_K[k] DO                        alle Nachbarknoten von k durchgehen
42 :     IF k ∉ B[w] THEN                        Falls k noch nicht in der B–Liste zu w enthalten ist...
43 :      APPEND(B[w],k)                         ...dann an diese anfügen.
44 :   UNSTACK(S,k)                              k wieder vom Stapel entfernen, da dieser Knoten nicht zum Pfad gehört
45 :   RETURN(f)                                 Rückgabe des Merkers als Funktionswert von KREIS
46 : ]                                           Ende der Definition der Funktion KREIS
47 :                                             Unterhalb dieser Zeile befindet sich das Hauptprogramm
48 :s := 1                                      Mit dem kleinsten Knoten wird begonnen
49 :WHILE s < v DO                              Schleife über alle Knoten
50 : [
51 :   A_K := ADJ(s)                             Adjazenzstruktur der starken Komponente 𝓚 zu s, siehe Algorithmus 4.20 auf Seite 122
52 :   IF A_K != ∅ THEN
53 :    [
54 :     s := kleinster Knoten der starken Komponente 𝓚
55 :     FOR g ∈ V_K DO                          Schleife über alle Knoten der starken Komponente
56 :      [
57 :       b[g] := FALSE                         Blockierungen zurücksetzen
58 :       B[g] := ∅                             B–Listen leeren
59 :      ]
60 :     KREIS(s)                                Aufruf von KREIS mit dem Startknoten
61 :    ]
62 :   ELSE                                      Wenn diese starke Komponente leer ist, dann auch für alle nachfolgenden Knoten
63 :    s := v                                   WHILE–Schleife beenden
64 : ]                                           Ende des Rumpfes der WHILE–Schleife
```

Die in Zeile 51 erwähnte *Adjazenzstruktur* bezeichnet eine Datenstruktur, die die von einem Knoten jeweils durch eine direkte gerichtete Kante erreichbaren Knoten speichert. Dies kann in Form einer (v, v)–Matrix geschehen, deren i–te Zeile nur in den Spalten nichtverschwindende Elemente besitzt, deren zugehörige Knoten durch eine gerichtete Kante mit dem i–ten Knoten verbunden sind. Es ist allerdings auch eine Liste der Länge v denkbar, deren i–ter Eintrag wiederum aus einer Liste der Nummern der Nachfolger des i–ten Knotens enthält. $A_G[k]$ ist die Liste der im Graphen $\mathcal{G}$ enthaltenen Nachfolger von k.

Die im Kommentar zu Zeile 51 erscheinende Formulierung, $\mathcal{K}$ sei die starke Komponente zu einem Knoten s, ist folgendermaßen aufzufassen: Es sei $\mathcal{F}$ der durch die Knotenmenge $\{s, s+1, \ldots, v\}$ – also aller Knoten, die $\geq s$ sind – induzierte Subgraph von $\mathcal{G}$. Dann soll $\mathcal{K}$ diejenige starke Komponente von $\mathcal{F}$ sein, die den kleinsten Knoten von $\mathcal{F}$ enthält – also s.

Ein Algorithmus zur Bestimmung dieser starken Komponente $\mathcal{K}$ wird auf Seite 122 vorgestellt.

Ausgehend von einem Wurzelknoten s werden alle Elementarkreise in dem von s und allen Knoten, die größer als s sind, induzierten Subgraphen gebildet, solange ihre Länge höchstens l_{max} beträgt. Dieser Grenzwert wird in Zeile 34 abgefragt. Kreise, die kürzer sind als l_{min} werden jedoch nicht ausgegeben. Somit bewirkt eine nur Verkleinerung von l_{max} eine Verkürzung der Rechenzeit, nicht jedoch eine Änderung von l_{min}. Da immer von kleineren zu größeren Knoten hin expandiert wird, sind die ausgegebenen Elementarkreise aufsteigend nach ihrem kleinsten Knoten geordnet.

Um doppelte Elementarkreise zu vermeiden, wird ein Knoten k blockiert, sobald er zu einem elementaren Pfad hinzugenommen wird, der in s beginnt. Werden nun durch rekursiven Aufruf der Funktion `KREIS` weitere, von k ausgehende Pfade untersucht, so bleibt k so lange blockiert, wie jeder dieser Pfade den aktuellen elementaren Pfad in einem anderen Knoten als s schneidet. Darüberhinaus wird ein Knoten nicht ein Wurzelknoten, so lange er nicht in mindestens einem Elementarkreis der kleinste Knoten war.

Die Knoten des aktuell aufgebauten elementaren Pfades werden im Stapel S gespeichert. Ein Knoten wird beim Aufruf von `KREIS` an den elementaren Pfad angehängt und wieder gelöscht, wenn die Funktion `KREIS` wieder verlassen wird. Dem Anhängen von k an den Pfad geht in Zeile 23 die Blockierung von k einher. Damit kann k nicht zweimal im selbem Pfad vorkommen. Beim Rücksprung von `KREIS` ist k jedoch nicht notwendig entblockiert. Dies geschieht nur, wenn ein Elementarkreis gefunden wurde (Zeile 38), nach erfolgloser Suche der Rücksprung zum Hauptprogramm (Zeile 60/61) erfolgte und mit einer neuen starken Komponente und einem neuen Wurzelknoten begonnen wird, oder beim Rücksprung auf höhere Rekursionsstufen dieser Knoten in der B–Liste eines zu entblockierenden Knotens enthalten ist.

Ist nämlich von einem Knoten k aus kein Weg zum Startknoten und damit kein Elementarkreis gefunden worden, der über diesen Knoten führt, so wird dieser Knoten in die B–Listen aller seiner Nachfolger eingetragen (40–43). Nun bleibt er zunächst blockiert. Erst wenn einer der Nachfolger von k entblockiert wird, geschieht dies auch mit k. Insbesondere gilt dies für Nachfolger von k, die sich bereits auf dem Stapel S befanden und deshalb von k nicht expandiert wurden. Das in Abbildung 4.7 gezeigte Beispiel soll dies verdeutlichen.

Die Funktion `KREIS` wird in Zeile 60 mit dem Startknoten $s = k_1$ aufgerufen. Es finden Expansionen durch rekursive Aufrufe von `KREIS` statt. Die Knoten seien nach ihren Indexnummern geordnet, so daß die Knoten k_2, k_3 und k_4 jeweils die ersten Knoten in den Adjazenzlisten

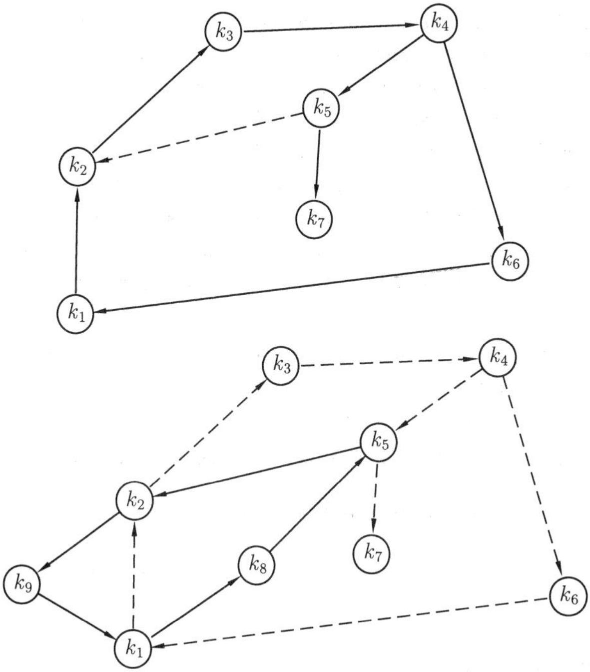

Abbildung 4.7: Beispiel zur Bedeutung der B–Listen

ihrer jeweiligen Vorgänger waren, die nicht blockiert sind. In k_4 ist eine Rekursionstiefe von 3 erreicht; KREIS ist demnach bereits viermal aufgerufen worden. Die Adjazenzliste von k_4 ist

$$A_K[4] \quad = \quad \{5, 6\}\,.$$

Zuerst erfolgt der Aufruf KREIS[5], Die Adjazenzliste von k_5 enthält lediglich die Knoten k_2 und k_7. k_2 ist $\neq k_1$ und auch blockiert, wie im oberen Teil von Abbildung 4.7 angedeutet. Er wird deshalb in Zeile 34 nicht expandiert. Die Expansion von k_7 erbringt keinen Elementarkreis, da A_K[7] leer ist, weil k_7 keine Nachfolger besitzt. Nach dem Durchlauf der FOR–Schleife in den Zeilen 24 bis 37 ist damit immer noch f == FALSE. Deshalb wird k_5 in Zeile 41 bis 43 in die B–Listen seiner Nachfolger eingetragen. Es erfolgt der Rücksprung aus KREIS, und eine Rekursionsstufe höher schreitet die Expansion der Nachfolger von k_4 fort. k_6 besitzt im Beispiel als einzigen Nachfolger k_1. Es wird demnach ein Elementarkreis gefunden und der Knoten k_6 entblockiert. Das Finden eines von k_4 ausgehenden Pfades, der den Elementarkreis schließt, führt zur (sogar zweimaligen) Rückmeldung f := TRUE, was in Zeile 38/39 die Enblockierung von k_4 auslöst. Da k_4 jedoch in keiner B–Liste vermerkt ist, werden bei diesem Aufruf von UNBLOCK keine weiteren Knoten entblockiert, insbesondere nicht k_5 und k_7. Dies ist deshalb sinnvoll, weil mit den momentan blockierten Knoten kein Pfad von k_5 zum Startknoten k_1 gefunden werden kann. Eine nochmalige, unnütze Expansion von k_5 wird so vermieden.

Nun schreitet die Expansion von k_2 fort, und nach deren Abschluß wird UNBLOCK(2) zum Entblockieren von k_2 aufgerufen. In den Zeilen 11 bis 16 wird die B–Liste des Knotens durchgegangen, und in diesem Fall ist sie nicht leer, denn sie enthält k_5. Dieser Knoten wird nun ebenfalls entblockiert. Denn nun kann es möglich sein, unter Benutzung von k_5 und seinem Nachfolger k_2 einen Elementarkreis zu bilden. Ein Beispiel hierfür zeigt der untere Teil von Abbildung 4.7.

Als Laufzeit von Algorithmus 4.19 wird in [26] eine Grenze von $O\big((v+e)(c+1)\big)$ angegeben, wobei c die Anzahl der Elementarkreise in $\mathcal{G}$ ist. Allerdings wurden hierbei keine elementaren Rechenoperationen mitgerechnet, wie dies in Abschnitt 2.2.1.1 der Fall ist.

Im folgenden wird die in Zeile 51 von Algorithmus 4.19 aufgerufene Funktion ADJ definiert.

Algorithmus 4.20. Aufbau der starken Komponente.

```
:GLOBAL N                              Inzidenzmatrix zum Graphen 𝒢
:GLOBAL v                              Gesamtanzahl aller Knoten im Graphen 𝒢
:
:LIST FUNCTION ADJ ( s )               Beginn der Funktionsdefinition
: A := LIST({},v)                      Liste aus v leeren Listen
: FOR i = 1 TO s − 1 DO
:  DROPROW(N,1)                        Die ersten s − 1 Zeilen wegnehmen
: i := 1                               Zähler zurücksetzen
: WHILE i <= NUMCOLS(N) DO             sämtliche Spalten von N durchgehen
:  [
:   z := 0                             Zähler
:   FOR j = 1 TO NUMROWS(N) DO         Alle Elemente der Spalte durchgehen...
:    z := z + ABS(N[j,i])              ...und die Summe der Absolutwerte der Elemente bilden
:   IF z != 2 THEN                     Wenn nicht genau zweimal ±1 in der Spalte vorkam....
:    DROPCOL(N,i)                      ...wird die Spalte entfernt.
:   ELSE
:    i := i + 1                        anderenfalls i inkrementieren
:  ]                                   Ende der WHILE-Schleife
: IF NUMROWS(N) == 0 THEN RETURN(A)    Wenn hier bereits N leer ist, wird zurückgesprungen
: P_F := LIST({},v)                    Paarliste des Subgraphen ℱ
```

P_K := {}	Paarliste der starken Komponente $\mathcal{K}$
FOR i = 1 TO NUMCOLS($\boldsymbol{N}$) DO	Schleife über die Spalten von $\boldsymbol{N}$
[	
FOR j = 1 TO NUMROWS($\boldsymbol{N}$) DO	Schleife über die Elemente der Spalte
IF $\boldsymbol{N}$[j,i] != 0 THEN	Knoten dieser Kante finden
[	
p := 1 + ABS($\boldsymbol{N}$[j,i] + 1) / 2	Position im Paar ermitteln
P_F[i,p] := j	die i-te Kante in die Paarliste P_G eintragen
]	
IF P_F[i,1] == s THEN	Kommt der zukünftige Startknoten im aktuellen Paar bereits vor?
APPEND(P_K,P_F[z])	Dann dieses Paar sogleich in die Paarliste zur starken Komponente einfügen.
]	
$\boldsymbol{m}_0$:= VECTOR(0,NUMROWS($\boldsymbol{N}$))	$\boldsymbol{m}_0$ ist eine Markierung
$\boldsymbol{m}_0$[1] := -1	erstes Element auf -1 setzen für Starkknoten s
L_K := LIST({},NUMROWS($\boldsymbol{N}$)-1)	Liste mit Länge der Anzahl der Knoten in $\mathcal{F}$, abgezogen wird 1 für den Startknoten s
FOR i = 2 TO NUMROWS($\boldsymbol{N}$) DO	Schleife über alle Knoten ab $s+1$
[	
$\boldsymbol{m}$:= REPLACEPART($\boldsymbol{m}$,i,1)	$\boldsymbol{m}$ ist $\boldsymbol{m}_0$, jedoch mit dem Wert des i-ten Elementes gegen 1 ausgetauscht
L_K[i] := LINEARSOLVE($\boldsymbol{N}$,$\boldsymbol{m}_0$)	Lösung von $\boldsymbol{Nq} = \boldsymbol{m}_0$ in der Liste speichern
]	
FOR i = 1 TO LENGTH(L_K) DO	Schleife über die Lösungen
[	
IF L_K[i] != {} THEN	existiert eine Lösung?
[	

---

f := FALSE	Merker, ob ein Element $\notin \{0,1\}$ im Lösungsvektor gefunden wurde
FOR j = 1 TO LENGTH(L_K[i]) DO	Schleife über die Elemente des Lösungsvektors
IF L_K[i,j] $\notin$ {0,1} THEN	ist das j-te Element $\notin \{0,1\}$?
[	
f := TRUE	Merker setzen...
j := LENGTH(L_K[i])	...Schleife abbrechen
]	
If $\neg f$ THEN	hat die Lösung die Überprüfung bestanden?

```
53 :       FOR P ∈ P_F DO                      Schleife über die Paarliste von 𝓕
54 :         IF P[1] == s+i THEN               alle Paare, die vom Knoten k_{s+i} ...
55 :           APPEND(P_K,P)                   ...ausgehen an P_K anhängen
56 :     ]
57 :   ]
58 : FOR i = 1 TO v DO                         Schleife über alle Knoten
59 :   [
60 :     FOR P ∈ P_K DO                        Schleife über die Paarliste von 𝓚
61 :       [
62 :         IF P[1] == i THEN                 Ist der Knoten k_i der erste eines Paares?
63 :           A[i] := UNION(A[i],P[2])        ...dann den anderen Knoten des Paares
                                              A[i] anhängen.
64 :         ELSE
65 :           IF P[2] == i THEN               Ist der Knoten k_i der zweite eines Paa-
                                              res?
66 :             A[i] := UNION(A[i],P[1])      ...dann den anderen Knoten des Paares
                                              an A[i] anhängen.
67 :       ]
68 :     SORT(A[i])                            Adjazenzliste des i-ten Knotens aufstei-
                                              gend sortieren
69 :   ]
```

Vorausgesetzt wird wie schon bei Algorithmus 4.19, daß die v Knoten des Graphen $\mathcal{G}$ in Form der ersten v natürlichen Zahlen vorliegen.

Das Argument von ADJ ist die Nummer eines Knotens s. Durch die Knotenmenge $\{k_s, k_{s+1}, \ldots, k_v\}$ wird ein Subgraph $\mathcal{F}$ von $\mathcal{G}$ induziert. ADJ ermittelt die starke Komponente $\mathcal{K}$ von $\mathcal{F}$, die den kleinsten Knoten dieses Subgraphen, nämlich k_s enthält. Es wird eine Liste A (Zeile 05) der Länge v zurückgegeben. Jedes Element dieser Liste ist ebenfalls eine Liste. $A[i]$ enthält die Nachbarn bzw. Nachfolger des Knotens k_i.

Die Inzidenzmatrix $\boldsymbol{N}$ enthält die Kanten von $\mathcal{G}$ entsprechend Definition 4.15. Die i–te Zeile von $\boldsymbol{N}$ gehört dann zum i–ten Knoten.
Um die Repräsentation des durch die Knotenmenge $\{k_s, k_{s+1}, \ldots, k_v\}$ induzierten Subgraphen $\mathcal{F}$ zu erhalten, werden zunächst die ersten $s-1$ Zeilen von $\boldsymbol{N}$ abgeschnitten (Zeilen 06 und 07). Es kann aber Kanten geben, deren einer Knoten $< s$ und deren anderer Knoten $\geq s$ ist. Diese Kanten sind in $\mathcal{F}$ nicht enthalten. $\boldsymbol{N}$ enthält nun zu jeder solchen Kante eine Spalte, die nur noch genau ein Element mit dem Wert ± 1 enthält. In den Zeilen 08 bis 18 werden durch Aufsummieren der Absolutwerte der Elemente und Vergleich mit 2 diese Spalten detektiert und ebenfalls gelöscht. i wird nur in dem Falle inkrementiert, daß *keine* Spalte gelöscht wurde. Der Grund hierfür ist, daß bei einer Löschung der i–ten Spalte die danach kommende Spalte an die i–te Position rückt.

Die resultierende Matrix $\boldsymbol{N}$ repräsentiert den Subgraphen $\mathcal{F}$. Enthält $\boldsymbol{N}$ keine Zeilen mehr, so ist $\mathcal{F}$ und damit auch $\mathcal{K}$ der Nullgraph und in Zeile 19 erfolgt der Rücksprung.

Anderenfalls werden in den Zeilen 20 und 21 die beiden – zunächst leeren – Paarlisten P_F und P_K für $\mathcal{F}$ und $\mathcal{K}$ erzeugt. Die in Zeile 22 beginnende Schleife über die Spalten von $\boldsymbol{N}$ (Kanten von $\mathcal{F}$) füllt P_F mit den zugehörigen Knotenpaaren. Die in Zeile 27 stattfindende Berechnung der Position

$$p = 1 + \frac{\boldsymbol{N}_{j,i} + 1}{2}$$

des Knotens im Paar entspricht der Richtung der Kante. Ist $\boldsymbol{N}_{j,i} = 1$, so ist $p = 2$; ist $\boldsymbol{N}_{j,i} = -1$, dann erhält p den Wert 1.
Die direkt von k_s ausgehenden Kanten werden sofort in P_K gespeichert (Zeile 30/31).

Danach erfolgt die eigentliche Konstruktion von $\mathcal{K}$. Hierzu wird der Vektor $\boldsymbol{m}_0$ erzeugt, der bis auf $m_{0,1} = -1$ ausschließlich Nullen enthält. Nach Definition einer Liste L_K, die die Lösungen der Markierungsgleichungen (4.21) aufnehmen soll, werden ebendiese ab Zeile 36 für jedes Knotenpaar (k_s, k_σ), $\sigma = 2, \ldots, v$, erzeugt und die Lösung $\boldsymbol{q}$ in L_K abgespeichert. Hierbei wird als Rückgabewert der Funktion `LINEARSOLVE` für „nicht lösbar" die leere Menge angenommen. Weiterhin wird für `LINEARSOLVE` angenommen, daß sie nur genau einen Lösungsvektor $\boldsymbol{q}$ zurückgibt, dessen zugeordneter Pfad keine Kreise enthält (Siehe hierzu den Beweis zu Satz 4.17 sowie Satz 4.18). Der Lösungsvektor soll demnach nur aus höchstens genau einer partikulären Lösung des inhomogenen Systems (4.21) bestehen. Die Mathematica[7)]–Funktion `LinearSolve` tut dies beispielsweise standardmäßig.

Der in horizontale Linien eingefaßte Teil wird zunächst ausgelassen.

P_F wird nun nach Kanten durchsucht, die vom Knoten k_{s+i} ausgehen. Diese Kanten gehören dann auch zu $\mathcal{K}$, denn wenn es einen Pfad von k_s nach k_{s+i} gibt, dann auch einen zu den Nachfolgern von k_{s+i}. Daher werden diese Kanten in P_K gespeichert. Nach Beendigung der in Zeile 41 begonnenen Schleife enthält P_K bereits die Kantenmenge von $\mathcal{K}$. Die ab Zeile 58 folgende Schleife über alle Knoten überträgt den Inhalt von P_K in die Adjazenzstruktur A.

In der vorliegenden Version der Funktion `ADJ` wird angenommen, daß $\boldsymbol{N}$ einen *ungerichteten* Graphen $\mathcal{G}$ repräsentiert. Grundsätzlich ist Algorithmus 4.20 aber auf die Verarbeitung eines *gerichteten* Graphen ausgelegt.

Der j–te Knoten wird dann der Adjanzenzliste $A[i]$ angefügt, wenn es in P_K ein Paar (k_i, k_j) gibt (Zeile 62) *oder* ein Paar (k_j, k_i), was in Zeile 65 abgefragt wird. Durch Entfernen der Zeilen 64, 65 und 66 und Hinzunahme der vorher ausgeklammerten Zeilen 45 bis einschließlich 52 wird `ADJ` die Inzidenzmatrix $\boldsymbol{N}$ als die eines gerichteten Graphen interpretieren und die starke Komponente $\mathcal{K}$ unter dieser Voraussetzung ermitteln.

[7)] gemeint ist das Computer–Algebra–System Mathematica der Firma Wolfram Research

In dem Bereich ab Zeile 45 findet die Überprüfung einer Lösung von (4.22) daraufhin statt, ob sie nur nichtnegative Elemente enthält. Nur dann existiert gemäß Satz 4.17 ein Pfad von k_s nach k_{s+i}, dem $(i+1)$–ten Knoten im gerichteten Subgraphen $\mathcal{F}$.

Algorithmus 4.19 benutzt zum Finden von Pfaden die von `ADJ` gelieferte Adjanzenzstruktur. Damit hängt es allein von der Konfiguration von `ADJ` ab, ob $\boldsymbol{N}$ von Algorithmus 4.19 als Repräsentation eines gerichteten oder eines ungerichteten Graphen interpretiert wird.

4.3.3.1 Testen auf Einhaltung des Winkelkriteriums

Algorithmus 4.19 bestimmt keine Zyklen, sondern lediglich Folgen $\boldsymbol{x}, \ldots, \boldsymbol{x}_l$ von Zuständen. Aufeinanderfolgende Zustände besitzen alle dieselbe Hamming–Distanz zueinander, ebenso der letzte Zustand und der erste.

Um eine Darstellung der Form (2.15) zu ermöglichen, ist jedoch zusätzlich noch die Einhaltung des Winkelkriteriums 4.1 zu fordern. Dies bedeutet: Mit jeder gefundenen Zustandsfolge ist durch spaltenweises Aneinanderreihen die Matrix

$$\boldsymbol{X} =_{Df.} \begin{pmatrix} \\ \boldsymbol{x}_1 & \cdots & \boldsymbol{x}_l \\ \\ \end{pmatrix}$$

zu bilden. Das Produkt $\boldsymbol{P} = \boldsymbol{X}^T\boldsymbol{X}$ wird dann auf die Einhaltung der Symmetriekriterien aus Satz 2.23 überprüft.

Nur mit den Zustandsfolgen, die dieses notwendige Kriterium einhalten, kann das lineare Gleichungssystem

$$\boldsymbol{X}_k^T \cdot \boldsymbol{A}^T = \boldsymbol{X}_{k+1}^T$$

(vgl. (2.9)) eine Lösung besitzen.

Zusammengefaßt lautet das Vorgehen für die Findung der optimalen Darstellung eines Zyklus der Länge l wie folgt:

Algorithmus 4.21. Bestimmen einer optimalen Darstellung.

1. *Zu einer gegebenen Zykluslänge* $l > 2$ *wird gemäß Satz 4.7 eine untere Schranke* $m = m_u$ *für die Anzahl der Binärstellen ermittelt.*

2. *Aus der Matrix* $\boldsymbol{X} \in \{-1, +1\}^{(m, 2^m)}$ *aller mit* m *Binärstellen darstellbaren Zustände wird die Produktmatrix* $\boldsymbol{P} = \boldsymbol{X}^T\boldsymbol{X} \in \mathbb{Z}$ *und daraus* $\boldsymbol{P}^\Delta$ *gebildet.*

3. *$\boldsymbol{P}^{\Delta}$ enthält gemäß Satz 2.24 höchstens $m+1$ verschiedene Werte, die Hamming–Distanzen von 0 bis m. Zu jeder dieser Hamming–Distanzen werden mit Hilfe von $\boldsymbol{P}^{\Delta}$ Mengen $\mathbb{P}_{\mu}$, $\mu = 1, \ldots, m$ von Zustandspaaren (4.18) konstruiert.*

4. *Beginne mit der Hamming–Distanz $\mu = 1$.*

5. *Zur Menge $\mathbb{P}_{\mu}$ wird gemäß Definition 4.9 eine Inzidenzmatrix $\boldsymbol{N}_{\mu}$ eines als S/T–Netz interpretierten gerichteten Graphen $\mathcal{G}$ aufgestellt (siehe Abbildungen 4.5 und 4.6).*

6. *Mit $\boldsymbol{N}_{\mu}$ und $l_{max} = l_{min} = l$ wird Algorithmus 4.19 ausgeführt. Ausgegeben werden die Elementarkreise der Länge l als Menge von l–Tupeln.*

7. *Ein solches l–Tupel $\boldsymbol{l}$ identifiziert Zustände und damit gewisse Spalten der Matrix $\boldsymbol{X}$ der Zustände aus Schritt 2. Diese Spalten werden zu einer Matrix $\boldsymbol{X}_k$ zusammengefaßt.*

8. *Erfüllt $\boldsymbol{X}_k$ das Winkelkriterium 4.1?*
   NEIN: Wiederhole mit dem nächsten l–Tupel ab Schritt 7. Sind alle l–Tupel verbraucht, so ist mit der nächsten Hamming–Distanz $\mu \mapsto \mu + 1$ ab Schritt 5 fortzufahren, falls $\mu < m$ ist. Ist das Verfahren aber auch nach Tests mit allen Hamming–Distanzen erfolglos, muß die Anzahl m der Binärstellen um eins erhöht werden und noch einmal mit Schritt 2 begonnen werden.
   JA: Gehe zu Schritt 9.

9. *Zu jeder Zustandsnummer enthält $\boldsymbol{l}$ einen Folgezustand, so daß sich hieraus auch die Matrix $\boldsymbol{X}_{k+1}$ der Folgezustände bilden läßt. Dann ergibt sich aus der Lösbarkeit des linearen Gleichungssystems*

$$\boldsymbol{X}_k^T \cdot \boldsymbol{A}^T = \boldsymbol{X}_{k+1}^T \tag{4.23}$$

   eine m–dimensionale Darstellung des betrachteten Zyklus, und diese ist minimal. Ist (4.23) nicht lösbar, so muß wiederum ab Schritt 7 mit einem neuen l–Tupel fortgefahren werden.

Dieser Algorithmus findet auf jeden Fall die bezüglich der Dimension des Zustandsraumes minimale Darstellung des Zyklus, da von der unteren Schranke m_u der Dimension aus fortgeschritten wird.

Der durch die Zustandspaare definierte Graph $\mathcal{G}$ ist ein gerichteter Graph. Zu jedem Zustandspaar (4.18) existiert jedoch das umgekehrte Zustandspaar, welches auch eine der ersten entgegengerichtete Kante festlegt. Damit ist $\mathcal{G}$ einem ungerichteten Graphen gleichwertig. Trotzdem sind die in diesem Abschnitt vorgestellten Algorithmen für die Verarbeitung gerichteter Graphen vorgesehen. Algorithmus 4.19 ist hierdurch jedoch nicht uneffizienter. Auch in einem Suchalgorithmus für Kreise in ungerichteten Graphen ist die Menge der bereits untersuchten Knoten in Listen abzuspeichern bzw. sind diese Knoten zu blockieren. Die B–Listen sind auch hier sinnvoll. Insbesondere sichern sie dann, daß jeder Kreis nur genau einmal ausgegeben wird. Die Begründung dafür, daß nicht von vornherein Suchalgorithmen für ungerichtete Graphen benutzt wurden, wird in Abschnitt 4.4.2 gegeben.

4.4 Kombination mehrerer Zyklen und Ketten

Bisher wurde lediglich die optimale Darstellung eines einzigen Zylklus ermittelt. Um dies für Kombinationenen mehrerer Zyklen zu ermöglichen, ist Algorithmus 4.21 für jede Zykluslänge des gewünschten Systems durchzuführen. Die Zustandsmengen, die dann noch für jeden Zyklus übrig sind, werden nach der Anzahl ihrer Binärstellen geordnet so miteinander kombiniert, daß kein Zustand doppelt vorkommt. Dann wird die Matrix $\boldsymbol{X}_k$ gebildet und die Überprüfung des Winkelkriteriums sowie gegebenenfalls Schritt 8 von Algorithmus 4.21 ausgeführt.

Die *Durchlaufrichtung* eines Zyklus spielt ebenfalls eine Rolle. Die beiden Zyklenpaare in den Beispielen aus Abbildung 2.5 besitzen dieselbe Durchlaufrichtung bezüglich ihrer Projektionsebenen. Würde in der linken Abbildung der obere Viererzyklus in entgegengesetzter Richtung durchlaufen, so besäße er zwar mit dem unteren Viererzyklus nach wie vor eine gemeinsame Rotationsebene. Seine orthogonale Projektion $\boldsymbol{u}_o$ würde sich hingegen mit jedem Schritt in die entgegengesetzte Richtung der Projektion $\boldsymbol{u}_u$ des unteren Zyklus bewegen, wenn auch um denselben Winkelbetrag. Dies bedeutet, daß im oberen Fall der Rotationswinkel $-\alpha$ beträgt, im unteren Fall $+\alpha$. Zu diesen beiden Winkel gehören *verschiedene* Zweierblöcke (2.58) der Rotationsnormalform, nämlich $\left(\begin{smallmatrix} \cos\alpha & -\sin\alpha \\ \sin\alpha & \cos\alpha \end{smallmatrix}\right)$ und $\left(\begin{smallmatrix} \cos\alpha & \sin\alpha \\ -\sin\alpha & \cos\alpha \end{smallmatrix}\right)$.
Damit wäre m natürlich größer als wenn die beiden Zyklen in derselben Richtung fortschritten. Denn dann könnte die Rotation um den Winkel α ja durch einen Zweierblock dargestellt werden.

Es ist leicht einzusehen, daß eine Suche nach einer Darstellung mehrerer Zyklen einen erheblichen Rechenaufwand erfordert, da die Anzahl von Kombinationen mit steigender Zyklenzahl erheblich anwächst. Allerdings ist es durch geschicktes Setzen der unteren und insbesondere der oberen Schranke l_{min} bzw. l_{max} der Längen der in 4.19 zu suchenden Elementarkreise möglich, die für die Suche benötigte Zeit zu vermindern. Hierbei wird für l_{max} die Länge des längsten zu suchenden Zyklus hergenommen, für l_{min} die Länge des kürzesten Zyklus, der länger als 2 ist.

4.4.1 Zyklen der Länge 1 oder 2

Zyklen dieser Längen wurden in Abschnitt 4.3.3 ausgespart. Für alle Zustandspaare ist das Winkelkriterium 4.1 zwangsläufig erfüllt, und eine Darstellung eines einzigen Zyklus der Länge 2 ist im Zustandsraum der Dimension $m = 1$ mit $\boldsymbol{A} = (-1)$ als Bitinversion möglich.

Bei der Kombination mehrerer Zyklen ist demnach für Zyklen der Länge 2 Algorithmus 4.21 zu überspringen; es sind zu den gefundenen Zyklen größerer Längen einfach Zustandspaare als Zweierzyklen hinzuzufügen. Zu jeder Hamming–Distanz exitiert eine durch m festgelegte Anzahl von Zustandspaaren. Das in Form eines Zyklus der Länge 2 hinzugekommene Zustandspaar darf natürlich nicht dazu führen, daß dieser maximale Wert überschritten wird. Dies wird allerdings schon allein durch die Sicherstellung der Verschiedenheit dieses Zustandspaares zu allen anderen verwendeten Paaren gewährleistet.

Und auch die Zyklen der Länge 1 werden aus der Menge der von längeren Zyklen noch nicht belegten Zuständen herausgenommen. Die auf solche Weise konstruierten Matrizen $\boldsymbol{X}_k$ und $\boldsymbol{X}_{k+1}$ werden dann den Tests in den Schritten 7 und 8 des Algorithmus 4.21 unterzogen.

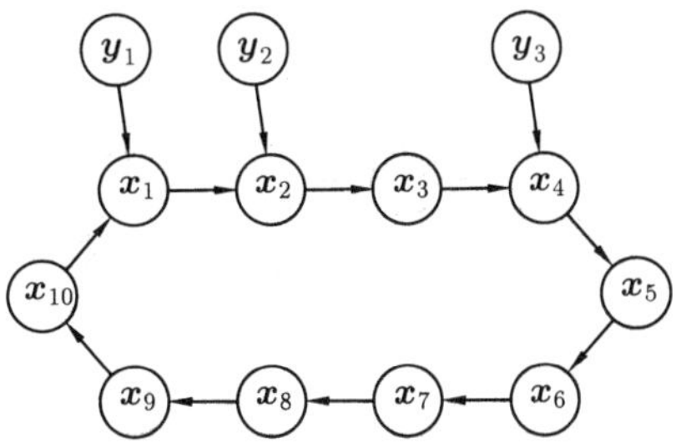

Abbildung 4.8: Zyklus mit drei einmündenden Ketten

4.4.2 Berücksichtigung von Ketten

Ketten von Nullzyklen sind bisher noch nicht in Betracht gezogen worden. Existiert eine Kette der Länge l, dann existiert gemäß Satz 2.14 auch ein Jordanblock dieser Größe und es gibt l Eigenwerte in $\lambda = 0$. m wird damit mindestens um l erhöht.

Ein Zyklus, in den mehr als eine Kette mündet, ist dann nicht mehr seinem Pendant mit umgekehrter Reihenfolge gleichwertig. Dies verdeutlicht Abbildung 4.8. Die Anzahl der Einmündungen von Ketten in die Zustände $\boldsymbol{x}_1, \ldots, \boldsymbol{x}_{10}$ können in einem Vektor $(1, 0, 1, 1, 0, 0, 0, 0, 0, 0)$ vermerkt werden. Würde der Zyklus rückwärts durchlaufen, so würde auch dieses Muster reversiert. Im allgemeinen ist es dann nicht mehr mit dem Original identisch, selbst wenn Rechts-

und Linksverschiebungen unberücksichtigt bleiben. Dies trifft auch im angegebenen Beispiel zu.

Einen Fall von Identität des reversen Musters mit seinem Original findet sich in den Abbildungen auf Seite 74. Der angesprochene Vektor besitzt dort die Gestalt $(1,0,1,1)$ und ist mit seinem reversen Vektor $(1,1,0,1)$ identisch, wobei dies wiederum modulo Verschiebungen gilt.

Im Vorgriff auf diese Eigenschaften wurden die Algorithmen 4.19 und 4.20 bereits auf die Verarbeitung gerichteter Graphen hin konzipiert.

5 Nichtautonome Automaten $\mathcal{Z}$

Die durch Algorithmus 2.1 stattfindende Entwicklung einer Darstellung des autonomen Automaten $\mathcal{Z}$ als Differenzengleichung der Form (2.15) führt letztendlich zu einer neuen Numerierung der Zustände von $\mathcal{Z}$.

Für den in Beispiel 2.3.1.2 auf Seite 29 behandelten Automaten mit acht Zuständen erhält die entwickelte Differenzengleichung die Dimension $m = 5$. Dadurch werden den im Binären ursprünglich dreistelligen Zustandsnummern $0, \ldots, 7$ fünfstellige Nummern zugeordnet. Diese Zahlen sind die Spalten von (2.31), wobei die höchstwertige Binärstelle jeweils das erste Element einer Spalte bildet. Es ergibt sich aus Abbildung 2.3 der neue Graph in Abbildung 5.1.

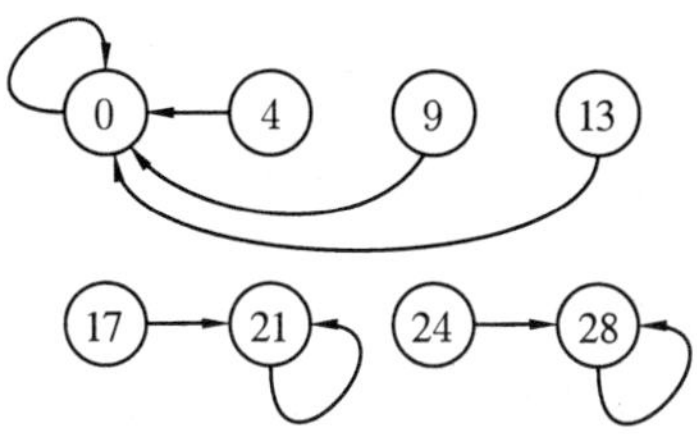

Abbildung 5.1: Neue Numerierung der Zustände nach der Walshentwicklung

Nun werden die ersten drei Zeilen von $\boldsymbol{X}_k$, $\boldsymbol{X}_{k+1}$ in (2.31) und (2.32) vom Anfang an das Ende dieser Matrizen gestellt:

$$\boldsymbol{X}_k^* = \begin{pmatrix} + & + & + & + & + & + & + & + \\ + & + & - & - & - & - & + & + \\ + & + & + & + & - & - & - & - \\ + & + & - & - & + & + & - & - \\ + & - & + & - & + & - & + & - \end{pmatrix},$$

$$
\boldsymbol{X}_{k+1}^{*} = \begin{pmatrix} + & + & + & + & + & + & + & + \\ + & + & + & + & - & - & + & + \\ + & + & + & + & - & - & - & - \\ + & + & + & + & + & + & - & - \\ + & + & + & + & - & - & - & - \end{pmatrix}.
$$

Dann stimmen die niederwertigen Stellen der binären Zustandsdarstellungen wieder mit denen überein, von denen vor Durchlauf des Entwicklungsalgorithmus 2.1 ausgegangen wurde. Nach der dazu passenden Umstellung der *Spalten* von $\boldsymbol{A}$ in die Form

$$
\boldsymbol{A}^{*} = \begin{pmatrix} 0 & 0 & 1 & 0 & 0 \\ \frac{1}{2} & -\frac{1}{2} & \frac{1}{2} & \frac{1}{2} & 0 \\ 0 & 0 & 1 & 0 & 0 \\ 1 & 0 & 0 & 0 & 0 \\ \frac{1}{2} & \frac{1}{2} & \frac{1}{2} & -\frac{1}{2} & 0 \end{pmatrix}
$$

ist eine zur ursprünglichen Form (2.15) gleichwertige Darstellung mit einer wiederum neuen, in Abbildung 5.2 gezeigten Numerierung der Zustände von $\mathcal{Z}$ gegeben. Diese neue Numerie-

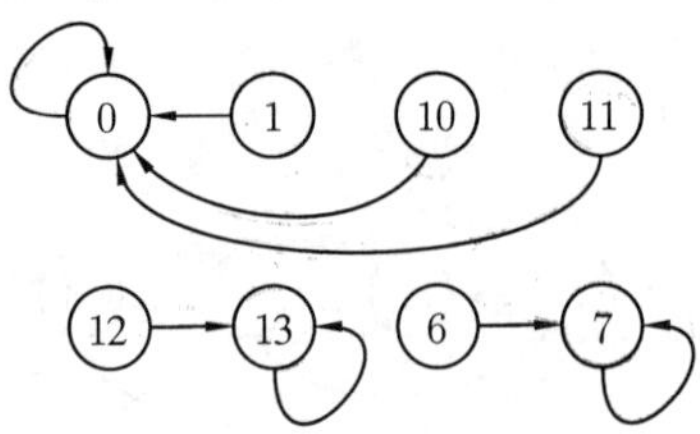

Abbildung 5.2: Eine weitere Numerierung nach Umstellung der Zeilen von $\boldsymbol{X}_k$

rung besitzt die Eigenschaft, daß die originale Nummer x eines Zustandes gleich der neuen Zustandsnummer x^* modulo der Anzahl der mit den ursprünglich n Binärstellen darstellbaren Zahlen ist:

$$
x = x^* \bmod 2^n .
$$

Hierbei ist zu beachten, daß die benutzten Binärziffern nicht 0 und 1, sondern $+1$ und -1 sind.

Durch die Anwendung der in (2.20) definierten Funktion μ läßt sich einem Zustandsvektor $\boldsymbol{x}^*$ seine Spaltennummer i aus $\boldsymbol{X}_k^*$ zuordnen:

$$
i = \mu(\boldsymbol{x}^*) \bmod 2^n .
$$

Wieder ist n hier die Zeilenzahl der Matrix $\boldsymbol{G}$ (2.3), deren Spalten die usprünglichen Binärdarstellungen der Zustände enthalten.

μ ist natürlich auch für $\boldsymbol{X}_k$ zur Berechnung von i einsetzbar. Da die zur Ermittlung der Zustandsnummer relevanten Binärstellen dort jedoch am Anfang jedes Zustandsvektors zu finden sind, ist $\boldsymbol{x}$ zuvor noch mit einer geeigneten Matrix zu multiplizieren, die alle außer den gewünschten Binärstellen aus $\boldsymbol{x}$ extrahiert. Dies hat dieselbe Wirkung wie die zu Beginn dieses Kapitels angesprochene Zeilenumordnung, die ebenfalls durch eine geeignete Permutationsmatrix bewirkt werden kann.

Die Zuordnungsfunktion μ wird im folgenden eine wichtige Rolle spielen.

Weiterhin muß von nun an aufgrund des Auftretens von Eingangsgrößen wieder strikt zwischen der Nummer $x \in \{0, \ldots, 2^n - 1\}$ eines Zustandes und einem ihr zugeordneten Zustandsvektor $\boldsymbol{x}$ unterschieden werden.

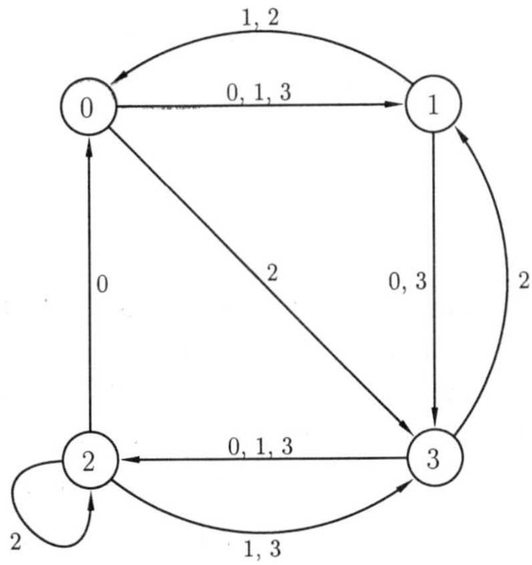

Abbildung 5.3: Zustandsgraph eines Automaten mit Eingangsgrößen

5.1 Automaten mit Eingangsgrößen

Ein Automat $\boldsymbol{\mathcal{Z}}$, der nicht nur Zustände, sondern auch Eingangsgrößen aufweist, ist definiert durch das 4–Tupel

$$(\mathbb{X},\ \mathbb{U},\ x_0,\ \tau)\ .$$

$\mathbb{X}$ ist die endliche, 2^n–elementige Zustandsmenge, $\mathbb{U}$ dementsprechend die 2^p–elementige Menge der Steuerbefehle. $x_0 \in \mathbb{X}$ ist ein Anfangszustand. Den Zuständen und auch den Steuerwerten werden wieder die 2^n bzw. die 2^p ersten Zahlen aus der geordneten Menge $\mathbb{N}_0$ bijektiv zugewiesen.

$$\tau\ :\ \mathbb{U} \times \mathbb{X} \mapsto \mathbb{X}$$

ist die *Überführungsfunktion*, die einem Zustand x_k und einem Steuerwert u_k den Folgezustand x_{k+1} zuordnet.

Gegeben sei nun ein Automat $\boldsymbol{\mathcal{Z}}$ mit vier Zuständen und einer Eingangsgröße u, die ebenfalls vier diskrete Werte annehmen kann. Das Verhalten von $\boldsymbol{\mathcal{Z}}$ ist durch den Graphen in Abbildung 5.3 definiert. Die an die Pfeile angeschriebenen Zahlen sind die Werte von u.

Damit ist in diesem Beispiel

$$\mathbb{X} =_{Df.} \{0,1,2,3\} \quad \text{und} \quad \mathbb{U} =_{Df.} \{0,1,2,3\}\,.$$

Die Überführungsfunktion ist gemäß des Graphen durch die Paare ihrer Bilder und Urbilder definiert:

$$\begin{aligned}\tau =_{Df.} \{\,&(0,0)\mapsto 1,\ (1,0)\mapsto 1,\ (2,0)\mapsto 3,\ (3,0)\mapsto 1,\\ &(0,1)\mapsto 3,\ (1,1)\mapsto 0,\ (2,1)\mapsto 0,\ (3,1)\mapsto 3,\\ &(0,2)\mapsto 0,\ (1,2)\mapsto 3,\ (2,2)\mapsto 2,\ (3,2)\mapsto 3,\\ &(0,3)\mapsto 2,\ (1,3)\mapsto 2,\ (2,3)\mapsto 1,\ (3,3)\mapsto 2\,\}\,.\end{aligned}$$

Ebenso wie die Zustände wird auch u in Binärform $\boldsymbol{u}_k$ geschrieben, und man erhält formal für jeden Wert von u eine Matrix von Folgezuständen $\boldsymbol{X}_{k+1}^{(u)}$. In Tabelle 5.1 sind diese Matrizen in der zweiten Spalte zu finden. Die $\boldsymbol{u}_k$ in der ersten Spalte sind zweielementig, da insgesamt $4 = 2^2$ verschiedene Werte für u vorliegen. Dementsprechend ist in diesem Fall – in formaler Anlehnung an die in der Zustandsraumtheorie gebräuchliche Begriffsweise – die *Eingangsdimension* $p = 2$. Die Dimension der binären Zustandsvektoren ist $n = 2$.

In der dritten Spalte von Tabelle 5.1 sind die zu den u gehörenden Teilgraphen von Abbildung 5.3 eingetragen. Jeder dieser Teilgraphen beschreibt das Verhalten von $\boldsymbol{\mathcal{Z}}$, wenn u einen konstanten Wert innehat. Es handelt sich also um vier autonome Automaten $\boldsymbol{\mathcal{Z}}^{(0)}$, $\boldsymbol{\mathcal{Z}}^{(1)}$, $\boldsymbol{\mathcal{Z}}^{(2)}$ und $\boldsymbol{\mathcal{Z}}^{(3)}$.

Die Matrizen der Ausgangszustände $\boldsymbol{X}_k^{(u)}$, $u = 0,1,2,3$, sind identisch; lediglich die Matrizen $\boldsymbol{X}_{k+1}^{(u)}$ der Folgezustände weisen Unterschiede auf.

Tabelle 5.1: Die autonomen Automaten für jeden Wert von u

$u = 0$ $\boldsymbol{u}_k^{(0)} = \begin{pmatrix} + \\ + \end{pmatrix}$	$\boldsymbol{X}_k^{(0)} = \begin{pmatrix} + & + & - & - \\ + & - & + & - \end{pmatrix}$ $\boldsymbol{X}_{k+1}^{(0)} = \begin{pmatrix} + & - & + & - \\ - & - & + & + \end{pmatrix}$	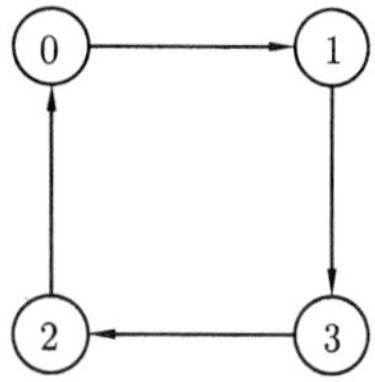
$u = 1$ $\boldsymbol{u}_k^{(1)} = \begin{pmatrix} + \\ - \end{pmatrix}$	$\boldsymbol{X}_k^{(1)} = \begin{pmatrix} + & + & - & - \\ + & - & + & - \end{pmatrix}$ $\boldsymbol{X}_{k+1}^{(1)} = \begin{pmatrix} + & + & - & - \\ - & + & - & + \end{pmatrix}$	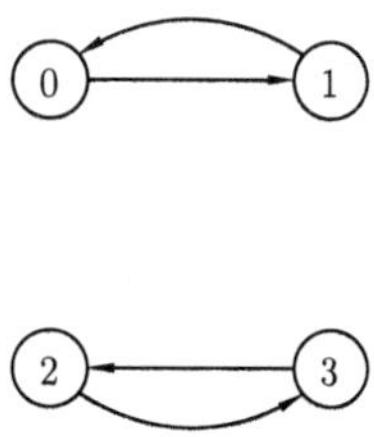
$u = 2$ $\boldsymbol{u}_k^{(2)} = \begin{pmatrix} - \\ + \end{pmatrix}$	$\boldsymbol{X}_k^{(2)} = \begin{pmatrix} + & + & - & - \\ + & - & + & - \end{pmatrix}$ $\boldsymbol{X}_{k+1}^{(2)} = \begin{pmatrix} - & + & - & + \\ - & + & + & - \end{pmatrix}$	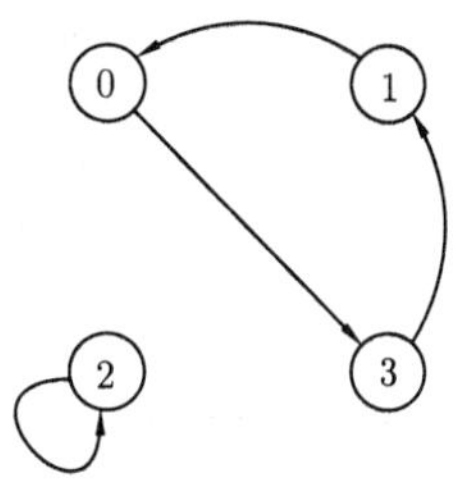
$u = 3$ $\boldsymbol{u}_k^{(3)} = \begin{pmatrix} - \\ - \end{pmatrix}$	$\boldsymbol{X}_k^{(3)} = \begin{pmatrix} + & + & - & - \\ + & - & + & - \end{pmatrix}$ $\boldsymbol{X}_{k+1}^{(3)} = \begin{pmatrix} + & - & - & - \\ - & - & - & + \end{pmatrix}$	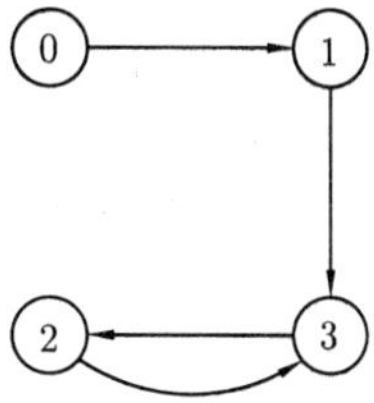

Zusammengefaßt lassen sich die Matrizen in der Form

$$
\begin{aligned}
\hat{\boldsymbol{X}}_k \;&=_{Df.}\; \left(\begin{array}{c|c|c|c}
\boldsymbol{u}_k^{(0)}\,\boldsymbol{u}_k^{(0)}\,\boldsymbol{u}_k^{(0)}\,\boldsymbol{u}_k^{(0)} & \boldsymbol{u}_k^{(1)}\,\boldsymbol{u}_k^{(1)}\,\boldsymbol{u}_k^{(1)}\,\boldsymbol{u}_k^{(1)} & \boldsymbol{u}_k^{(2)}\,\boldsymbol{u}_k^{(2)}\,\boldsymbol{u}_k^{(2)}\,\boldsymbol{u}_k^{(2)} & \boldsymbol{u}_k^{(3)}\,\boldsymbol{u}_k^{(3)}\,\boldsymbol{u}_k^{(3)}\,\boldsymbol{u}_k^{(3)} \\
\hline
\boldsymbol{X}_k^{(0)} & \boldsymbol{X}_k^{(1)} & \boldsymbol{X}_k^{(2)} & \boldsymbol{X}_k^{(3)}
\end{array}\right) \\
&= \left(\begin{array}{c|c|c|c}
+\,+\,+\,+ & +\,+\,+\,+ & -\,-\,-\,- & -\,-\,-\,- \\
+\,+\,+\,+ & -\,-\,-\,- & +\,+\,+\,+ & -\,-\,-\,- \\
\hline
\boldsymbol{X}_k^{(0)} & \boldsymbol{X}_k^{(1)} & \boldsymbol{X}_k^{(2)} & \boldsymbol{X}_k^{(3)}
\end{array}\right) \\
&= \begin{pmatrix}
+ & + & + & + & + & + & + & + & - & - & - & - & - & - & - & - \\
+ & + & + & + & - & - & - & - & + & + & + & + & - & - & - & - \\
+ & + & - & - & + & + & - & - & + & + & - & - & + & + & - & - \\
+ & - & + & - & + & - & + & - & + & - & + & - & + & - & + & -
\end{pmatrix}, \qquad (5.1)
\end{aligned}
$$

$$
\begin{aligned}
\boldsymbol{X}_{k+1} \;&=_{Df.}\; \left(\boldsymbol{X}_{k+1}^{(0)} \,\middle|\, \boldsymbol{X}_{k+1}^{(1)} \,\middle|\, \boldsymbol{X}_{k+1}^{(2)} \,\middle|\, \boldsymbol{X}_{k+1}^{(3)}\right) \\
&= \begin{pmatrix}
+ & - & + & - & + & + & - & - & - & + & - & + & + & - & - & - \\
- & - & + & + & - & + & - & + & - & + & + & - & - & - & - & +
\end{pmatrix} \qquad (5.2)
\end{aligned}
$$

schreiben. In $\hat{\boldsymbol{X}}_k$ sind die $\boldsymbol{u}_k$ mit den $\boldsymbol{x}_k^{(u)}$ spaltenweise zusammengefaßt.

Auf diese beiden Matrizen kann der Entwicklungsalgorithmus 2.1 auf Seite 14 in gewohnter Weise angewendet werden. Hierbei ist zu beachten, daß es nun 2^n Zustände *und* 2^p Eingänge gibt. Damit ist ein Ansatz mit Walshfunktionen im $\mathbb{S}_{n+p}$ durchzuführen, und die Spaltenanzahl m der resultierenden Systemmatrix $\boldsymbol{A}$ kann als Maxmimum 2^{n+p} erreichen. Weiterhin ist $\boldsymbol{A}$ nun nicht mehr quadratisch, wie im folgenden zu erkennen sein wird.

Im Falle des angegebenen Beispiels terminiert der Algorithmus erst für $m = 16$. Damit wurden alle Walsh–Funktionen des $\mathbb{S}_4$ benötigt. Die neue Matrix $\hat{\boldsymbol{X}}_k$ ist 16–zeilig. $\boldsymbol{X}_{k+1}$ besteht hingegen aus $m - p = 14$ Zeilen, da die Eingangsgröße $\boldsymbol{u}_k$ in dieser Matrix nicht enthalten ist:

$$\hat{\boldsymbol{X}}_k = \begin{pmatrix}
+ & + & + & + & + & + & + & + & - & - & - & - & - & - & - & - \\
+ & + & + & + & - & - & - & - & + & + & + & + & - & - & - & - \\[1ex]
+ & + & - & - & + & + & - & - & + & + & - & - & + & + & - & - \\
+ & - & + & - & + & - & + & - & + & - & + & - & + & - & + & - \\
+ & + & + & + & + & + & + & + & + & + & + & + & + & + & + & + \\
+ & + & + & + & - & - & - & - & - & - & - & - & + & + & + & + \\
+ & + & - & - & - & - & + & + & + & + & - & - & - & - & + & + \\
+ & + & - & - & - & - & + & + & - & - & + & + & + & + & - & - \\
+ & + & - & - & + & + & - & - & - & - & + & + & - & - & + & + \\
+ & - & - & + & + & - & - & + & + & - & - & + & + & - & - & + \\
+ & - & - & + & + & - & - & + & - & + & + & - & - & + & + & - \\
+ & - & - & + & - & + & + & - & - & + & + & - & + & - & - & + \\
+ & - & - & + & - & + & + & - & + & - & - & + & - & + & + & - \\
+ & - & + & - & - & + & - & + & + & - & + & - & - & + & - & + \\
+ & - & + & - & - & + & - & + & - & + & - & + & + & - & + & - \\
+ & - & + & - & + & - & + & - & - & + & - & + & - & + & - & +
\end{pmatrix}, \qquad (5.3)$$

$$\boldsymbol{X}_{k+1} = \begin{pmatrix}
+ & - & + & - & + & + & - & - & - & + & - & + & + & - & - & - \\
- & - & + & + & - & + & - & + & - & + & + & - & - & - & - & + \\
+ & + & + & + & + & + & + & + & + & + & + & + & + & + & + & + \\
+ & + & + & + & - & - & - & - & - & - & - & - & + & + & + & + \\
+ & - & + & - & - & - & + & + & - & + & - & + & - & + & + & + \\
+ & - & + & - & - & - & + & + & + & - & + & - & + & - & - & - \\
+ & - & + & - & + & + & - & - & + & - & + & - & - & + & + & + \\
- & + & + & - & - & + & + & - & + & + & - & - & - & + & + & - \\
- & + & + & - & - & + & + & - & - & - & + & + & + & - & - & + \\
- & + & + & - & + & - & - & + & - & - & + & + & - & + & + & - \\
- & + & + & - & + & - & - & + & + & + & - & - & + & - & - & + \\
- & - & + & + & + & - & + & - & - & + & + & - & + & + & + & - \\
- & - & + & + & + & - & + & - & + & - & - & + & - & - & - & + \\
- & - & + & + & - & + & - & + & + & - & - & + & + & + & + & -
\end{pmatrix}. \qquad (5.4)$$

$\hat{\boldsymbol{X}}_k$ besteht aus den zur Matrix $\boldsymbol{U}_k$ zusammengefaßten Eingangsvektoren $\boldsymbol{u}_k$ und der Matrix der Zustände $\boldsymbol{X}_k$. In (5.3) gehören zu $\boldsymbol{U}_k$ die ersten beiden leicht abgesetzt angeschriebenen Zeilen.

An die Stelle der Differenzengleichung (2.15) tritt hiermit eine Matrixgleichung der Gestalt

$$\boldsymbol{X}_{k+1} = \hat{\boldsymbol{A}} \cdot \hat{\boldsymbol{X}}_k \qquad (5.5)$$

mit $\hat{\boldsymbol{A}} \in \mathbb{Q}^{(m-p,m)}$. Diese nichtquadratische Matrix wird nun aufgespalten in zwei Teile

$$\hat{\boldsymbol{A}} = \left(\boldsymbol{B} \mid \boldsymbol{A} \right) \qquad (5.6)$$

mit

$$\boldsymbol{A} \in \mathbb{Q}^{(m-p,m-p)} \quad \text{und} \quad \boldsymbol{B} \in \mathbb{Q}^{(m-p,p)}, \tag{5.7}$$

so daß (5.5) als Gleichung in der Form

$$\boldsymbol{X}_{k+1} = \boldsymbol{A} \cdot \boldsymbol{X}_k + \boldsymbol{B} \cdot \boldsymbol{U}_k \tag{5.8}$$

beziehungsweise

$$\boldsymbol{x}_{k+1} = \boldsymbol{A} \cdot \boldsymbol{x}_k + \boldsymbol{B} \cdot \boldsymbol{u}_k \tag{5.9}$$

mit $\boldsymbol{A}$ als „Übertragungsmatrix" und $\boldsymbol{B}$ als Eingangsmatrix geschrieben werden kann. Der Begriff *Übertragungsmatrix* wird hier nur aus Gründen der formalen Ähnlichkeit zu Differenzengleichungen für Abtastsysteme verwendet. Die Eigenwerte von $\boldsymbol{A}$ besitzen hier nicht die Aussagekraft wie bei solchen Systemen oder Systemen wie (2.19), da eine homogene Form von (5.8) zwar angeschrieben werden kann, aufgrund des erlaubten Wertebereichs der Elemente des Eingangsvektors $\boldsymbol{u}_k$ jedoch sinnlos ist. Aus diesem Grund ist es nicht möglich, den betrachteten Automaten als eingangslos anzusehen. Die Rückschlüsse der Abschnitte 2.3, 3.1 und 3.2 auf das Verhalten des – per Definition nichtexistenten – autonomen Automaten können aus den Eigenwerten von $\boldsymbol{A}$ somit *nicht* gezogen werden.

Trotzdem bergen die Eigenwerte von $\boldsymbol{A}$ Informationen, die Aussagen über das Verhalten der Automaten $\boldsymbol{\mathcal{Z}}$ erlauben. Dazu faßt man zunächst die Gleichung (5.8) nach Weglassen des Eingangsterms als Gleichung

$$\boldsymbol{X}_{k+1} = \boldsymbol{A} \cdot \boldsymbol{X}_k,$$

eines *neuen* Automaten $\boldsymbol{\mathcal{Z}}_0$ auf. Die Matrizen $\boldsymbol{X}_k$ und $\boldsymbol{X}_{k+1}$ sind entsprechend (5.1) und (5.2) so geordnet, daß die zu einem Wert von u gehörenden Zustände $\boldsymbol{x}_k^{(u)}$ und $\boldsymbol{x}_{k+1}^{(u)}$ in Spaltengruppen zusammengefaßt sind.

Auf diese Weise lassen sich $\boldsymbol{X}_k$ und $\boldsymbol{X}_{k+1}$ schreiben als

$$\begin{aligned} \boldsymbol{X}_k &= \left(\boldsymbol{X}_k^{(0)} \mid \boldsymbol{X}_k^{(1)} \mid \cdots \; \boldsymbol{X}_k^{(2^p-1)} \right) \quad \text{und} \\ \boldsymbol{X}_{k+1} &= \left(\boldsymbol{X}_{k+1}^{(0)} \mid \boldsymbol{X}_{k+1}^{(1)} \mid \cdots \; \boldsymbol{X}_{k+1}^{(2^p-1)} \right), \end{aligned} \tag{5.10}$$

so daß

$$\boldsymbol{X}_{k+1}^{(i)} = \boldsymbol{A} \cdot \boldsymbol{X}_k^{(i)}$$

für $i = 0, \ldots, 2^p - 1$ ist.

Dies bezieht sich sowohl auf die ursprünglichen als auch die durch den Algorithmus 2.1 berechneten Matrizen, so daß dann auch die erweiterte Matrix $\hat{\boldsymbol{X}}_k$ in (5.3) wie folgt zusammengesetzt ist:

$$\hat{\boldsymbol{X}}_k = \left(\frac{\boldsymbol{U}_k}{\boldsymbol{X}_k} \right) \tag{5.11}$$

mit

$$U_k \in \{-1,+1\}^{(p,2^{p+n})} \quad \text{und} \quad X_k \in \{-1,+1\}^{(m-p,2^{p+n})} .$$

A ist die Übertragungsmatrix jedes der Teilautomaten

$$\mathcal{Z}^{(0)},\ \mathcal{Z}^{(1)},\ \ldots,\ \mathcal{Z}^{(2^p-1)}$$

von $\mathcal{Z}$ und spiegelt das Verhalten von $\mathcal{Z}$ für einen jeweils *konstanten* Wert von u wider.

Daraus ergibt sich der

Satz 5.1 *Gegeben sei die Gleichung (5.8).*
Eine Analyse des durch die „homogene" Differenzengleichung

$$X_{k+1} = A \cdot X_k$$

definierten Automaten $\mathcal{Z}_0$ auf seine Zyklen gemäß Satz 3.3 sowie die Bestimmung der zu diesen Zyklen gehörenden Zustände mit Algorithmus 3.4 ergibt die Zyklen und Zustände der durch die 2^p verschiedenene Werte von u definierten Automaten

$$\mathcal{Z}^{(0)},\ \mathcal{Z}^{(1)},\ \ldots,\ \mathcal{Z}^{(2^p-1)} .$$

Die Teilautomaten $\mathcal{Z}^{(0)}, \mathcal{Z}^{(1)}, \ldots, \mathcal{Z}^{(2^p-1)}$ werden durch die aus dem unteren Teil der entwickelten Matrix $\hat{X}_k$ (5.11) entnommenen Zustandsvektoren dargestellt. Die Entwicklung hat ebenso wie bei dem Eingangs dieses Kapitels geschilderten Beispiel aus den ursprünglichen Zustandsnummern neue Zustandsnummern geschaffen. Dies resultiert aus dem während der Entwicklung stattfindenen Anfügen von Zeilen der Walshmatrix und führt zur Bildung eines neuen Subgraphen für jeden Wert der Steuergröße u. Die Matrix $\hat{X}_k$ (5.3) besteht für das Beispiel aus Abbildung 5.3 nach Abarbeitung des Entwicklungsalgorithmus 2.1 aus 16 Zeilen, von denen die unteren 14 diese neuen Zustände definieren. In X_{k+1} (5.4) befinden sich die passenden Zustandsvektoren der Folgezustände. Die Umwandlung dieser 14–elementigen Zustandsvektoren in Dezimalzahlen ergibt den neuen Zustandsgraphen in Abbildung 5.4, dessen vier Subgraphen den zu den einzelnen Stellgrößen $u = 0, 1, 2, 3$ gehörenden Graphen aus Tabelle 5.1 entsprechen.
Der Unterschied ist hier, daß der Graph in Abbildung 5.4 wiederum als autonomer Automat angesehen werden kann. Die Zustandsmengen der einzelnen Subgraphen sind disjunkt.

Gleichung (5.8) bzw. (5.9) wurde nicht als *Differenzengleichung* bezeichnet. Der Grund hierfür liegt darin, daß nach Auswahl eines x_k und eines u_k zwar ein Vektor x_{k+1} errechnet werden kann. Wird diese Prozedur nun mit diesem x_{k+1} und einem neuen u_k zum Zwecke der Berechnung von x_{k+2} wiederholt, so wird dies im allgemeinen zu keinem korrekten Ergebnis führen, wie nun erläutert wird.

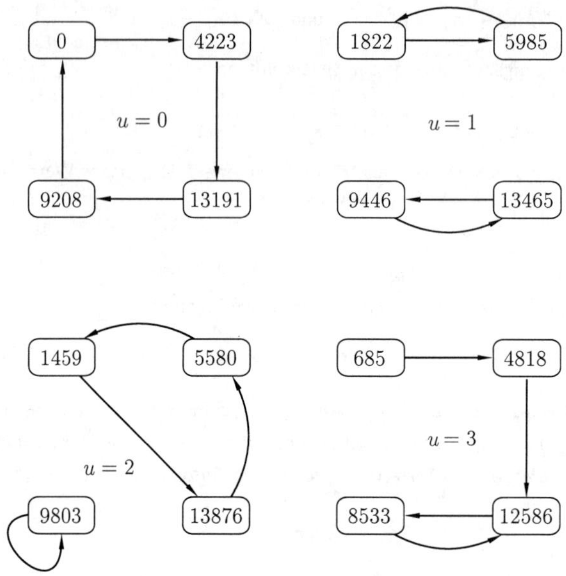

Abbildung 5.4: Zustandsgraph des Automaten aus Abbildung 5.3 nach der Entwicklung durch Algorithmus 2.1

Nur die ersten n aus $\boldsymbol{G}$ (siehe (2.3)) übernommenen Binärstellen von $\boldsymbol{x}_k$ sind relevant für die Identifizierung eines Zustandsvektors als Zustand des Automaten $\mathcal{Z}$. Die Zustandsnummer x_k wird dann mittels der in (2.20) definierten Funktion μ diesen Binärstellen von $\boldsymbol{x}_k$ zugeordnet. Im Falle eines autonomen Automaten ist diese Zuordnung eineindeutig, denn dort kommt in $\boldsymbol{X}_k$ nur genau eine Spalte vor, deren erste n Elemente das zur Zustandsnummer x_k gehörende Bitmuster aufweisen.

$\mathcal{Z}$ besitzt jedoch eine Eingangsgröße u, und in den verwendeten Darstellungen (5.1) und (5.2) der Zustandsmatrizen findet sich jedes der angesprochenen Bitmuster 2^p–mal, denn für jeden Wert von u ist die Zustandsnummer x_k einmal vertreten. Die in Satz 5.1 erwähnten Teilautomaten $\mathcal{Z}^{(i)}$ enthalten x_k jeweils genau einmal. Der zugehörige Zustands*vektor* existiert in 2^p Versionen $\boldsymbol{x}_k^{(0)}, \boldsymbol{x}_k^{(1)}, \ldots, \boldsymbol{x}_k^{(2^p-1)}$. Die zu einem Zustand auszuwählende Spalte von $\boldsymbol{X}_k$, die in (5.9) eingesetzt werden muß, ist also abhängig von der Zustandsnummer x_k *und* der Eingangsgröße u bzw. deren vektorieller Darstellung $\boldsymbol{u}_k$.

Durch Definition einer Funktion $\chi\,:\,\mathbb{X}\times\{-1,+1\}^p \mapsto \{-1,+1\}^{m-p}$ gemäß

$$\chi\,(x_k,\boldsymbol{u}_k) \;=_{Df.}\; \Big((\boldsymbol{X}_k)_{1,i}\,,\,\ldots,\,(\boldsymbol{X}_k)_{m-p,i} \Big)^T \tag{5.12}$$

mit dem Index

$$\begin{aligned} i &= \mu\,(\boldsymbol{y}_k) + 2^n\cdot\mu\,(\boldsymbol{u}_k) + 1 \qquad (5.13) \\ &= x_k + 2^{n-1}\cdot \left[\begin{pmatrix} 1 \\ 1 \\ \vdots \\ 1 \end{pmatrix} - \boldsymbol{u}_k \right]^T \cdot \begin{pmatrix} 2^{p-1} \\ \vdots \\ 2 \\ 1 \end{pmatrix} + 1 \end{aligned}$$

wird der Zustandsnummer x_k und dem Eingangsvektor $\boldsymbol{u}_k$ die passende Spalte aus $\boldsymbol{X}_k$ zugewiesen. Die Funktion μ ist in (2.20) auf Seite 16 definiert.
Mit der Funktion χ kann nun eine Beschreibung des Systems *mit* Eingängen in Form einer Differenzengleichung angegeben werden:

$$\begin{aligned} \boldsymbol{x}_{k+1} &= \boldsymbol{A}\cdot\boldsymbol{x}_k + \boldsymbol{B}\cdot\boldsymbol{u}_k\,, \\ \boldsymbol{x}_k &= \chi\,(x_k,\boldsymbol{u}_k)\,, \\ \boldsymbol{y}_k &= \boldsymbol{C}\cdot\boldsymbol{x}_k\,. \end{aligned} \tag{5.14}$$

Der Eingangsvektor $\boldsymbol{u}_k$ besitzt bei dieser Darstellung immer noch lediglich die Binärstellen, aus denen er auch vor der Entwicklung in eine Differenzengleichung bereits bestand. Der mit der Matrix $\boldsymbol{A}$ multiplizierte Ausgabevektor $\boldsymbol{x}_k$ der Funktion χ hingegen wird aus der Zustandsnummer x_k *und* dem Eingangsvektor $\boldsymbol{u}_k$ generiert. Durch $\boldsymbol{u}_k$ wird einer der Teilautomaten festgelegt. Mittels x_k und $\boldsymbol{u}_k$ wird nun die zugehörige Spalte aus der Zustandsmatrix $\boldsymbol{X}_k$ ausgewählt und so die durch die Entwicklung in ein lineares System entstandenen zusätzlichen Binärstellen an den eigentlichen Zustand $\boldsymbol{y}_k$ angehängt.
Somit bewirkt $\boldsymbol{u}_k$ die *Umschaltung* auf den entsprechenden Teilautomaten $\mathcal{Z}^{(\mu(\boldsymbol{u}_k))}$.

In (5.14) werden die durch den Entwicklungsalgorithmus 2.1 hinzugekommenen Binärstellen so aufgeteilt, daß die Form des Eingangsvektors $\boldsymbol{u}_k$ erhalten bleibt. Der Zustandsvektor $\boldsymbol{x}_k = \chi\,(x_k,\boldsymbol{u}_k)$ allerdings muß bei jedem Berechnungsschritt mittels χ – mühsam – konstruiert werden.

Jedoch ist eine solche Aufteilung nicht fest vorgegeben – in der Tat können die zusätzlichen Binärstellen zwischen $\boldsymbol{u}_k$ und $\boldsymbol{x}_k$ beliebig verteilt werden, was sich im weiteren als nützlich erweist.

5.2 Steuerbarkeit und Erreichbarkeit bei wertkontinuierlichen Systemen

Bei der Betrachtung eines Automaten mit Eingangsgrößen ist die Frage nach der Möglichkeit der Einflußnahme auf dessen Verhalten durch entsprechendes Aufschalten von Eingangsgrößen von essentieller Bedeutung.

Für lineare, zeitinvariante Zustandssysteme der Form

$$\dot{\boldsymbol{x}}(t) \;=\; \boldsymbol{A}_c \cdot \boldsymbol{x}(t) + \boldsymbol{B}_c \cdot \boldsymbol{u}(t) \tag{5.15}$$

ist die Steuerbarkeit eines Zustandes folgendermaßen definiert [38]:

Definition 5.2 *Der Zustand $\boldsymbol{x}(t_0)$ eines durch die Zustandsgleichung (5.15) beschriebenen Systems heißt* steuerbar *nach $\boldsymbol{x}(t_1)$, wenn es eine Steuerfunktion $\boldsymbol{u}(t)$ gibt, die das System innerhalb der* endlichen *Zeitspanne $[t_0, t_1]$ vom Zustand $\boldsymbol{x}(t_0)$ in den Zustand $\boldsymbol{x}(t_1)$ überführt.*

Die Definition gilt wörtlich ebenfalls für lineare, zeitinvariante Abtastsysteme, die durch die Zustandsdifferenzengleichung

$$\boldsymbol{x}_{k+1} \;=\; \boldsymbol{A}_d \cdot \boldsymbol{x}_k + \boldsymbol{B}_d \boldsymbol{u}_k \tag{5.16}$$

mit den *wertkontinuierlichen* Zustands– und Steuervektoren $\boldsymbol{x}_k \in \mathbb{R}^n$ und $\boldsymbol{u}_k \in \mathbb{R}^p$ für $k \in \mathbb{N}_0$ gegeben sind. Innerhalb dieses Abschnitts 5.2 besitzt der Index k einen zeitlichen Bezug. Es bedeutet

$$\boldsymbol{x}_k \;=\; \boldsymbol{x}(kT)$$

mit der Abtastzeit T. Aus Gründen der Übersichtlichkeit wird dies durch den Index abgekürzt.

Definition 5.3 *Der Zustand $\boldsymbol{x}_0$ eines durch die Zustandsgleichung (5.16) beschriebenen Systems heißt* erreichbar *von $\boldsymbol{x}_a$, wenn es eine* endliche *Steuerfolge $\boldsymbol{u}_0, \ldots, \boldsymbol{u}_{l-1}$ gibt, die das System von $\boldsymbol{x}_a$ in den Zustand $\boldsymbol{x}_0$ überführt.*

Wenn das betrachtete System zeitkontinuierlich ist, sind die beiden Eigenschaften äquivalent, d.h. ein Zustand ist genau dann steuerbar, wenn er erreichbar ist.

Im Falle eines Abtastsystems sind diese beiden Begriffe nicht vereinbar. Ist ein Zustand eines zeitdiskreten Systems steuerbar, aber nicht erreichbar, so bedeutet dies, daß die Systemmatrix des betreffenden Systems Eigenwerte in 0 besitzt, die nicht erreichbar sind [3]. Es sei $\boldsymbol{x}_0$ ein im zugehörigen Eigenraum liegender Zustand. Dann existiert ein Zustand $\boldsymbol{x}_e$, in den das System vom Zustand $\boldsymbol{x}_0$ aus überführbar ist, es gibt aber keinen Zustand $\boldsymbol{x}_a$, von dem aus das System durch Angabe einer entsprechenden Steuerfolge in den Zustand $\boldsymbol{x}_0$ gebracht werden kann.

Es folgt jedoch stets aus der Erreichbarkeit die Steuerbarkeit.

Unterwirft man das System (5.16) einer endlichen, aus l Schritten bestehenden Steuerfolge

$$\boldsymbol{u}_0,\ \boldsymbol{u}_1,\ \ldots,\ \boldsymbol{u}_{l-1}\,,$$

dann entsteht aus dem Anfangszustand $\boldsymbol{x}_0$ die Zustandsfolge

$$\begin{aligned}
\boldsymbol{x}_1 &= \boldsymbol{A}_d\boldsymbol{x}_0 + \boldsymbol{B}_d\boldsymbol{u}_0\,,\\
\boldsymbol{x}_2 &= \boldsymbol{A}_d\boldsymbol{x}_1 + \boldsymbol{B}_d\boldsymbol{u}_1\\
&= \boldsymbol{A}_d^2\boldsymbol{x}_0 + \boldsymbol{A}_d\boldsymbol{B}_d\boldsymbol{u}_0 + \boldsymbol{B}_d\boldsymbol{u}_1\,,\\
\boldsymbol{x}_3 &= \boldsymbol{A}_d\boldsymbol{x}_2 + \boldsymbol{B}_d\boldsymbol{u}_2\\
&= \boldsymbol{A}_d^3\boldsymbol{x}_0 + \boldsymbol{A}_d^2\boldsymbol{B}_d\boldsymbol{u}_0 + \boldsymbol{A}_d\boldsymbol{B}_d\boldsymbol{u}_1 + \boldsymbol{B}_d\boldsymbol{u}_2\,,\\
&\;\vdots\\
\boldsymbol{x}_l &= \boldsymbol{A}_d\boldsymbol{x}_{l-1} + \boldsymbol{B}_d\boldsymbol{u}_{l-1}\\
&= \boldsymbol{A}_d^l\boldsymbol{x}_0 + \boldsymbol{A}_d^{l-1}\boldsymbol{B}_d\boldsymbol{u}_0 + \boldsymbol{A}_d^{l-2}\boldsymbol{B}_d\boldsymbol{u}_1 + \cdots + \boldsymbol{A}_d\boldsymbol{B}_d\boldsymbol{u}_{l-2} + \boldsymbol{B}_d\boldsymbol{u}_{l-1}\,.
\end{aligned} \tag{5.17}$$

Soll nun $\boldsymbol{x}_l = \boldsymbol{x}_e$ werden, so läßt sich aus der letzten Zeile eine Bedingung an die Steuerfolge ableiten:

$$\boldsymbol{B}_d\boldsymbol{u}_{l-1} + \boldsymbol{A}_d\boldsymbol{B}_d\boldsymbol{u}_{l-2} + \cdots + \boldsymbol{A}_d^{l-2}\boldsymbol{B}_d\boldsymbol{u}_1 + \boldsymbol{A}_d^{l-1}\boldsymbol{B}_d\boldsymbol{u}_0 \;=\; \boldsymbol{x}_e - \boldsymbol{A}_d^l\boldsymbol{x}_0\,.$$

Zusammengefaßt besitzt dieses lineare Gleichungssystem die Form

$$\left(\boldsymbol{B}_d,\ \boldsymbol{A}_d\boldsymbol{B}_d,\ \ldots,\ \boldsymbol{A}_d^{l-2}\boldsymbol{B}_d,\ \boldsymbol{A}_d^{l-1}\boldsymbol{B}_d\right)\cdot\begin{pmatrix}\boldsymbol{u}_{l-1}\\ \boldsymbol{u}_{l-2}\\ \vdots\\ \boldsymbol{u}_1\\ \boldsymbol{u}_0\end{pmatrix} \;=\; \boldsymbol{x}_e - \boldsymbol{A}_d^l\boldsymbol{x}_0\,. \tag{5.18}$$

Mit der Bezeichung

$$\boldsymbol{Q}_l \;=_{Df.}\; \left(\boldsymbol{B}_d,\ \boldsymbol{A}_d\boldsymbol{B}_d,\ \ldots,\ \boldsymbol{A}_d^{l-2}\boldsymbol{B}_d,\ \boldsymbol{A}_d^{l-1}\boldsymbol{B}_d\right) \;\in\; \mathbb{R}^{(n,l\cdot p)} \tag{5.19}$$

für die Koeffizientenmatrix ist (5.18) genau dann lösbar, wenn die *Verträglichkeitsbedingung*

$$\operatorname{Rang}\boldsymbol{Q}_l \;=\; \operatorname{Rang}\left(\boldsymbol{Q}_l, \boldsymbol{x}_e - \boldsymbol{A}_d^l\boldsymbol{x}_0\right) \tag{5.20}$$

erfüllt ist. Siehe hierzu [57], Abschnitt 8.2, oder auch [7], Abschnitt 2.4.4.3.2. Die als Lösung von (5 18) bestimmte Steuerfolge $\boldsymbol{u}_0, \boldsymbol{u}_1, \ldots, \boldsymbol{u}_{l-1}$ überführt das lineare, zeitinvariante Abtastsystem dann in l Schritten vom Zustand $\boldsymbol{x}_0$ in den Zustand $\boldsymbol{x}_e$.

Offensichtlich hängt die Verträglichkeitsbedingung von $\boldsymbol{x}_0$ und $\boldsymbol{x}_e$ ab, die in der rechten Seite von (5.18) vorkommen. Um die Allgemeingültigkeit der Erreichbarkeitsaussage – nämlich die Beliebigkeit von $\boldsymbol{x}_0$ und $\boldsymbol{x}_e$ – zu erhalten, muß die Koeffizientenmatrix $\boldsymbol{Q}_l$ den Höchstrang n besitzen, also

$$\text{Rang}\left(\boldsymbol{B}_d,\ \boldsymbol{A}_d\boldsymbol{B}_d,\ \ldots,\ \boldsymbol{A}_d^{l-2}\boldsymbol{B}_d,\ \boldsymbol{A}_d^{l-1}\boldsymbol{B}_d\right) \;=\; n\,. \tag{5.21}$$

Denn die Lösbarkeit von (5.18) ist genau dann gegeben, wenn der Vektor auf der rechten Seite eine Linearkombination der Spalten der Koeffizientenmatrix $\boldsymbol{Q}_l$ ist. Da dieser Vektor einen beliebigen Punkt aus dem $\mathbb{R}^n$ darstellt, ist dies nur möglich, wenn die Spaltenvektoren von $\boldsymbol{Q}_l$ den gesamten $\mathbb{R}^n$ aufspannen, wenn also die Rangbedingung (5.21) gilt. (5.18) besitzt dann immer eine Lösung, so daß das Abtastsystem (5.16) (vollständig) steuerbar ist. Es existiert dann eine Steuerfolge $\boldsymbol{u}_0, \boldsymbol{u}_1, \ldots, \boldsymbol{u}_{l-1}$, welche das System aus dem bliebigen Anfangszustand $\boldsymbol{x}_0$ in den ebenfalls beliebigen Endzustand $\boldsymbol{x}_e$ überführt.

Die Forderung (5.21) ist das fundamentale *Steuerbarkeitskriterium nach Kalman* [14].

Die *Erreichbarkeit* eines Abtastsystems (5.16) folgt aus der Rangbedingung. Denn nur wenn diese erfüllt ist, ist (5.18) in jedem Falle lösbar. Es kann zu jedem beliebige Anfangszustand $\boldsymbol{x}_0$ und jedem beliebigen Endzustand $\boldsymbol{x}_e$ eine endliche Steuerfolge angegeben werden, die das System von $\boldsymbol{x}_0$ nach $\boldsymbol{x}_e$ überführt. Dies ist aber bereits die Erreichbarkeit.

5.3 Steuerbarkeit und Erreichbarkeit für nichtautonome Automaten

Das Kalmansche Steuerbarkeitskriterium für klassische lineare Zustandssysteme stellt eine äußerst einfache und damit vorteilhafte Methode zur Überprüfung der Steuerbarkeit für lineare, zeitinvariante Abtastsysteme dar.

Im Fall des nichtautonomen Automaten liegt aber ein *wertdiskretes* System vor, dem ein Zustandsgraph wie in Abbildung 5.3 zugrunde liegt. Hier kann das Konzept der Steuerbarkeit keine Anwendung finden. Wie in dem abgebildeten Beispiel zu sehen ist, ist der Automat vollständig definiert, es kann also jeder mögliche Eingangswert auf jeden Zustand angewandt werden. Würde nun die Kante von 3 nach 2 so abgewandelt, daß sie von 3 nach 0 ginge, läge immer noch ein vollständig definiertes System vor. Trotzdem gäbe es keine Steuerfolge, die das System von einem der Zustände 0, 1 oder 3 in den Zustand 2 überführte, da alle den Knoten 2 berührenden Kanten dann von ihm wegwiesen oder eine Schleife bildeten.

Sinnvoller ist es, in diesem Zusammenhang die – graphentheoretische – Frage nach der Erreichbarkeit eines Zustandes von einem anderen Zustand aus zu klären.

Um trotzdem den Ansatz des klassischen Steuerbarkeitskriteriums für die in der vorliegenden Arbeit betrachteten Automaten verwenden zu können, ist zunächst eine Modifikation der bereits am Ende von Abschnitt 5.1 angesprochenen Verteilung der durch den Entwicklungsalgorithmus 2.1 hinzugekommenen Binärstellen in $\hat{\boldsymbol{X}}_k$ auf Zustands– und Eingangsvektor vonnöten.

5.3.1 Eine weitere lineare Darstellung des nichtautonomen Automaten

Die in (5.12) erklärte Funktion χ ordnet die angesprochenen Binärstellen dem Zustandsvektor zu, so daß sich die Darstellung des Automaten als Differenzengleichung (5.14) ergibt. Es ist offensichtlich, daß diese Form für den Ansatz (5.17) ungeeignet ist. Denn die Systemmatrix $\boldsymbol{A}$ träte dann im Verlauf einer Iteration gemäß (5.17) neben den Steuervektoren $\boldsymbol{u}_k$ implizit als Parameter von χ auf, und zwar bei der Berechnung von x_k mittels μ aus dem Vektor $\boldsymbol{x}_k$. Das Bilden der Matrixpotenzen und die Trennung in eine Koeffizientenmatrix $\boldsymbol{Q}$ sowie den Hypervektor der Steuervektoren wie in (5.18) wäre damit nicht möglich.

Um eine neue Darstellung zu gewinnen, werden zunächst die Zeilen von $\hat{\boldsymbol{X}}_k$ permutiert. Dabei erfolgt eine Verschiebung der ersten p Zeilen von $\hat{\boldsymbol{X}}$ an das untere Ende dieser Matrix. Aus der allgemeinen Darstellung (5.1) von $\hat{\boldsymbol{X}}_k$ wird dann eine neue Matrix

$$\hat{\boldsymbol{X}}_k^* =_{Df.} \tag{5.22}$$

$$\left(\begin{array}{cccc|cccc|cccc|cccc} \multicolumn{4}{c|}{\boldsymbol{X}_k^{(0)}} & \multicolumn{4}{c|}{\boldsymbol{X}_k^{(1)}} & \multicolumn{4}{c|}{\boldsymbol{X}_k^{(2)}} & \multicolumn{4}{c}{\boldsymbol{X}_k^{(3)}} \\ \hline \boldsymbol{u}_k^{(0)} & \boldsymbol{u}_k^{(0)} & \boldsymbol{u}_k^{(0)} & \boldsymbol{u}_k^{(0)} & \boldsymbol{u}_k^{(1)} & \boldsymbol{u}_k^{(1)} & \boldsymbol{u}_k^{(1)} & \boldsymbol{u}_k^{(1)} & \boldsymbol{u}_k^{(2)} & \boldsymbol{u}_k^{(2)} & \boldsymbol{u}_k^{(2)} & \boldsymbol{u}_k^{(2)} & \boldsymbol{u}_k^{(3)} & \boldsymbol{u}_k^{(3)} & \boldsymbol{u}_k^{(3)} & \boldsymbol{u}_k^{(3)} \end{array}\right)$$

Dementsprechend wird auch $\hat{\boldsymbol{A}}$ verändert. Aus $\hat{\boldsymbol{A}} = (\boldsymbol{B}|\boldsymbol{A})$ gemäß (5.6) wird dabei

$$\hat{\boldsymbol{A}}^* =_{Df.} \left(\boldsymbol{A} \mid \boldsymbol{B} \right).$$

$\hat{\boldsymbol{A}}^*$ ist ebenso wie $\hat{\boldsymbol{A}}$ eine $(m-p, m)$–Matrix. Mit den beiden neuen Matrizen $\hat{\boldsymbol{A}}^*$ und $\hat{\boldsymbol{X}}_k^*$ erhält (5.5) die Gestalt

$$\boldsymbol{X}_{k+1} = \hat{\boldsymbol{A}}^* \cdot \hat{\boldsymbol{X}}_k^*, \tag{5.23}$$

wobei insbesondere die linke Seite bei beiden Gleichungen identisch ist. Nun erfolgt eine Aufspaltung

$$\hat{\boldsymbol{A}}^* = \left(\overline{\boldsymbol{A}} \mid \boldsymbol{B}^* \right) \tag{5.24}$$

von $\hat{\boldsymbol{A}}^*$, wobei im Gegensatz zu (5.7)

$$\overline{\boldsymbol{A}} \in \mathbb{Q}^{(m-p,n)} \quad \text{und} \quad \boldsymbol{B}^* \in \mathbb{Q}^{(m-p,m-n)}$$

gilt. $\overline{\boldsymbol{A}}$ besteht aus den n ersten Spalten von $\hat{\boldsymbol{A}}^*$, also jenen, die in (5.23) mit den ursprünglichen Zustandsvektoren (siehe (2.4)) multipliziert werden. Durch Hinzunahme von $m-p-n$ Nullspalten zu $\overline{\boldsymbol{A}}$ entsteht die quadratische Matrix

$$\boldsymbol{A}^* \;=_{Df.}\; \left(\begin{array}{|c|c|} \overline{\boldsymbol{A}} & \boldsymbol{O} \end{array} \right) \;\in\; \mathbb{Q}^{(m-p,m-p)} .$$

Letztendlich wird auch die Matrix $\hat{\boldsymbol{X}}_k^*$, die nach der Entwicklung 2.1 die Größe $(m, 2^{n+p})$ besitzt, in die Zustandsvektoren $\boldsymbol{x}_k$ und Eingangsvektoren $\boldsymbol{u}_k$ bzw. deren Matrizen aufgetrennt. Es ist dann

$$\hat{\boldsymbol{X}}_k^* \;=\; \left(\begin{array}{c} \overline{\boldsymbol{X}}_k \\ \hline \boldsymbol{U}_k^* \end{array} \right) \tag{5.25}$$

mit

$$\overline{\boldsymbol{X}}_k \in \{-1,+1\}^{(n,2^{p+n})} \quad \text{und} \quad \boldsymbol{U}_k^* \in \{-1,+1\}^{(m-n,2^{p+n})}$$

(vgl. hierzu (5.11)). Die Konstruktion von $\boldsymbol{X}_k^*$ aus $\overline{\boldsymbol{X}}_k$ erfolgt analog der von $\boldsymbol{A}^*$ aus $\overline{\boldsymbol{A}}$ durch das Anhängen von $m-p-n$ Nullzeilen, so daß

$$\boldsymbol{X}_k^* \;=_{Df.}\; \left(\begin{array}{|c|} \hline \overline{\boldsymbol{X}}_k \\ \hline \boldsymbol{O} \\ \hline \end{array} \right) \;\in\; \{-1,+1\}^{(m-p,2^{p+n})}$$

entsteht.

Damit erhält (5.23) die Gestalt

$$\boldsymbol{X}_{k+1} \;=\; \boldsymbol{A}^* \cdot \boldsymbol{X}_k^* + \boldsymbol{B}^* \cdot \boldsymbol{U}_k^* \tag{5.26}$$

und in der vektoriellen Schreibweise

$$\boldsymbol{x}_{k+1} \;=\; \boldsymbol{A}^* \cdot \boldsymbol{x}_k^* + \boldsymbol{B}^* \cdot \boldsymbol{u}_k^* . \tag{5.27}$$

Im Gegensatz zur Darstellung (5.14) ist hier der Eingangsvektor $\boldsymbol{u}_k^*$ mittels einer Funktion $\psi : \{-1,+1\}^n \times \{-1,+1\}^p \mapsto \{-1,+1\}^{m-n}$ aus den Spalten von $\boldsymbol{U}_k^*$ auszuwählen. ψ ist definiert gemäß

$$\boldsymbol{u}_k^* \;=\; \psi(\boldsymbol{x}_k, \boldsymbol{u}_k) \;=_{Df.}\; \Big((\boldsymbol{U}_k^*)_{1,i}, \ldots, (\boldsymbol{U}_k^*)_{m-n,i} \Big)^T \tag{5.28}$$

mit dem Index

$$\begin{aligned} i &= \mu(\boldsymbol{C}\boldsymbol{x}_k) + 2^n \cdot \mu(\boldsymbol{u}_k) + 1 \\ &= \mu(\boldsymbol{y}_k) + 2^n \cdot \mu(\boldsymbol{u}_k) + 1\,, \end{aligned}$$

der identisch dem von (5.12) gebildet wird.

Nach diesen Vorarbeiten entsteht die neue Darstellung

$$\begin{aligned} \boldsymbol{x}_{k+1} &= \boldsymbol{A}^* \cdot \boldsymbol{x}_k + \boldsymbol{B}^* \cdot \boldsymbol{u}_k^* \\ &= \boldsymbol{A}^* \cdot \boldsymbol{x}_k + \boldsymbol{B}^* \cdot \boldsymbol{\psi}(\boldsymbol{x}_k, \boldsymbol{u}_k)\,, \\ \boldsymbol{y}_k &= \boldsymbol{C} \cdot \boldsymbol{x}_k \end{aligned} \tag{5.29}$$

der Differenzengleichung (5.14). Vorteilhaft ist hier, daß der obere Index * beim Zustandsvektor $\boldsymbol{x}_k$ weggelassen werden kann. Denn aufgrund der Form von $\boldsymbol{A}^*$ sind bei der Multiplikation nur die ersten n Zeilen von $\boldsymbol{x}_k$ relevant. Eine iterative Berechnung kann dann mit dem Anfangszustand $\boldsymbol{x}_0 = \boldsymbol{x}_0^*$ begonnen werden. Das Resultat $\boldsymbol{x}_{k+1} = \boldsymbol{x}_1$ von (5.29) wird im darauffolgenden Schritt als $\boldsymbol{x}_k$ weiterverwendet.
Daraus folgt weiterhin: Die Auswahl des Startvektors $\boldsymbol{x}_0 = \boldsymbol{x}_0^*$ hängt *nicht* von $\boldsymbol{u}_k$ ab.

5.3.2 Herleitung eines Erreichbarkeitskriteriums

Mit (5.29) kann nun ein Ansatz der Form (5.17) gefunden werden. Unter Aufschaltung einer Steuerfolge

$$\boldsymbol{u}_0^*,\ \boldsymbol{u}_1^*,\ \ldots,\ \boldsymbol{u}_{l-1}^*$$

der Länge l ergibt sich mit $\boldsymbol{x}_0 = \boldsymbol{x}_0^*$ die Zustandsfolge

$$\begin{aligned} \boldsymbol{x}_1 &= \boldsymbol{A}^*\boldsymbol{x}_0 + \boldsymbol{B}^*\boldsymbol{u}_0^*\,, \\ \boldsymbol{x}_2 &= \boldsymbol{A}^*\boldsymbol{x}_1 + \boldsymbol{B}\boldsymbol{u}_1^* \\ &= (\boldsymbol{A}^*)^2\boldsymbol{x}_0 + \boldsymbol{A}^*\boldsymbol{B}^*\boldsymbol{u}_0^* + \boldsymbol{B}^*\boldsymbol{u}_1^*\,, \\ \boldsymbol{x}_3 &= \boldsymbol{A}^*\boldsymbol{x}_2 + \boldsymbol{B}^*\boldsymbol{u}_2^* \\ &= (\boldsymbol{A}^*)^3\boldsymbol{x}_0 + (\boldsymbol{A}^*)^2\boldsymbol{B}^*\boldsymbol{u}_0^* + \boldsymbol{A}^*\boldsymbol{B}^*\boldsymbol{u}_1^* + \boldsymbol{B}\boldsymbol{u}_2^*\,, \\ &\vdots \\ \boldsymbol{x}_l &= \boldsymbol{A}^*\boldsymbol{x}_{l-1} + \boldsymbol{B}^*\boldsymbol{u}_{l-1}^* \\ &= (\boldsymbol{A}^*)^l\boldsymbol{x}_0 + (\boldsymbol{A}^*)^{l-1}\boldsymbol{B}^*\boldsymbol{u}_0^* + \cdots + \boldsymbol{A}^*\boldsymbol{B}^*\boldsymbol{u}_{l-2}^* + \boldsymbol{B}^*\boldsymbol{u}_{l-1}^*\,. \end{aligned} \tag{5.30}$$

Die letzte Zeile bildet wieder ein lineares Gleichungssystem

$$\left(\boldsymbol{B}^*,\, \boldsymbol{A}^*\boldsymbol{B}^*,\, \ldots,\, (\boldsymbol{A}^*)^{l-2}\, \boldsymbol{B}^*,\, (\boldsymbol{A}^*)^{l-1}\, \boldsymbol{B}^* \right) \cdot \begin{pmatrix} \boldsymbol{u}^*_{l-1} \\ \boldsymbol{u}^*_{l-2} \\ \vdots \\ \boldsymbol{u}^*_1 \\ \boldsymbol{u}^*_0 \end{pmatrix} \tag{5.31}$$

$$= \; \boldsymbol{x}_l \,-\, (\boldsymbol{A}^*)^l\, \boldsymbol{x}_0$$

mit dem Endzustand $\boldsymbol{x}_l$ und der Koeffizientenmatrix

$$\boldsymbol{Q}^*_l \;=_{Df.}\; \left(\boldsymbol{B}^*,\, \boldsymbol{A}^*\boldsymbol{B}^*,\, \ldots,\, (\boldsymbol{A}^*)^{l-2}\, \boldsymbol{B}^*,\, (\boldsymbol{A}^*)^{l-1}\, \boldsymbol{B}^* \right) \;\in\; \mathbb{Q}^{(m-p,\, l\cdot(m-n))}\,. \tag{5.32}$$

Im Unterschied zu (5.18) ist in (5.31) der Endvektor $\boldsymbol{x}_l$ und nicht $\boldsymbol{x}_e$. $\boldsymbol{x}_l$ ist keine Spalte aus $\boldsymbol{X}^*_k$, sondern stammt aus $\boldsymbol{X}_k$. Die Spalten dieser Matrix verkörpern die Zustände der Teilautomaten $\boldsymbol{\mathcal{Z}}^{(0)}, \ldots, \boldsymbol{\mathcal{Z}}^{(2^p-1)}$, wie in (5.10) zu sehen ist.

Auf dem Weg zur Beantwortung der Frage nach der Erreichbarkeit eines gewünschten Endzustandes ist zur Formulierung einer Rangbedingung der Form (5.20) deshalb nicht nur genau ein Endvektor $\boldsymbol{x}_e$ zu betrachten, sondern insgesamt 2^p, und zwar einer für jeden möglichen Eingangsvektor $\boldsymbol{u}_k$.

Ist eine *gewünschte* Endzustandsnummer und damit $\boldsymbol{x}^*_l$ gewählt, so sind die Endvektoren

$$\boldsymbol{x}^{(i)}_e \;=_{Df.}\; \left((\boldsymbol{X}_k)_{1,j}\,,\, \ldots,\, (\boldsymbol{X}_k)_{m-p,j} \right)^T \tag{5.33}$$

mit

$$\begin{aligned} j &= \mu(\boldsymbol{C}\boldsymbol{x}^*_l) + i \cdot 2^n + 1\,, \\ i &= 0,\, \ldots,\, 2^{p-1}\,. \end{aligned}$$

Hieraus läßt sich die folgende *Rangbedingung* ableiten.

Satz 5.4 *Es kann nur dann eine Steuerfolge der Länge l vom Anfangszustand x_0 zum Endzustand x_e von $\boldsymbol{\mathcal{Z}}$ bzw. vom Anfangsvektor $\boldsymbol{x}_0 = \boldsymbol{x}^*_0$ zum Endvektor $\boldsymbol{x}^*_e$ geben, wenn eine der Rangbedingungen*

$$\mathrm{Rang}\, \boldsymbol{Q}^*_l \;=\; \mathrm{Rang}\left(\boldsymbol{Q}^*_l, \boldsymbol{x}^{(i)}_e \,-\, (\boldsymbol{A}^*)^l\, \boldsymbol{x}_0 \right)\,, \tag{5.34}$$

$i = 0, \ldots, 2^p - 1$, *erfüllt ist.*

Die Forderung (5.21) muß nicht erfüllt sein, denn im Gegensatz zu einem klassischen Abtastsystem sind in diesem Falle die Zustandsvektoren nicht wertkontinuierlich, sondern enthalten lediglich die binären Werte -1 und $+1$. Damit muß (5.34) nicht mehr für beliebige Werte aus dem $\mathbb{R}^{m-p}$, sondern nur noch für eine endliche, aus 2^{n+p} Punkten bestehende Menge gelten.

Auch wenn die Rangbedingung aus Satz 5.4 für ein l zutrifft, bedeutet dies nicht, daß der Zustand x_e von x_0 aus erreichbar ist. Denn ebenso wie die Zustände der betrachteten Systeme diskret verteilt sind, sind dies auch die Stellgrößen. Es ist im weiteren zunächst zu überprüfen, ob die Lösungsmenge von (5.31) für den gemäß Satz 5.4 ermittelten Endzustandsvektor $\boldsymbol{x}_l = \boldsymbol{x}_e^{(i)}$ einen Vektor aus $\{-1, +1\}^{l \cdot (m-n)}$ enthält. Wird dieser Lösungsvektor nun in l Teilstücke mit jeweils $m - n$ Elementen aufgeteilt, so muß sich jedes dieser Teilstücke unter den Spalten von $\boldsymbol{U}_k^*$ wiederfinden, also ein existierender Stellvektor sein. Diese Stellvektoren symbolisieren Kanten zwischen Knoten des Zustandsgraphen von $\boldsymbol{\mathcal{Z}}$, und zwar hängt ihre Gestalt aufgrund der Entwicklung 2.1 nicht nur von der Stellgröße u_k, sondern auch dem Zustand x_k ab. Da aber keine Kante zweimal durchlaufen werden soll, müssen die l Teilstücke des Lösungsvektors paarweise verschieden sein.

Zusammengefasst ergibt sich so das Kriterium für die Erreichbarkeit.

Satz 5.5 Erreichbarkeitskriterium. *Gegeben sei die Darstellung des nichtautonomen Automaten in der Form (5.29).*
Dann ist der Zustand von $\boldsymbol{\mathcal{Z}}$ *mit der Nummer* x_e *vom Zustand mit der Nummer* x_0 *aus erreichbar, wenn gilt:*

i) Es existieren eine natürliche Zahl l *und ein gemäß (5.33) gebildeter Vektor* $\boldsymbol{x}_e^{(i)}$*, so daß die Rangbedingung aus Satz 5.4 erfüllt ist.*

ii) Die Lösungsmenge von (5.31) enthält einen Vektor, der aus paarweise verschiedenen Spalten von $\boldsymbol{U}_k^*$ *zusammengesetzt ist.*

Die l *Teilstücke des gefundenen Lösungsvektors stellen die Folge der Steuervektoren*

$$\boldsymbol{u}_0^*,\ \boldsymbol{u}_1^*,\ \ldots,\ \boldsymbol{u}_{l-1}^*$$

dar. Die Stellwerte u_k *sind dann die Zahlen*

$$\mu\left(\boldsymbol{C}_u\, \boldsymbol{u}_0^*\right),\ \mu\left(\boldsymbol{C}_u\, \boldsymbol{u}_1^*\right),\ \ldots,\ \mu\left(\boldsymbol{C}_u\, \boldsymbol{u}_{l-1}^*\right)$$

mit der Matrix

$$\boldsymbol{C}_u \quad =_{Df.} \quad \left(\begin{array}{c|ccc} & 0 & \cdots & 0 \\ \boldsymbol{I}_p & \vdots & & \vdots \\ & 0 & \cdots & 0 \end{array} \right) \quad \in \quad \{0,1\}^{(p, m-n)} \,.$$

Die Aufgabe der Matrix $\boldsymbol{C}_u$ ist, wie schon die Namensgebung sagt, analog zur Funktion der Ausgangsmatrix $\boldsymbol{C}$ (2.18) in (2.19).

Die Schwierigkeit bei der Anwendung des Erreichbarkeitskriteriums liegt darin, zu entscheiden, ob das lineare Gleichungssystem (5.31) eine Lösung aus $\{-1,+1\}^{l\cdot(m-n)}$ besitzt. Ähnliche Fragestellungen sind auch aus der Theorie der Markierungsgleichungen für Petri–Netze bekannt [12]. Insbesondere für das *Widerlegungsproblem*, also die Frage, ob es *keine* Lösung beispielsweise in $\mathbb{N}$ gibt, ist keine polynomielle Lösung bekannt. Es handelt sich bei diesem Entscheidungsproblem um eine Instanz des NP–vollständigen Problems „ganzzahlige lineare Programmierung".

Es ist jedoch möglich, zunächst zu untersuchen, ob eine Lösung von einer leicht modifizierten Version von (5.31) in $\mathbb{Z}^{l\cdot(m-n)}$ existiert. Die Elemente der Koeffizientenmatrix $\boldsymbol{Q}_l^*$ von (5.31) sind bekanntlich rationale Zahlen. Die Elemente von $\hat{\boldsymbol{A}}$ und damit auch von $\boldsymbol{A}^*$ und $\boldsymbol{B}^*$ stammen aus der in (2.21) definierten Menge, allerdings nun mit der Potenz 2^{p+n} anstatt 2^n. Daher gibt es eine natürliche Zahl $q \geq p+n$, so daß

$$\boldsymbol{F}_l \;=_{Df.}\; 2^q \cdot \boldsymbol{Q}_l^* \;\in\; \mathbb{Z}^{(m-p,\,l\cdot(m-n))}$$

und

$$\boldsymbol{z}_l \;=_{Df.}\; 2^q \cdot \left(\boldsymbol{x}_l - (\boldsymbol{A}^*)^l\,\boldsymbol{x}_0\right) \;\in\; \mathbb{Z}^{m-p}$$

ist. Mit diesem Linearfaktor 2^q erhält das lineare Gleichungssystem (5.31) die Form

$$\boldsymbol{F}_l \cdot \begin{pmatrix} \boldsymbol{u}_{l-1}^* \\ \boldsymbol{u}_{l-2}^* \\ \vdots \\ \boldsymbol{u}_1^* \\ \boldsymbol{u}_0^* \end{pmatrix} \;=\; \boldsymbol{z}_l \tag{5.35}$$

Aus der Theorie linearer diophantischer Gleichungen folgt, daß die ausschließlich mit ganzen Zahlen besetzte Matrix $\boldsymbol{F}_l$ in ihre *Smithsche Normalform* $\boldsymbol{S}$ ([57], Abschnitt 10.3) transformierbar ist und diese Transformation durch ein Matrixprodukt beschrieben werden kann [49]:

Satz 5.6 *Jede ganzzahlige Matrix* $\boldsymbol{F}$ *läßt sich transformieren in eine Matrix*

$$\boldsymbol{S} \;=\; \boldsymbol{\Theta} \cdot \boldsymbol{F} \cdot \boldsymbol{\Xi}\,,$$

wobei $\boldsymbol{\Theta}$ *und* Ξ unimodulare[1)] *Matrizen passender Größe sind und* $\boldsymbol{S}$ *die folgende Form besitzt:*

$$\boldsymbol{S} \;=\; \begin{pmatrix} s_{1,1} & & & & & \\ & \ddots & & & & \\ & & s_{a,a} & & & \\ & & & 0 & & \\ & & & & \ddots & \\ & & & & & 0 \end{pmatrix}.$$

[1)] Die Determinante einer unimodularen Matrix ist eine Einheit. Im vorliegenden Falle ist sie ± 1.

Die Einträge $s_{1,1}, \ldots, s_{a,a}$ *sind dabei natürliche Zahlen, und die Diagonalelemente* $s_{i,i}$ *sind Teiler von* $s_{i+1,i+1}$ *für* $i = 1, \ldots, a-1$.
Die Smithsche Normalform ist eindeutig bestimmt, ihre Diagonalelemente werden Elementarteiler *der Matrix* $\boldsymbol{F}$ *genannt.*
$\boldsymbol{\Theta}$ *und* $\boldsymbol{\Xi}$ *sind ganzzahlige quadratische invertierbare Matrizen, deren Inverse* $\boldsymbol{\Theta}^{-1}$ *und* $\boldsymbol{\Xi}^{-1}$ *ebenfalls ganzzahlig sind. (Dies folgt aus der Unimodularität.)*
Die Berechnung der Matrizen $\boldsymbol{\Theta}$ *und* $\boldsymbol{\Xi}$ *ist mit polynomiellem Aufwand in der Größe von* $\boldsymbol{F}$ *möglich.*

Im folgenden Satz wird ein Kriterium für die Entscheidbarkeit der ganzzahligen Lösung von (5.35) angegeben.

Satz 5.7 *Es sei* $\boldsymbol{S} = \boldsymbol{\Theta} \cdot \boldsymbol{F}_l \cdot \boldsymbol{\Xi}$ *mit* $\boldsymbol{\Theta} \in \mathbb{Z}^{(m-p,m-p)}$ *und* $\boldsymbol{\Xi} \in \mathbb{Z}^{(l\cdot(m-n),l\cdot(m-n))}$ *die Smithsche Normalform der Koeffizientenmatrix* $\boldsymbol{F}_l \in \mathbb{Z}^{(m-p,l\cdot(m-n))}$ *von (5.35). Es sei*

$$\boldsymbol{b} \;=\; (b_1, b_2, \ldots, b_{m-p})^T \;=_{Df.}\; \boldsymbol{\Theta} \cdot \boldsymbol{z}_l \,.$$

Es existiert genau dann eine in $\mathbb{Z}^{l\cdot(m-n)}$ *liegende Lösung der Gleichung (5.35), wenn*

i) $s_{i,i}$ *ein Teiler von* b_i *ist für* $1 \leq i \leq a$*, und*

ii) $b_i = 0$ *gilt für* $i > a$.

Der aus [12] stammende *Beweis* soll, da er sehr kurz ist, nicht ausgelassen werden.
Wegen $\boldsymbol{S} = \boldsymbol{\Theta} \cdot \boldsymbol{F}_l \cdot \boldsymbol{\Xi}$ und Satz 5.6 läßt sich (5.35) äquivalent umformen zu

$$\boldsymbol{\Theta}^{-1} \cdot \boldsymbol{S} \cdot \boldsymbol{\Xi}^{-1} \cdot \boldsymbol{x} \;=\; \boldsymbol{z}_l \,. \tag{5.36}$$

Es sei

$$\boldsymbol{y} \;=_{Df.}\; \boldsymbol{\Xi}^{-1} \cdot \boldsymbol{x}$$

definiert. Die Multiplikation mit $\boldsymbol{\Theta}$ liefert

$$\boldsymbol{S} \cdot \boldsymbol{y} \;=\; \boldsymbol{\Theta} \cdot \boldsymbol{z}_l \;=\; \boldsymbol{b} \,.$$

Da $\boldsymbol{\Xi}$ und $\boldsymbol{\Xi}^{-1}$ ganzzahlige Matrizen sind, hat dieses Gleichungssystem genau dann eine ganzzahlige Lösung für $\boldsymbol{y}$, wenn (5.36) und damit auch (5.35) eine ganzzahlige Lösung für $\boldsymbol{x}$ hat. Unter Verwendung der Form von $\boldsymbol{S}$ ist leicht zu sehen, daß eine ganzzahlige Lösung für $\boldsymbol{y}$ genau dann existiert, wenn i) und ii) erfüllt sind. ◇

Die Transformationsmatrix $\boldsymbol{\Theta}$ kann mit polynomiellem Zeitaufwand konstruiert werden [28]. Die Bedingungen i) und ii) von Satz 5.7 sind bei gegebener Matrix $\boldsymbol{\Theta}$ offensichtlich mit polynomiellem Aufwand überprüfbar. Durch Konstruktion der Smithschen Normalform (inklusive der Matrix $\boldsymbol{\Theta}$) kann also mit polynomiellem Aufwand entschieden werden, ob (5.35) und damit (5.31) eine ganzzahlige Lösung besitzt.

5.3.3 Die Bestimmung einer Steuerfolge mittels eines Näherungsverfahrens

Von den Lösungen des Gleichungssystems (5.31) in $\mathbb{Z}^{l\cdot(m-n)}$, deren Existenz mit Satz 5.7 sichergestellt werden kann, interessiert nur die relativ kleine Untermenge $\{-1,+1\}^{l\cdot(m-n)}$, die mit dem Hypervektor

$$\hat{\boldsymbol{u}}^* \;=_{Df.}\; \begin{pmatrix} \boldsymbol{u}^*_{l-1} \\ \boldsymbol{u}^*_{l-2} \\ \vdots \\ \boldsymbol{u}^*_1 \\ \boldsymbol{u}^*_0 \end{pmatrix}$$

der Steuervektoren die Steuerfolge enthalten muß – falls diese existiert.

Die Spaltenzahl der Matrix $\boldsymbol{Q}^*_l$ ist gemäß (5.32) im allgemeinen größer als ihre Zeilenzahl. Abgesehen von dem Spezialfall, daß $l = 1$ ist und $\boldsymbol{Q}^*_l$ Maximalrang aufweist, besitzt das Gleichungssystem (5.31) keine eindeutige Lösung. Es handelt sich vielmehr um eine Lösungsmenge, deren Elemente aus einer partikulären Lösung $\tilde{\boldsymbol{u}}$ von (5.31) und einer Linearkombination der Basisvektoren des Kernes von $\boldsymbol{Q}^*_l$ zusammengesetzt sind. Eine solche Lösung ist

$$\begin{aligned} \hat{\boldsymbol{u}}^* &= \tilde{\boldsymbol{u}} + \mathrm{LK}\,[\mathrm{Kern}\,(\boldsymbol{Q}^*_l)] \\ &= \tilde{\boldsymbol{u}} + a_1\boldsymbol{k}_1 + \cdots + a_q\boldsymbol{k}_q\,, \end{aligned}$$

wobei als Dimension des Kerns $q \in \mathbb{N}$ angenommen wird. Die Vektoren $\boldsymbol{k}_1, \ldots, \boldsymbol{k}_q$ spannen den Kern von $\boldsymbol{Q}^*_l$ auf.

Aus Abschnitt 2.4 geht hervor, daß $\hat{\boldsymbol{u}}^*$ eine Ecke eines $l \cdot (m-n)$–dimensionalen Würfels ist. Ein Element von $\hat{\boldsymbol{u}}^*$ hat daher den Wert ± 1, also ist für das i–te Element von $\hat{\boldsymbol{u}}^*$

$$(\hat{u}^*_i)^2 \;=\; \left(\tilde{u}_i + a_1\,k_{1,i} + \cdots + a_q\,k_{q,i}\right)^2 \;=\; 1 \tag{5.37}$$

mit $i = 1, \ldots, l\cdot(m-n)$. Es hängt damit von der richtigen Wahl von

$$\boldsymbol{a} \;=\; (a_1, \ldots, a_q)^T$$

ab, ob ein Lösungsvektor von (5.31) in der Menge $\{-1,+1\}^{l\cdot(m-n)}$ liegt, und (5.37) liefert eine Bedingung hierfür. Durch Definition von Funktionen

$$f_i(\boldsymbol{a}) \;=_{Df.}\; \left(\tilde{u}_i + a_1\,k_{1,i} + \cdots + a_q\,k_{q,i}\right)^2 \;,\quad i = 1,\ldots,l\cdot(m-n) \tag{5.38}$$

läßt sich ein System von *Fehlergleichungen*

$$f_i(\underbrace{a_1, a_2, \ldots, a_q}_{\boldsymbol{a}}) - 1 \;=\; r_i \;,\quad i = 1,\ldots,l\cdot(m-n) \tag{5.39}$$

bilden. Diese entspringen der Theorie der Ausgleichsrechnung, in der die theoretischen Werte der Funktionen f_i mit gemessenen Werten verglichen werden und ihre Differenz den Vektor der *Residuen*

$$\boldsymbol{r} \;=\; \left(r_1, r_2, \ldots, r_{l\cdot(m-n)}\right)$$

ergibt. Damit ist das *Gaußsche Ausgleichsprinzip* anwendbar. Der grundlegende Gedanke hierbei ist, das durch die f_i gegebene theoretische Modell mittels des Parametervektors $\boldsymbol{a}$ so anzupassen, daß die (euklidische) Norm des Residuums $\boldsymbol{r}$ minimal wird. Die notwendigen Bedingungen zur Minimierung der Funktion

$$F(\boldsymbol{a}) \;=_{Df.}\; \boldsymbol{r}^T \cdot \boldsymbol{r} \;=\; \sum_{i=1}^{l\cdot(m-n)} \left(f_i(\boldsymbol{a}) - 1\right)^2$$

sind

$$\frac{1}{2}\frac{\partial F(\boldsymbol{a})}{\partial a_j} \;=\; \sum_{i=1}^{l\cdot(m-n)} \left[\left(f_i(a_1, a_2, \ldots, a_q) - 1\right)\frac{\partial f_i(a_1, a_2, \ldots, a_q)}{\partial a_j}\right] \;=\; 0$$

für $j = 1, \ldots, q$ und ergeben ein System von nichtlinearen Gleichungen für die Unbekannten $a_1, a_2, \ldots, a_q$, welches aber nur sehr mühsam zu lösen ist.

Deshalb werden die nichtlinearen Fehlergleichungen (5.39) zuerst linearisiert. Unter der Annahme, es seien für die gesuchten Werte der Unbekannten bereits Näherungen $a_1^{(0)}, a_2^{(0)}, \ldots, a_q^{(0)}$ vorgegeben, kommt der *Korrekturansatz*

$$a_j \;=\; a_j^{(0)} + \xi_j \quad , \quad j = 1, \ldots, q \tag{5.40}$$

zur Verwendung. Dann kann die i–te Fehlergleichung (5.39) im Sinne einer Approximation ersetzt werden durch

$$\sum_{j=1}^{q} \frac{\partial f_i\left(a_1^{(0)}, a_2^{(0)}, \ldots, a_q^{(0)}\right)}{\partial a_j}\xi_j + f_i\left(a_1^{(0)}, a_2^{(0)}, \ldots, a_q^{(0)}\right) - 1 \;=\; \rho_i^{(0)}\,. \tag{5.41}$$

Da in den auf diese Weise linearisierten Fehlergleichungen andere Residuenwerte auftreten, werden sie hier mit $\rho_i^{(0)}$ bezeichnet. Durch Definition der Größen

$$h_{i,j}^{(0)} \;=_{Df.}\; \frac{\partial f_i\left(a_1^{(0)}, a_2^{(0)}, \ldots, a_q^{(0)}\right)}{\partial a_j}$$

sowie

$$d_i^{(0)} \;=_{Df.}\; f_i\left(a_1^{(0)}, a_2^{(0)}, \ldots, a_q^{(0)}\right) - 1$$

für $i = 1, \ldots, l \cdot (m-n)$ und $j = 1, \ldots, q$ entsteht ein lineares Fehlergleichungssystem

$$\boldsymbol{H}^{(0)} \cdot \boldsymbol{\xi} + \boldsymbol{d}^{(0)} \;=\; \boldsymbol{\rho}^{(0)} \tag{5.42}$$

für den Korrekturvektor

$$\boldsymbol{\xi} \;=\; (\xi_1, \xi_2, \ldots, \xi_q)\,.$$

Der Korrekturvektor $\boldsymbol{\xi}^{(1)}$ als Lösung des linearisierten Fehlergleichungssystems (5.41) kann im allgemeinen nach (5.40) nicht zu der Lösung des nichtlinearen Fehlergleichungssystems (5.39) führen. Vielmehr stellen die Werte

$$a_j^{(1)} \;=\; a_j^{(0)} + \xi_j^{(1)} \quad , \quad j = 1, \ldots, q\,,$$

also

$$\boldsymbol{a}^{(1)} \;=\; \boldsymbol{a}^{(0)} + \boldsymbol{\xi}^{1}$$

bessere Näherungen für die Unbekannten a_j dar, die iterativ weiter verbessert werden können, es ist also allgemein

$$a_j^{(k+1)} \;=\; a_j^{(k)} + \xi_j^{(k+1)} \quad , \quad j = 1, \ldots, q \tag{5.43}$$

für $k \in \mathbb{N}$. Das Iterationsverfahren bezeichnet man als *Gauß–Newton–Methode*, da die Korrektur $\boldsymbol{\xi}^{(1)}$ aus (5.41) nach dem Gaußschen Prinzip ermittelt wird und sich die Fehlergleichungen (5.41) im Sonderfall $q = l \cdot (m-n)$ auf die linearen Gleichungen reduzieren, die in der Methode von Newton zur Lösung nichtlinearer Gleichungen auftreten. Dieser Fall kann für das vorliegende Problem jedoch nicht eintreten, denn q ist die Kerndimension von $\boldsymbol{Q}_l^*$.

Die Matrix $\boldsymbol{H}^{(0)} = \left(h_{i,j}^{(0)}\right) \in \mathbb{R}^{(l\cdot(m-n),q)}$ ist die *Jacobi–Matrix* der Funktionen $f_i\,(a_1, a_2, \ldots, a_q)$.

5.3.3.1 Lösung des Fehlergleichungssystems

In jedem Iterationsschritt muß der Korrekturvektor $\boldsymbol{\xi}^{(k+1)}$ durch Lösen des Fehlergleichungssystems (5.42) bestimmt werden. Hierzu sei zunächst angenommen, daß die Matrix $\boldsymbol{H}^{(k)}$ Maximalrang besitzt. Auf das Anschreiben des oberen Iterationsindex soll aus Gründen der Übersichtlichkeit verzichtet werden.

Die Summe der Quadrate der Residuen, also das Innenprodukt $\boldsymbol{\rho}^T\boldsymbol{\rho}$, ist zu minimieren.

Aus (5.42) ergibt sich dafür

$$\begin{aligned}\boldsymbol{\rho}^T \cdot \boldsymbol{\rho} \;&=\; \boldsymbol{\xi}^T\boldsymbol{H}^T\boldsymbol{H}\boldsymbol{\xi} + \boldsymbol{\xi}^T\boldsymbol{H}^T\boldsymbol{d} + \boldsymbol{d}^T\boldsymbol{H}\boldsymbol{\xi} + \boldsymbol{d}^T\boldsymbol{d}\\ &=\; \boldsymbol{\xi}^T\boldsymbol{H}^T\boldsymbol{H}\boldsymbol{\xi} + 2\left(\boldsymbol{H}^T\boldsymbol{d}\right)^T\boldsymbol{\xi} + \boldsymbol{d}^T\boldsymbol{d}\,.\end{aligned}$$

Das Quadrat der euklidischen Länge von $\boldsymbol{\rho}$ ist damit darstellbar als quadratische Funktion $G\,(\boldsymbol{\xi})$ der q Unbekannten ξ_j. Zur Vereinfachung der Schreibweise werden

$$\boldsymbol{G} \;=_{Df.}\; \boldsymbol{H}^T\boldsymbol{H} \;\in\; \mathbb{R}^{(q,q)} \quad \text{und} \quad \boldsymbol{b} \;=_{Df.}\; \boldsymbol{H}^T\boldsymbol{d} \;\in\; \mathbb{R}^{q}$$

eingeführt. Weil $\boldsymbol{H}$ laut Voraussetzung Maximalrang besitzt, ist die symmetrische Matrix $\boldsymbol{G}$ positiv definit.
Mit obigen Bezeichnungen lautet die zu minimierende quadratische Funktion nun

$$G(\boldsymbol{\xi}) \;=\; \boldsymbol{\rho}^T \cdot \boldsymbol{\rho} \;=\; \boldsymbol{\xi}^T \boldsymbol{G} \boldsymbol{\xi} + 2\boldsymbol{b}^T \boldsymbol{\xi} + \boldsymbol{d}^T \boldsymbol{d} \;=\; \text{min!} \tag{5.44}$$

Die notwendige Bedingung dafür, daß $G(\boldsymbol{\xi})$ ein Minimum annimmt, besteht darin, daß ihr Gradient $\nabla G(\boldsymbol{\xi})$ verschwindet. Die j–te Komponente des Gradienten $\nabla G(\boldsymbol{\xi})$ berechnet sich aus der expliziten Darstellung von (5.44) zu

$$\frac{\partial G(\boldsymbol{\xi})}{\partial \xi_j} \;=\; 2 \cdot \sum_{k=1}^{q} g_{j,k} \xi_k + 2b_j \tag{5.45}$$

für $j = 1, \ldots, q$. Nach Division durch 2 ergibt sich somit aus (5.45) als notwendige Bedingung für ein Minimum von $G(\boldsymbol{\xi})$ das lineare Gleichungssystem

$$\boldsymbol{G} \cdot \boldsymbol{\xi} + \boldsymbol{b} \;=\; \boldsymbol{o} \tag{5.46}$$

für die Unbekannten $\xi_1, \xi_2, \ldots, \xi_q$. Man nennt (5.46) die *Normalengleichungen* zu den Fehlergleichungen (5.42). Da die Matrix $\boldsymbol{G}$ wegen der getroffenen Voraussetzung für $\boldsymbol{H}$ positiv definit ist, sind die Unbekannten ξ_j durch die Normalengleichungen (5.46) eindeutig bestimmt und lassen sich mit der Methode von Cholesky berechnen. Die Funktion $G(\boldsymbol{\xi})$ wird durch diese Werte auch tatsächlich minimiert, denn die Hessesche Matrix von $G(\boldsymbol{\xi})$, gebildet aus den zweiten partiellen Ableitungen, ist die positiv definite Matrix $\boldsymbol{G}$.

Die klassische Behandlung der Fehlergleichungen (5.42) nach dem Gaußschen Ausgleichsprinzip besteht somit aus den folgenden, einfachen Lösungsschritten [50]:

1.	$\boldsymbol{G} = \boldsymbol{H}^T\boldsymbol{H}, \quad \boldsymbol{b} = \boldsymbol{H}^T\boldsymbol{d}$	Normalengleichungen (5.46)
2.	$\boldsymbol{G} = \boldsymbol{L}\boldsymbol{L}^T$	Cholesky–Zerlegung
	$\boldsymbol{L}\boldsymbol{y} - \boldsymbol{b} = \boldsymbol{o}, \quad \boldsymbol{L}^T\boldsymbol{\xi} + \boldsymbol{y} = \boldsymbol{o}$	Vor–/Rückwärtseinsetzen

Hiermit ist eine Methode angegeben, die in die Gleichungen (5.43) einzusetzenden Elemente des Korrekturvektors $\boldsymbol{\xi}^{(k)}$ zu errechnen.

Die zu Beginn dieses Abschnittes angegebene Voraussetzung des maximalen Ranges von $\boldsymbol{H}$ kann bei dem vorliegenden Problem der Bestimmung eines Vektors, dessen Elemente (5.37) erfüllen, nicht immer eingehalten werden. Aus diesem Grunde ist während der iterativen Approximation einer Lösung $\hat{\boldsymbol{u}}^*$ vor der Berechnung der Korrektur $\boldsymbol{\xi}^{(k)}$ der Rang von $\boldsymbol{H}$ zu bestimmen. Ist dieser nicht maximal, so kann die Cholesky–Zerlegung nicht angewandt werden.

Hier bietet die *Singulärwertzerlegung* Abhilfe.

Satz 5.8 *Zu jeder Matrix* $\boldsymbol{H} \in \mathbb{R}^{(l\cdot(m-n),q)}$ *mit Rang* $r \leq q \leq l\cdot(m-n)$ *existieren zwei orthogonale Matrizen* $\boldsymbol{U} \in \mathbb{R}^{(l\cdot(m-n),l\cdot(m-n))}$ *und* $\boldsymbol{V} \in \mathbb{R}^{(q,q)}$ *derart, daß die* Singulärwertzerlegung

$$\boldsymbol{H} = \boldsymbol{U}\cdot\hat{\boldsymbol{S}}\cdot\boldsymbol{V}^T \quad \text{mit} \quad \hat{\boldsymbol{S}} = \left(\frac{\boldsymbol{S}}{\boldsymbol{O}}\right), \quad \hat{\boldsymbol{S}} \in \mathbb{R}^{(l\cdot(m-n),q)}, \quad \boldsymbol{S} \in \mathbb{R}^{q,q)} \tag{5.47}$$

gilt, wobei $\boldsymbol{S}$ *eine Diagonalmatrix mit nichtnegativen Diagonalelementen* s_ρ *ist, die eine nichtzunehmende Folge mit*

$$s_1 \geq s_2 \geq \ldots \geq s_r \geq s_{r+1} = \ldots = s_q = 0$$

bilden, und $\boldsymbol{O}$ *eine Nullmatrix darstellt.*

Ein ausführlicher *Beweis* ist in [50], Abschnitt 7.3, zu finden.

Die s_j heißen die *singulären Werte* der Matrix $\boldsymbol{H}$. Werden weiter mit $\boldsymbol{u}_j \in \mathbb{R}^{l\cdot(m-n)}$ und $\boldsymbol{v}_j \in \mathbb{R}^q$ die Spaltenvektoren von $\boldsymbol{U}$ und $\boldsymbol{V}$ bezeichnet, so folgen aus (5.47) die Relationen

$$\boldsymbol{H}\boldsymbol{v}_j = s_j\boldsymbol{u}_j \quad \text{und} \quad \boldsymbol{H}^T\boldsymbol{u}_j = s_j\boldsymbol{v}_j \tag{5.48}$$

für $1 = 1,\ldots,q$. Die $\boldsymbol{v}_j$ werden die *Rechtssingulärvektoren* und die $\boldsymbol{u}_j$ die *Linkssingulärvektoren* der Matrix $\boldsymbol{H}$ genannt.

Die Singulärwertzerlegung (5.47) eröffnet eine weitere Möglichkeit, ein System von Fehlergleichungen (5.42) $\boldsymbol{H\xi} + \boldsymbol{d} = \boldsymbol{\rho}$ durch ein orthogonal transformiertes, äquivalentes System zu ersetzen. Mit $\boldsymbol{V}\boldsymbol{V}^T = \boldsymbol{I}$ kann geschrieben werden

$$\boldsymbol{U}^T\boldsymbol{H}\boldsymbol{V}\boldsymbol{V}^T\boldsymbol{\xi} + \boldsymbol{U}^T\boldsymbol{d} = \boldsymbol{U}^T\boldsymbol{\rho} = \hat{\boldsymbol{\rho}}. \tag{5.49}$$

Dann werden die Hilfsvektoren

$$\boldsymbol{y} =_{Df.} \boldsymbol{V}^T\boldsymbol{\xi} \in \mathbb{R}^q \tag{5.50}$$

und

$$\boldsymbol{b} =_{Df.} \boldsymbol{U}^T\boldsymbol{d} \in \mathbb{R}^{l\cdot(m-n)}$$

mit $b_i = \boldsymbol{u}_i^T\boldsymbol{d}$ eingeführt. Dann lautet aber (5.49) auf Grund der Singulärwertzerlegung sehr speziell

$$\begin{aligned} s_iy_i + b_i &= \hat{\rho}_i \;, & i &= 1,\ldots,r\,, \\ b_i &= \hat{\rho}_i \;, & i &= r+1,\ldots,l\cdot(m-n)\,. \end{aligned} \tag{5.51}$$

Da die letzten $l\cdot(m-n)-r$ Residuen unabhängig von den (neuen) Unbekannten y_i sind, ist die Summe der Quadrate der Residuen genau dann minimal, falls $r\hat{h}o_i = 0,\ i = 1,\ldots,r$ gilt, und sie hat folglich den eindeutigen Wert

$$\rho_{min} =_{Df.} \boldsymbol{\rho}^T\cdot\boldsymbol{\rho} = \sum_{i=r+1}^{l\cdot(m-n)} \hat{\rho}_i^2 = \sum_{i=r+1}^{l\cdot(m-n)} b_i^2 = \sum_{i=r+1}^{l\cdot(m-n)} \left(\boldsymbol{u}_i^T\boldsymbol{d}\right)^2.$$

Die ersten r Unbekannten y_i sind nach (5.51) für $i = 1, \ldots, r$ gegeben durch

$$y_i = -\frac{b_i}{s_i},$$

während die restlichen $q - r$ Unbekannten frei wählbar sind. Der Lösungsvektor $\boldsymbol{\xi}$ der Fehlergleichungen besitzt nach (5.50) somit die Darstellung

$$\boldsymbol{\xi} = -\sum_{i=1}^{r} \frac{\boldsymbol{u}_i^T \boldsymbol{d}}{s_i} \boldsymbol{v}_i + \sum_{i=r+1}^{q} y_i \boldsymbol{v}_i$$

mit den $q - r$ freien Parametern $y_{r+1}, \ldots, y_q$. Hat die Matrix $\boldsymbol{H}$ nicht Maximalrang, ist die allgemeine Lösung als Summe einer partikulären Lösung im Unterraum der r Rechtsingulärvektoren $\boldsymbol{v}_i$ zu den *positiven* singulären Werten s_i und einem beliebigen Vektor aus dem Nullraum der Matrix $\boldsymbol{H}$ darstellbar. Denn nach (5.48) gilt für die verschwindenden singulären Werte

$$\boldsymbol{H}\boldsymbol{v}_i = \boldsymbol{o},$$

$i = r + 1, \ldots, q$.

In der Lösungsmenge des Fehlergleichungssystems existiert eine spezielle Lösung $\boldsymbol{\xi}^*$ mit minimaler euklidischer Norm. Infolge der Orthogonalität der Rechtssingulärvektoren $\boldsymbol{v}_i$ ist sie durch $y_{r+1} = y_{r+2} = \ldots = y_q = 0$ gekennzeichnet und ist gegeben durch

$$\boldsymbol{\xi}^* = -\sum_{i=1}^{r} \frac{\boldsymbol{u}_i^T \boldsymbol{d}}{s_i} \boldsymbol{v}_i \quad , \quad \|\boldsymbol{\xi}^*\|_2 = \min_{\boldsymbol{H}\boldsymbol{\xi}+\boldsymbol{d}=\boldsymbol{\rho}} \|\boldsymbol{\xi}\|_2 \,. \tag{5.52}$$

Wie zu sehen ist, stehen die Singulärwerte in (5.52) im Nenner. Im Fall $r = q$ sind die singulären Wert s_i die Quadratwurzeln der Eigenwerte der Normalisierungsgleichungsmatrix $\boldsymbol{G} = \boldsymbol{H}^T \boldsymbol{H}$. Wenn eine schlechte Kondition vorliegt, können die Singulärwerte daher sehr klein werden. Dies ist auch im vorliegenden Fall, also für $r < q$ möglich, so daß diese s_i sehr große und eventuell unerwünschte Beiträge zum Lösungsvektor $\boldsymbol{\xi}^*$ bewirken können.
Es werden in [50], Abschnitt 7.3, einige Möglichkeiten geschildert, um diese Schwierigkeit zu umgehen.

Bei dem hier interessierenden Problem kommt der Fall eines nichtmaximalen Ranges von $\boldsymbol{H}$ jedoch nur sehr selten vor. Während der Approximation dient die Behandlung des Falles $r < q$ dazu, einen passenden Korrekturvektor zu finden, der die Näherung $\boldsymbol{a}$ so weit verändert, daß der volle Rang von $\boldsymbol{H}$ wieder gesichert ist.

Eine Approximation einer Lösung $\hat{\boldsymbol{u}}^* \in \{-1, +1\}$ kann nur gelingen, wenn der Startvektor $\boldsymbol{a}^{(0)}$ im Einzugsbereich einer solchen Lösung liegt. Obwohl – wie in einem Beispiel noch gezeigt wird – mit dem in diesem Abschnitt vorgestellten Iterationsverfahren eine Steuerfolge bestimmt werden kann, liegt in der Anforderung, mit dem Startvektor bereits den Einzugsbereich zu treffen, eine Schwäche des Verfahrens.

5.3.4 Eine obere Grenze für die Länge l einer Steuerfolge

Die in (5.19) für das lineare Abtastsystem definierte Koeffizientenmatrix $\boldsymbol{Q}_l \in \mathbb{R}^{(n,l\cdot p)}$ entstand bei der Aufschaltung einer Steuerfolge der Länge l auf das lineare Abtastsystem (5.16). $\boldsymbol{Q}_l$ besitzt $l \cdot p$ Spaltenvektoren und n Zeilen. Wegen der Rangbedingung (5.21) muß dann aber

$$l \cdot p \;\geq\; n \tag{5.53}$$

und damit die Länge der Steuerfolge

$$l \;\geq\; \frac{n}{p} \tag{5.54}$$

sein.

Um die Frage nach der Erreichbarkeit eines Systems (5.16) zu beantworten, ist eine Mindestschrittzahl l zu finden, für die (5.21) eine wahre Aussage ist. Dafür wird zunächst als Startwert die kleinste natürliche Zahl hergenommen, die (5.54) erfüllt, also

$$l_0 \;=_{Df.}\; \left\lceil \frac{n}{p} \right\rceil .$$

Ist $\mathrm{Rang}\boldsymbol{Q}_{l_0} < n$, so wird zu $l_0{+}1$ übergegangen und so fort. Mit größer werdender Schrittzahl l wächst die Spaltenzahl von $\boldsymbol{Q}_l$, so daß der Rang von $\boldsymbol{Q}_l$ monoton ansteigt.

Um in jedem Fall zu einer Aussage über die Steuerbarkeit von (5.16) gelangen zu können, muß es eine obere Grenze l_{max} für die Länge l der Steuerfolge geben, so daß auch die negative Feststellung der folgenden Art möglich wird:
Wenn $\mathrm{Rang}\boldsymbol{Q}_{l_{max}} < n$ ist, dann ist das Abtastsystem (5.16) *nicht* erreichbar.

Der Wert von l_{max} läßt sich unter Zuhilfenahme des Satzes von CAYLEY–HAMILTON [57] festlegen. Nach diesem Satz erfüllt die Matrix $\boldsymbol{A}_d$ ihre *charakteristische Gleichung*

$$\boldsymbol{A}_d^n + z_{n-1}\boldsymbol{A}_d^{n-1} + \cdots + z_1\boldsymbol{A}_d + z_0\boldsymbol{I} \;=\; \boldsymbol{O}\,,$$

wobei die z_ν feste Zahlen sind. Für jede Spalte $\boldsymbol{b}_\rho$ von $\boldsymbol{B}_d$ folgt daraus

$$\boldsymbol{A}_d^n\boldsymbol{b}_\rho \;=\; -z_0\boldsymbol{b}_\rho - z_1\boldsymbol{A}_d\boldsymbol{b}_\rho - \cdots - z_{n-1}\boldsymbol{A}_d^{n-1}\boldsymbol{b}_\rho \quad , \quad \rho = 1,\ldots,p. \tag{5.55}$$

Fügt man daher zu

$$\boldsymbol{Q}_n \;=\; \left(\boldsymbol{B}_d,\, \boldsymbol{A}_d\boldsymbol{B}_d,\, \ldots,\, \boldsymbol{A}_d^{l-2}\boldsymbol{B}_d,\, \boldsymbol{A}_d^{n-1}\boldsymbol{B}_d\right)$$

die Potenz

$$\boldsymbol{A}_d^n\boldsymbol{B}_d \;=\; (\,\boldsymbol{A}_d^n\boldsymbol{b}_1,\, \ldots,\, \boldsymbol{A}_d^n\boldsymbol{b}_p\,)$$

hinzu, so sind wegen (5.55) deren Spaltenvektoren sämtlich von den bereits vorhandenen Spaltenvektoren aus $\boldsymbol{Q}_n$ linear abhängig. Diese Schlußweise gilt auch für höhere Potenzen $\boldsymbol{A}_d^{n+1}\boldsymbol{B}_d$, $\boldsymbol{A}_d^{n+2}\boldsymbol{B}_d$, ..., so daß der Rang von $\boldsymbol{Q}_l$ für $l > n$ nicht mehr anwachsen kann. Dies führt zu dem

Satz 5.9 *Die kleinste Schrittzahl l einer Steuerfolge, für die die Rangbedingung (5.21) gültig ist, genügt der Ungleichung*

$$\frac{n}{p} \leq l \leq n .$$

Existiert keine solche Schrittzahl, dann ist das lineare Abtastsystem (5.16) nicht steuerbar.

Diese Erkenntnis kann dazu benutzt werden, eine Aussage über die Obergrenze für die Schrittlänge einer Steuerfolge für das Modell (5.27) eines nichtautonomen Automaten herzuleiten. Es wird nun die $(m-p)$–zeilige Koeffizientenmatrix

$$\boldsymbol{Q}_l^* \in \mathbb{Q}^{(m-p, l\cdot(m-n))}$$

der Rangbedingung (5.34) betrachtet. Wie bei einem klassischen Abtastsystem gilt hier analog mit dem Satz von CAYLEY–HAMILTON: Ist die Rangbedingung mit keinem $l \leq m-p$ erfüllbar, so gelingt dies auch für $l > m-p$ nicht mehr.

Der Automat $\boldsymbol{\mathcal{Z}}$ besitzt $N = 2^n$ verschiedene Zustände. Wenn also ein Zustand $\boldsymbol{x}_e$ von einem Anfangszustand $\boldsymbol{x}_0$ aus erreichbar ist, so erfolgt dies in höchstens $N-1 = 2^n - 1$ Schritten, da sonst mindestens ein Zustand zweimal durchlaufen würde.

Hiermit sind zwei Grenzen für l gesetzt: Zum einen durch die Zeilenzahl von $\boldsymbol{Q}_l^*$, und zum anderen durch die Anzahl der Zustände $N = 2^n$.

Daraus ergibt sich als für ereignisdiskrete Systeme der Form (5.27) gültige Variante des Satzes 5.9 der

Satz 5.10 *Die kleinste Schrittzahl l einer* möglichen *Steuerfolge für das System (5.27), für die die Rangbedingung des Satzes 5.4 gültig ist, genügt der Ungleichung*

$$l \leq \min(m-p, 2^n - 1) .$$

Zur linken Seite der Ungleichung aus Satz 5.9 gibt es hier keine Entsprechung. Wie bereits erwähnt, muß $\boldsymbol{Q}_l^*$ nicht den vollen Rang $m-p$ besitzen, so daß eine Untergrenze für l hier nicht gegeben werden kann.

Der Zusatz *möglich* in Satz 5.10 bezieht sich darauf, daß die Lösbarkeit von (5.31) noch nicht die Existenz einer gültigen Steuerfolge impliziert, siehe hierzu Satz 5.5.

5.3.4.1 Beispiel

Die hergeleiteten Kriterien sollen nun an einem Beispiel erprobt werden. Gegeben sei der durch seinen Zustandsgraphen in Abbildung 5.5 definierte nichtautonome Automat $\boldsymbol{\mathcal{Z}}$. Er besitzt 4 Zustände und 2 Steuerwerte. Es ist also $n = 2$ und $p = 1$.

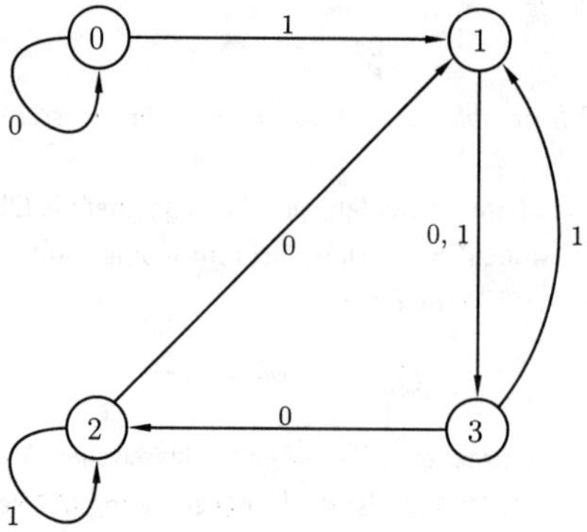

Abbildung 5.5: Ein Automat mit vier Zuständen und zwei Eingangswerten

Damit ergeben sich nach dem Vorbild von (5.1) und (5.2) die beiden Matrizen

$$\hat{\boldsymbol{X}}_k \quad =_{Df.} \quad \begin{pmatrix} + & + & + & + & - & - & - & - \\ + & + & - & - & + & + & - & - \\ + & - & + & - & + & - & + & - \end{pmatrix} \quad \in \{-1,+1\}^{(n+p,2^{n+p})} \tag{5.56}$$

und

$$\boldsymbol{X}_{k+1} \quad =_{Df.} \quad \begin{pmatrix} + & - & + & - & + & - & - & + \\ + & - & - & + & - & - & + & - \end{pmatrix} \quad \in \{-1,+1\}^{(n,2^{n+p})}\ , \tag{5.57}$$

die nach der Entwicklung 2.1 die Gestalt

$$\hat{\boldsymbol{X}}_k = \begin{pmatrix} + & + & + & + & - & - & - & - \\ + & + & - & - & + & + & - & - \\ + & - & + & - & + & - & + & - \\ + & + & + & + & + & + & + & + \\ + & + & - & - & - & - & + & + \\ + & - & - & + & + & - & - & + \\ + & - & - & + & - & + & + & - \\ + & - & + & - & - & + & - & + \end{pmatrix} \in \{-1,+1\}^{(m,2^{n+p})},$$

$$\boldsymbol{X}_{k+1} = \begin{pmatrix} + & - & + & - & + & - & - & + \\ + & - & - & + & - & - & + & - \\ + & + & + & + & + & + & + & + \\ + & - & + & - & - & + & + & - \\ + & + & - & - & - & + & - & - \\ + & + & - & - & + & - & + & + \\ + & - & - & + & + & + & - & + \end{pmatrix} \in \{-1,+1\}^{(m-p,2^{n+p})}$$

annehmen. Es ist hier $m = 8$. Die während der Entwicklung errechnete Systemmatrix ist

$$\hat{\boldsymbol{A}} = \begin{pmatrix} 0 & 0 & \frac{1}{2} & 0 & 0 & \frac{1}{2} & -\frac{1}{2} & \frac{1}{2} \\ \frac{1}{4} & -\frac{1}{4} & \frac{1}{4} & -\frac{1}{4} & \frac{1}{4} & \frac{1}{4} & \frac{3}{4} & -\frac{1}{4} \\ 0 & 0 & 0 & 1 & 0 & 0 & 0 & 0 \\ 0 & 0 & \frac{1}{2} & 0 & 0 & -\frac{1}{2} & \frac{1}{2} & \frac{1}{2} \\ \frac{1}{4} & \frac{3}{4} & -\frac{1}{4} & -\frac{1}{4} & \frac{1}{4} & -\frac{1}{4} & \frac{1}{4} & \frac{1}{4} \\ -\frac{1}{4} & \frac{1}{4} & \frac{1}{4} & \frac{1}{4} & \frac{3}{4} & \frac{1}{4} & -\frac{1}{4} & -\frac{1}{4} \\ -\frac{1}{4} & \frac{1}{4} & -\frac{1}{4} & \frac{1}{4} & -\frac{1}{4} & \frac{3}{4} & \frac{1}{4} & \frac{1}{4} \end{pmatrix} \in \mathbb{Q}^{(m-p,m)},$$

so daß (5.5) erfüllt ist. Nun erfolgt gemäß (5.22) die Umformung von $\hat{\boldsymbol{X}}_k$ in

$$\hat{\boldsymbol{X}}_k^* =_{Df.} \begin{pmatrix} + & + & - & - & + & + & - & - \\ + & - & + & - & + & - & + & - \\ + & + & + & + & + & + & + & + \\ + & + & - & - & - & - & + & + \\ + & - & - & + & + & - & - & + \\ + & - & - & + & - & + & + & - \\ + & - & + & - & - & + & - & + \\ + & + & + & + & - & - & - & - \end{pmatrix} \begin{matrix} \left.\begin{matrix} \\ \\ \\ \\ \\ \\ \\ \end{matrix}\right\} \boldsymbol{X}_k \\ \left.\right\} \boldsymbol{U}_k \end{matrix},$$

indem die erste Zeile von $\hat{\boldsymbol{X}}_k$ an das Ende dieser Matrix verschoben wird. Entsprechendes geschieht mit $\hat{\boldsymbol{A}}$, so daß $\hat{\boldsymbol{A}}^*$ entsteht. Nach der Aufspaltung (5.24) von $\hat{\boldsymbol{A}}^*$ in

$$\boldsymbol{B}^* \quad =_{Df.} \quad \begin{pmatrix} 0 & 0 & \frac{1}{2} & -\frac{1}{2} & \frac{1}{2} & 0 \\ -\frac{1}{4} & \frac{1}{4} & \frac{1}{4} & \frac{3}{4} & -\frac{1}{4} & \frac{1}{4} \\ 1 & 0 & 0 & 0 & 0 & 0 \\ 0 & 0 & -\frac{1}{2} & \frac{1}{2} & \frac{1}{2} & 0 \\ -\frac{1}{4} & \frac{1}{4} & -\frac{1}{4} & \frac{1}{4} & \frac{1}{4} & \frac{1}{4} \\ \frac{1}{4} & \frac{3}{4} & \frac{1}{4} & -\frac{1}{4} & -\frac{1}{4} & -\frac{1}{4} \\ \frac{1}{4} & -\frac{1}{4} & \frac{3}{4} & \frac{1}{4} & \frac{1}{4} & -\frac{1}{4} \end{pmatrix} \quad \in \quad \mathbb{Q}^{(m-p,m-p)}$$

und $\overline{\boldsymbol{A}}$ wird die quadratische Matrix

$$\boldsymbol{A}^* \quad =_{Df.} \quad \begin{pmatrix} 0 & \frac{1}{2} & 0 & 0 & 0 & 0 & 0 \\ -\frac{1}{4} & \frac{1}{4} & 0 & 0 & 0 & 0 & 0 \\ 0 & 0 & 0 & 0 & 0 & 0 & 0 \\ 0 & \frac{1}{2} & 0 & 0 & 0 & 0 & 0 \\ \frac{3}{4} & -\frac{1}{4} & 0 & 0 & 0 & 0 & 0 \\ \frac{1}{4} & \frac{1}{4} & 0 & 0 & 0 & 0 & 0 \\ \frac{1}{4} & -\frac{1}{4} & 0 & 0 & 0 & 0 & 0 \end{pmatrix} \quad \in \quad \mathbb{Q}^{(m-p,m-p)}$$

aus $\overline{\boldsymbol{A}}$ erzeugt. Auf zu $\boldsymbol{A}^*$ und $\boldsymbol{B}^*$ passende Art und Weise (5.25) wird zunächst auch $\hat{\boldsymbol{X}}_k^*$ aufgetrennt, um danach die beiden Matrizen

$$\boldsymbol{X}_k^* \quad =_{Df.} \quad \begin{pmatrix} + & + & - & - & + & + & - & - \\ + & - & + & - & + & - & + & - \\ 0 & 0 & 0 & 0 & 0 & 0 & 0 & 0 \\ 0 & 0 & 0 & 0 & 0 & 0 & 0 & 0 \\ 0 & 0 & 0 & 0 & 0 & 0 & 0 & 0 \\ 0 & 0 & 0 & 0 & 0 & 0 & 0 & 0 \\ 0 & 0 & 0 & 0 & 0 & 0 & 0 & 0 \end{pmatrix} \quad \in \quad \{-1, 0, +1\}^{(m-p,2^{p+n})}$$

und

$$\boldsymbol{U}_k^* \quad =_{Df.} \quad \begin{pmatrix} + & + & + & + & + & + & + & + \\ + & + & - & - & - & - & + & + \\ + & - & - & + & + & - & - & + \\ + & - & - & + & - & + & + & - \\ + & - & + & - & - & + & - & + \\ + & + & + & + & - & - & - & - \end{pmatrix} \quad \in \quad \{-1, +1\}^{(m-n,2^{p+n})} \tag{5.58}$$

zu generieren. Die Eingangswerte u sind nun in der *letzten* Zeile von $\boldsymbol{U}_k^*$ zu finden, da $p = 1$ ist.

Mit diesen Matrizen besteht die Darstellung von $\mathcal{Z}$ als Differenzengleichungssystem in der Form (5.29). Die Ausgangsmatrix ist

$$\boldsymbol{C} \;=_{Df.}\; \begin{pmatrix} 1 & 0 & 0 & 0 & 0 & 0 & 0 \\ 0 & 1 & 0 & 0 & 0 & 0 & 0 \end{pmatrix} \;\in\; \{0,1\}^{(n,m-p)} \;.$$

Gemäß Satz 5.9 kann ein Zustand x_e von einem Anfangszustand x_0 aus nach höchstens $l_{max} = 2^n - 1 = 3$ Schritten oder garnicht erreicht werden. Dementsprechend ist eine Überprüfung der Rangbedingung (5.34) mit den Matrizen $\boldsymbol{Q}_1^*$, $\boldsymbol{Q}_2^*$ und $\boldsymbol{Q}_3^*$ durchzuführen. Beispielsweise ist

$$\boldsymbol{Q}_3^* \;=\; \left(\boldsymbol{B}^*,\, \boldsymbol{A}^*\boldsymbol{B}^*,\, (\boldsymbol{A}^*)^2\,\boldsymbol{B}^*\right) \;=$$

$$\left(\begin{array}{cccccccccccccccccc}
0 & 0 & \frac{1}{2} & -\frac{1}{2} & \frac{1}{2} & 0 & -\frac{1}{8} & \frac{1}{8} & \frac{1}{8} & \frac{3}{8} & -\frac{1}{8} & \frac{1}{8} & -\frac{1}{32} & \frac{1}{32} & -\frac{1}{32} & \frac{5}{32} & -\frac{3}{32} & \frac{1}{32} \\
-\frac{1}{4} & \frac{1}{4} & \frac{1}{4} & \frac{3}{4} & -\frac{1}{4} & \frac{1}{4} & -\frac{1}{16} & \frac{1}{16} & -\frac{1}{16} & \frac{5}{16} & -\frac{3}{16} & \frac{1}{16} & \frac{1}{64} & -\frac{1}{64} & -\frac{3}{64} & -\frac{1}{64} & -\frac{1}{64} & -\frac{1}{64} \\
1 & 0 & 0 & 0 & 0 & 0 & 0 & 0 & 0 & 0 & 0 & 0 & 0 & 0 & 0 & 0 & 0 & 0 \\
0 & 0 & -\frac{1}{2} & \frac{1}{2} & \frac{1}{2} & 0 & -\frac{1}{8} & \frac{1}{8} & \frac{1}{8} & \frac{3}{8} & -\frac{1}{8} & \frac{1}{8} & -\frac{1}{32} & \frac{1}{32} & -\frac{1}{32} & \frac{5}{32} & -\frac{3}{32} & \frac{1}{32} \\
-\frac{1}{4} & \frac{1}{4} & -\frac{1}{4} & \frac{1}{4} & \frac{1}{4} & \frac{1}{4} & \frac{1}{16} & -\frac{1}{16} & \frac{5}{16} & -\frac{9}{16} & \frac{7}{16} & -\frac{1}{16} & -\frac{5}{64} & \frac{5}{64} & \frac{7}{64} & \frac{13}{64} & -\frac{3}{64} & \frac{5}{64} \\
\frac{1}{4} & \frac{3}{4} & \frac{1}{4} & -\frac{1}{4} & -\frac{1}{4} & -\frac{1}{4} & -\frac{1}{16} & \frac{1}{16} & \frac{3}{16} & \frac{1}{16} & \frac{1}{16} & \frac{1}{16} & -\frac{3}{64} & \frac{3}{64} & \frac{1}{64} & \frac{11}{64} & -\frac{5}{64} & \frac{3}{64} \\
\frac{1}{4} & -\frac{1}{4} & \frac{3}{4} & \frac{1}{4} & \frac{1}{4} & -\frac{1}{4} & \frac{1}{16} & -\frac{1}{16} & \frac{1}{16} & -\frac{5}{16} & \frac{3}{16} & -\frac{1}{16} & -\frac{1}{64} & \frac{1}{64} & \frac{3}{64} & \frac{1}{64} & \frac{1}{64} & \frac{1}{64}
\end{array}\right) .$$

Wie aus Abbildung 5.5 ersichtlich ist, ist der Zustand $x_e = 0$ von einem Zustand $x_0 \neq 0$ aus nicht erreichbar. Beispielhaft soll nun überprüft werden, ob es einen Pfad von Zustand $x_0 = 3$ nach $x_e = 0$ gibt. Der Vektor des Anfangszustandes ist

$$\boldsymbol{x}_0 \;=\; \boldsymbol{x}_0^* \;=\; (-,-,0,0,0,0,0)^T$$

und damit die vierte Spalte von $\boldsymbol{X}^*$. Es gibt für $u = 0, 1$ gemäß (5.33) die beiden Endvektoren

$$\boldsymbol{x}_e^{(0)} \;=\; (+,+,+,+,+,+,+)^T \qquad \text{und} \qquad \boldsymbol{x}_e^{(1)} \;=\; (+,+,+,-,+,-,-)^T \;,$$

die in $\boldsymbol{X}_k$ die beiden Spalten mit den Nummern 1 und 5 ausmachen. In der folgenden Tabelle sind die Werte der linken und rechten Seite von (5.34) in Abhängigkeit von der Länge der Steuerfolge l und dem Steuervektor des letzten Schrittes u aufgeführt.

l	u	Rang $\boldsymbol{Q}_l^*$	Rang $\left(\boldsymbol{Q}_l^*, x_e^{(u)} - (\boldsymbol{A}^*)^l\,\boldsymbol{x}_0\right)$
1	0	6	6
1	1	6	6
2	0	7	7
2	1	7	7
3	0	7	7
3	1	7	7

Sowohl für $u = 0$ als auch für $u = 1$ ergibt sich eine Ranggleichheit. Damit kann mittels der Rangbedingung in *keinem* Fall ausgeschlossen werden, daß es eine Steuerfolge entsprechender Länge gibt, die den Automaten vom Zustand 3 in den Zustand 0 überführt. Vielmehr besitzt das Gleichungssystem eine Lösung für jede mögliche Steuerfolgenlänge. Aufgrund des Wissens, daß es keine Möglichkeit gibt, daß System von $x_0 = 3$ nach $x_e = 0$ zu bewegen, ist jedoch bekannt, daß es unter den Lösungen keine gibt, die aus zulässigen Eingangsvektoren, also Spalten aus $\boldsymbol{U}_k^*$, zusammengesetzt ist. Es zeigt sich bereits, daß die Rangbedingung (5.34) ein schwaches Kriterium ist.

Es soll nun eine Steuerfolge gefunden werden, durch deren Anlegen sich das System aus dem Zustand $x_0 = 0$ in den Zustand $x_e = 2$ bewegt. Es sind nun

$$\boldsymbol{x}_0 = \boldsymbol{x}_0^* = (+,+,0,0,0,0,0)^T$$

sowie

$$\boldsymbol{x}_e^{(0)} = (-,+,+,-,-,-,+)^T \quad \text{und} \quad \boldsymbol{x}_e^{(1)} = (-,+,+,+,-,+,-)^T .$$

Wird nun wieder die obige Tabelle der Matrixränge erstellt, so unterscheidet sie sich nur in der zweiten Zeile von der vorherigen:

l	u	$\operatorname{Rang} \boldsymbol{Q}_l^*$	$\operatorname{Rang}\left(\boldsymbol{Q}_l^*, x_e^{(u)} - (\boldsymbol{A}^*)^l\, \boldsymbol{x}_0\right)$
1	0	6	6
1	1	6	7
2	0	7	7
2	1	7	7
3	0	7	7
3	1	7	7

Hier kann[2)] festgestellt werden, daß der Automat nicht in einem Schritt mittels des Steuerwertes $u = 1$ vom Zustand 0 in den Zustand 2 überführt werden kann.

Wiederum aus dem Graphen 5.5 ist zu entnehmen, daß es zwei mögliche Steuerfolgen gibt: $(1, 0, 0)$ und $(1, 1, 0)$.

Um eine Steuerfolge zu bestimmen, kann das in Abschnitt 5.3.3 hergeleitete Näherungsverfahren benutzt werden. Es sei nun $x_0 = 3$, $x_e = 1$ und $l = 2$. Aus Abbildung 5.5 ist ersichtlich, daß die Steuerfolge $(0, 0)$ das System von x_0 nach x_e überführt.

Gemäß (5.33) wird in (5.31) $\boldsymbol{x}_l = \boldsymbol{x}_e^{(0)} = (+,-,+,+,-,-,-)$ gesetzt. Eine partikuläre Lösung von (5.31) mit $l = 2$ ist dann

$$\tilde{\boldsymbol{u}} = \left(1,\, -\tfrac{3}{2},\, -1,\, -1,\, \tfrac{1}{2},\, 1,\, -\tfrac{3}{5},\, 0,\, 0,\, 0,\, 0,\, 0\right)$$

[2)]immerhin

Es ist $l \cdot (m-n) = 2 \cdot 6 = 12$ und damit $\boldsymbol{Q}_2^* \in \mathbb{Q}^{(7,12)}$. Eine Basis des fünfdimensionalen Kerns von $\boldsymbol{Q}_2^*$ ist

$$\begin{aligned}
\boldsymbol{k}_1 &= (0,0,0,0,0,0,1,0,0,0,0,1)^T \,, \\
\boldsymbol{k}_2 &= \left(0,-\tfrac{1}{2},0,0,-\tfrac{1}{2},0,-3,0,0,0,1,0\right)^T \,, \\
\boldsymbol{k}_3 &= \left(0,\tfrac{1}{2},0,0,\tfrac{1}{2},0,5,0,0,1,0,0\right)^T \,, \\
\boldsymbol{k}_4 &= \left(0,-\tfrac{1}{2},0,0,-\tfrac{1}{2},0,-1,0,1,0,0,0\right)^T \,, \\
\boldsymbol{k}_5 &= (0,0,0,0,0,0,1,1,0,0,0,0)^T \,.
\end{aligned}$$

Mit der Kernbasis und der partikulären Lösung $\tilde{\boldsymbol{u}}$ von (5.31) können die Funktionen (5.38) und die Fehlergleichungen konstruiert werden.

Gesucht ist nun ein fünfstelliger Vektor $\boldsymbol{a}$, so daß

$$\tilde{\boldsymbol{u}} + \begin{pmatrix} \boldsymbol{k}_1 & \boldsymbol{k}_2 & \boldsymbol{k}_3 & \boldsymbol{k}_4 & \boldsymbol{k}_5 \end{pmatrix} \cdot \boldsymbol{a} \in \{-1,+1\}^{12}$$

ist.

Die Approximation wird mit dem Startvektor

$$\boldsymbol{a}^0 =_{Df.} (1.1,\ -1,\ 0.9,\ 0.9,\ -0.5)^T$$

begonnen. In der folgenden Tabelle sind die Ergebnisse der ersten drei Iterationsschritte aufgeführt.

Schritt	Näherung für $\hat{\boldsymbol{u}}^*$	$F(\boldsymbol{a}) = \boldsymbol{r}^T\boldsymbol{r}$
1	$(1.00000, -0.98298, -1.00000, -1.00000, 1.01702, 1.00000,$ $1.01045, -1.21421, 1.01553, 1.03976, -1.00981, 1.01194)$	0.48607
2	$(1.00000, -0.99848, -1.00000, -1.00000, 1.00152, 1.00000,$ $0.99928, -1.01836, 1.00083, 1.00300, -1.00088, 1.00084)$	0.037932
3	$(1.00000, -0.99999, -1.00000, -1.00000, 1.00001, 1.00000,$ $0.99999, -1.00016, 1.00001, 1.00003, -1.00001, 1.00001)$	0.00032529

Die Einträge der Näherung für $\hat{\boldsymbol{u}}^*$ enthalten jeweils fünf Dezimalstellen. Das Fehlerquadrat in der rechten Spalte ist mit sechs signifikanten Stellen angegeben. Nach dem vierten Schritt bewegt sich das Fehlerquadrat bereits im Bereich von 10^{-8}. Das Ergebnis ist der Vektor

$$\hat{\boldsymbol{u}}^* = (+,-,-,-,+,+,+,-,+,+,-,+) \,.$$

Gemäß (5.31) kann er eine Steuerfolge aus zwei aus jeweils sechs Elementen bestehenden Steuervektoren darstellen. Dies ist hier auch der Fall, es ist

$$\hat{\boldsymbol{u}}^* = \begin{pmatrix} \boldsymbol{u}_1^* \\ \boldsymbol{u}_0^* \end{pmatrix}$$

mit

$$\boldsymbol{u}_1^* = (+,-,-,-,+,+)^T \quad \text{und} \quad \boldsymbol{u}_0^* = (+,-,+,+,-,+)^T .$$

Dies sind die dritte und vierte Spalte von $\boldsymbol{U}_k^*$ (5.58) und damit ist eine Schaltfolge für den Pfad

$$x_0 = 3 \overset{u_0=0}{\longrightarrow} x_1 = 2 \overset{u_1=0}{\longrightarrow} x_2 = 1$$

gefunden.

5.4 Überprüfung der Korrektheit einer Steuerung

Mit Satz 5.5 wurde ein Ansatz angegeben, der die Bestimmung einer Folge von Eingangsvektoren für das System (5.27) in Abhängigkeit von einem Start– und einem Endzustand möglich macht.

In vielen Fällen besteht jedoch bereits eine Steuerung für ein ereignisdiskretes System. Diese sorgt dafür, daß sich das System von gewissen Zuständen in festgelegte Endzustände bewegt. Oftmals ist es auch wichtig, daß dies über vorgeschriebene Zwischenzustände geschieht, daß also der Weg vom Anfangs– zum Endzustand auf einem ganz bestimmten Pfad des Zustandsgraphen, der in einer Form ähnlich wie in Abbildung 5.3 vorliegt, zurückgelegt wird.
Doch ebenso wie es das Ziel ist, einen Automaten in gewisse Zustände zu führen, sollen durch eine Steuerung auch ganz bestimmte Zustände vermieden werden. Oftmals ist deren Vermeidung gerade die grundlegende Prämisse, auf deren Erfüllung der Entwurf einer Steuerung ausgerichtet ist.

Um die Korrektheit einer Steuerung im Sinne der gerade aufgestellten Kriterien zu untersuchen, kann das in dieser Arbeit vorgestellte Verfahren herangezogen werden.

Vorausgesetzt wird allerdings, daß es zwei natürliche Zahlen n und p gibt, so daß insgesamt 2^n Zustände und 2^p Steuerwerte oder –befehle existieren.

Ein solches gesteuertes System ist dann ein Automat $\mathcal{Z}_s$, der durch das 4–Tupel

$$(\mathbb{X},\ \mathbb{U},\ x_0,\ \tau_s)$$

definiert wird. $\mathbb{X}$ ist die endliche, 2^n–elementige Zustandsmenge, $\mathbb{U}$ dementsprechend die 2^p–elementige Menge der Steuerbefehle. $x_0 \in \mathbb{X}$ ist ein Anfangszustand. Den Zuständen und auch den Steuerwerten werden wieder die 2^n bzw. die 2^p ersten Zahlen aus der geordneten Menge $\mathbb{N}_0$ bijektiv zugewiesen.

$$\tau_s : \mathbb{U} \times \mathbb{X} \mapsto \mathbb{U} \times \mathbb{X}$$

ist die *Überführungsfunktion*, die einem Zustand x_k und einem Steuerwert u_k den Folgezustand x_{k+1} *und* den nachfolgend anzuwendenden Steuerbefehl u_{k+1} zuordnet. Auf diese Weise kann τ_s rekursiv benutzt werden.

5.4.1 Darstellung des gesteuerten Systems als autonomer Automat $\hat{\mathcal{Z}}$

Ganz genau so wie in Abschnitt 2.2 wird nun bei der Umsetzung dieses Automaten in eine durch den Entwicklungsalgorithmus 2.1 zu verarbeitende Darstellung verfahren. Aus der Menge $\mathbb{X}$ wird die Matrix $\boldsymbol{X}_k$ generiert. Die Steuerwerte werden binarisiert, so daß aus ihnen insgesamt 2^p Vektoren $\boldsymbol{u}_k^{(0)}, \boldsymbol{u}_k^{(1)}, \ldots, \boldsymbol{u}_k^{(2^p-1)}$ entstehen. Jeder Steuerbefehl kann auf jeden Zustand Anwendung finden, so daß jedem der Vektoren $\boldsymbol{u}_k^{(u)}$ einmal die vollständige Matrix $\boldsymbol{X}_k$ zugeordnet wird. Dies geschieht nach dem Vorbild von (5.1), und damit ist in allgemeiner Form

$$\hat{\boldsymbol{X}}_k \quad =_{Df.} \tag{5.59}$$

$$\left(\begin{array}{ccc|ccc|c|ccc} \boldsymbol{u}_k^{(0)} & \boldsymbol{u}_k^{(0)} \cdots & \boldsymbol{u}_k^{(0)} & \boldsymbol{u}_k^{(1)} & \boldsymbol{u}_k^{(1)} \cdots & \boldsymbol{u}_k^{(1)} & \cdots & \boldsymbol{u}_k^{(2^p-1)} & \boldsymbol{u}_k^{(2^p-1)} \cdots & \boldsymbol{u}_k^{(2^p-1)} \\ \hline & \boldsymbol{X}_k^{(0)} & & & \boldsymbol{X}_k^{(1)} & & \cdots & & \boldsymbol{X}_k^{(2^p-1)} & \end{array}\right).$$

Wie schon in (5.1) sind die Matrizen der Ausgangszustände $\boldsymbol{X}_k^{(0)}, \boldsymbol{X}_k^{(1)}, \ldots, \boldsymbol{X}_k^{(2^p-1)}$ (noch) identisch, nach Durchlaufen des Entwicklungslagorithmus 2.1 jedoch nicht mehr.

Nach ähnlichem Muster wird jetzt die Matrix $\hat{\boldsymbol{X}}_{k+1}$ konstruiert. Jede Spalte von $\hat{\boldsymbol{X}}_k$ verkörpert eine eindeutige Kombination eines Steuerwertes u_k und eines Zustandes x_k von $\boldsymbol{\mathcal{Z}}_s$. Hierauf findet die Abbildung τ_s Anwendung, und dem Ergebnis $\tau(u_k, x_k) = (u_{k+1}, x_{k+1})$ wird wiederum eine Spalte von $\hat{\boldsymbol{X}}_k$ zugeordnet. Diese Spalte wird an die Stelle in $\hat{\boldsymbol{X}}_{k+1}$ eingesetzt, von der die ursprüngliche, zu u_k und x_k gehörende Spalte aus $\hat{\boldsymbol{X}}_k$ stammt. Damit ergibt sich für $\hat{\boldsymbol{X}}_{k+1}$ die Form

$$\hat{\boldsymbol{X}}_{k+1} \quad =_{Df.} \tag{5.60}$$

$$\left(\begin{array}{ccc|ccc|c|ccc} \boldsymbol{u}_{k+1}^{(0)} & \boldsymbol{u}_{k+1}^{(0)} \cdots & \boldsymbol{u}_{k+1}^{(0)} & \boldsymbol{u}_{k+1}^{(1)} & \boldsymbol{u}_{k+1}^{(1)} \cdots & \boldsymbol{u}_{k+1}^{(1)} & \cdots & \boldsymbol{u}_{k+1}^{(2^p-1)} & \boldsymbol{u}_{k+1}^{(2^p-1)} \cdots & \boldsymbol{u}_{k+1}^{(2^p-1)} \\ \hline & \boldsymbol{X}_{k+1}^{(0)} & & & \boldsymbol{X}_{k+1}^{(1)} & & \cdots & & \boldsymbol{X}_{k+1}^{(2^p-1)} & \end{array}\right).$$

und dies ganz im Gegensatz zu (5.2). Im allgemeinen sind die $\boldsymbol{X}_{k+1}^{(i)}$ bereits in diesem Stadium verschieden, denn die unterschiedlichen Steuerbefehle sollten sinnvollerweise auch zu unterschiedlichen Folgezuständen führen.

Es ist

$$\hat{\boldsymbol{X}}_k,\ \hat{\boldsymbol{X}}_{k+1} \ \in\ \{-1,+1\}^{(p+n,2^{p+n})}\ .$$

Die Anwendung des Entwicklungsalgorithmus 2.1 erfolgt daher unter Benutzung der Walshbasis $\boldsymbol{W}_{p+n}$. Während des Durchlaufes durch 2.1 werden – abgesehen von wenigen Spezialfällen – neue Zeilen aus $\boldsymbol{W}_{p+n}$ an $\hat{\boldsymbol{X}}_k$ angehängt und auch an $\hat{\boldsymbol{X}}_{k+1}$; im letzteren Fall jedoch nach einer Anpassung gemäß τ_s.

Es resultieren die beiden nun *erweiterten* Matrizen

$$\hat{\boldsymbol{X}}_k,\ \hat{\boldsymbol{X}}_{k+1} \ \in\ \{-1,+1\}^{(m,2^{p+n})}\ .$$

mit $p+n \leq m \leq 2^{p+n}$ und die Systemmatrix

$$\hat{\boldsymbol{A}} \ =\ \frac{1}{2^{p+n}}\hat{\boldsymbol{X}}_{k+1}\hat{\boldsymbol{X}}_k^T \ \in\ \{-1,+1\}^{(m,m)}\ .$$

Das Verhalten des deterministischen, endlichen und *gesteuerten* Automaten $\boldsymbol{\mathcal{Z}}_s$ wird von der Gleichung

$$\begin{aligned} \hat{\boldsymbol{X}}_{k+1} &= \hat{\boldsymbol{A}}\cdot\hat{\boldsymbol{X}}_k \\ \text{bzw.}\quad \hat{\boldsymbol{x}}_{k+1} &= \hat{\boldsymbol{A}}\cdot\hat{\boldsymbol{x}}_k\,. \end{aligned} \tag{5.61}$$

beschrieben. Diese ist jedoch analog zu (2.15), der Darstellung eines deterministischen, endlichen und *autonomen* Automaten. Dementsprechend kann auch (5.61) als lineare Darstellung eines autonomen Automaten $\hat{\boldsymbol{\mathcal{Z}}}$ angesehen werden, und dieser Automat besitzt 2^{p+n} Zustände. Damit ist der gesteuerte Automat auf einen autonomen Automaten zurückgeführt und kann im weiteren so behandelt werden.

In einer der Gleichung (2.19) entsprechenden vektoriellen Schreibweise ergibt sich das System

$$\begin{aligned} \hat{\boldsymbol{x}}_{k+1} &= \hat{\boldsymbol{A}}\cdot\hat{\boldsymbol{x}}_k\,, \\ \boldsymbol{x}_k &= \boldsymbol{C}_x\cdot\hat{\boldsymbol{x}}_k\,, \\ \boldsymbol{y}_k &= \boldsymbol{C}\cdot\boldsymbol{x}_k\,, \\ \boldsymbol{u}_k &= \boldsymbol{C}_u\cdot\hat{\boldsymbol{x}}_k\,. \end{aligned} \tag{5.62}$$

Dabei ist

$$\boldsymbol{C}_x \ =_{Df.}\ \left(\begin{array}{ccc|c} 0 & \cdots & 0 & \\ \vdots & & \vdots & \boldsymbol{I}_{m-p} \\ 0 & \cdots & 0 & \end{array}\right) \ \in\ \{0,1\}^{(m-p,m)}$$

und

$$\boldsymbol{C} \;=_{Df.}\; \left(\begin{array}{c|ccc} & 0 & \cdots & 0 \\ \boldsymbol{I}_n & \vdots & & \vdots \\ & 0 & \cdots & 0 \end{array} \right) \in \{0,1\}^{(n,m-p)} \, .$$

Diese Zweiteilung wurde vorgenommen, um die Konformität zur Darstellung der Ausgangsgleichung (2.17) des autonomen Automaten zu erhalten. $\boldsymbol{x}_k$ besteht aus den hinteren $m-p$ Elementen von $\hat{\boldsymbol{x}}_k$ und ist der Zustand in dem jeweiligen, durch den Wert von u_k gerade aktuellen Teilautomaten $\mathcal{Z}_s^{(u_k)}$, der einem autonomen Automaten entspricht. Erst der Ausgangsvektor $\boldsymbol{y}_k$ enthält die Binärstellen, aus denen mittels der Funktion μ (2.20) der aktuelle Zustand abgelesen werden kann. Mit der Zusammenfassung

$$\hat{\boldsymbol{C}} \;=_{Df.}\; \boldsymbol{C} \cdot \boldsymbol{C}_x$$

ist $\boldsymbol{y}_k = \hat{\boldsymbol{C}} \cdot \hat{\boldsymbol{x}}$. Die Multiplikation von $\hat{\boldsymbol{x}}_k$ mit

$$\boldsymbol{C}_u \;=_{Df.}\; \left(\begin{array}{c|ccc} & 0 & \cdots & 0 \\ \boldsymbol{I}_p & \vdots & & \vdots \\ & 0 & \cdots & 0 \end{array} \right) \in \{0,1\}^{(p,m)}$$

extrahiert diejenigen Binärstellen, die den Steuerungsvektor $\boldsymbol{u}_k$ ausmachen.

5.4.2 Analyse der Zyklen und Ketten von $\hat{\mathcal{Z}}$

Wie bereits erläutert, entspricht die erste Zeile von (5.62) der ersten Zeile von (2.19), und das System (5.62) kann daher zur Untersuchung seines Verhaltens wie ein autonomer Automat betrachtet werden. Dies macht die Nutzung der in den Abschnitten 3.1 und 3.2 entwickelten Analysewerkzeuge möglich. In Abschnitt 3.1 wurde beschrieben, wie die Anzahl und Länge vorkommender Zyklen bestimmt werden kann. Anhand dieser Informationen errechnet Algorithmus 3.4 sodann die Zustände, die die jeweiligen Zyklen und Ketten bilden.
Im vorliegenden Fall erhält man die aus Vektoren $\hat{\boldsymbol{x}}_k$ bestehenden Zyklen und Ketten von $\hat{\mathcal{Z}}$. Es sei nun

$$(\, \hat{\boldsymbol{x}}_1,\, \hat{\boldsymbol{x}}_2,\, \ldots,\, \hat{\boldsymbol{x}}_l \,)$$

ein solcher Zyklus der Länge l von $\hat{\mathcal{Z}}$. Dann sind gemäß (5.62)

$$(\, \boldsymbol{u}_1,\, \boldsymbol{u}_2,\, \ldots,\, \boldsymbol{u}_l \,)$$

beziehungsweise

$$(\, \mu(\boldsymbol{u}_1),\, \mu(\boldsymbol{u}_2),\, \ldots,\, \mu(\boldsymbol{u}_l) \,) \;=\; (\, u_1,\, u_2,\, \ldots,\, u_l \,) \tag{5.63}$$

die Steuervektoren bzw. –werte, die die Zustände

$$(\boldsymbol{y}_1, \boldsymbol{y}_2, \ldots, \boldsymbol{y}_l),$$

deren Nummern die Zahlen

$$(\mu(\boldsymbol{y}_1), \mu(\boldsymbol{y}_2), \ldots, \mu(\boldsymbol{y}_l)) = (x_1, x_2, \ldots, x_l) \tag{5.64}$$

sind, ineinander überführen, so daß sie einen Zyklus der Länge l bilden. Ein Paar $(\boldsymbol{u}_k, \boldsymbol{y}_k)$ kann nur einmal vorkommen – einen einzelnen Zustand $\boldsymbol{y}_k$ gibt es jedoch genau 2^p–mal. Er gehört verschiedenen Zyklen von $\hat{\mathcal{Z}}$ an, und zwar bildet er dabei jeweils mit einem anderen Steuerbefehl $\boldsymbol{u}_k$ ein Paar. Ebenso verhält es sich mit den Ketten, die ja aus Zyklen der Länge 0 zusammengesetzt sind.

Soll nun überprüft werden, ob das System sich von einem Zustand x_0 zu einem Endzustand x_e bewegen kann, sind zunächst alle Zyklen von $\hat{\mathcal{Z}}$ herauszusuchen, die sowohl den Zustand mit der Nummer x_0 als auch denjenigen mit der Nummer x_e enthalten. Ist beispielsweise in (5.64) $x_{l-2} = x_0$ und $x_5 = x_e$, so ist dann nicht nur bestätigt, daß x_e von x_0 aus erreichbar ist. Darüberhinaus kann sofort die dazu nötige Steuerfolge $u_{l-2}, u_{l-1}, u_l, u_1, u_2, u_3, u_4$ aus (5.63) abgelesen werden.

Die beiden Zustände können sich auch beide in einer Kette befinden. Dann müssen sie in der richtigen Reihenfolge in dieser Kette stehen, also x_0 *vor* x_e.

Es gibt weiterhin die Möglichkeit, den in einem Zyklus befindlichen Zustand x_e von einer in diesen Zyklus mündenden Kette aus zu erreichen. Ist x_0 in einer solchen Kette enthalten, so muß sich das System zunächst entlang dieser Kette bewegen. Nach dem Erreichen des Zyklus ist dann dieser zu durchlaufen, bis der Zustand x_e eingenommen wird.

Unerwünschte Zustände dürfen sich nicht in gemeinsamen Zyklen mit erwünschten Zuständen befinden – es sei denn, die Steuerfolge, die das System durch diesen Zyklus führen würde, kann vermieden werden. Dasselbe gilt für Ketten. Hier kann sich jedoch auch ein unerwünschter Zustand im Sinne der Zustandsabfolge *vor* einem erwünschten Zustand befinden. Dies trifft insbesondere dann zu, wenn ein Zustand zwar einmal durchlaufen werden soll, danach aber idealerweise nie mehr. Ein Beispiel hierfür ist ein Anfahrvorgang einer Steuerung. Beschreibt ein Zustand die Belegung einer Förderanlage mit Werkstücken, so sind bei der Inbetriebnahme der Anlage Lücken auf dem Förderband vorhanden. Im fortlaufenden Arbeitsprozeß ist dies jedoch zu vermeiden. Die Zustandsabfolge des Anfahrens bildet somit eine Kette, die in einen Zyklus mündet. Dieser beschreibt den normalen Arbeitsvorgang.

Störungen in einem gesteuerten System machen sich dadurch bemerkbar, daß ein Folgezustand x_{k+1} trotz Anlegen eines Steuerwertes u_k nicht erreicht wird. Es ergibt sich dann eine Diskrepanz zwischen dem durch das Modell (5.62) prädizierten und dem realen Verhalten des

Systems. Es ist denkbar, auf diese Weise eine übergeordnete Überwachungsinstanz zu schaffen, die auf eine solche Störung in gewünschter Weise reagiert.

6 Zusammenfassung und Ausblick

In der vorliegenden Arbeit wird eine neuer Ansatz zur mathematischen Modellierung deterministischer ereignisdiskreter Systeme vorgestellt. Kennzeichnend für diesen Ansatz ist, daß das Modell in Form einer *linearen Differenzengleichung* entwickelt wird.
Der Preis, der für diese lineare Darstellung zu zahlen ist, besteht aus der Erweiterung der Zustandsvektoren durch zusätzliche Elemente während der Entwicklung durch den grundlegenden Algorithmus 2.1. Dies fällt kaum ins Gewicht, solange ein autonomer Automat betrachtet wird. Bei der Erweiterung des ereignisdiskreten Systems derart, daß es durch die Aufschaltung von Eingangsgrößen oder Steuerbefehlen von außen beeinflußbar wird, bewirken die zusätztlichen Elemente jedoch die Notwendigkeit von Funktionen χ (5.12) beziehungsweise ψ (5.28), um den Nummern des Zustandes und des Steuerbefehls die entsprechenden Spalten aus $\boldsymbol{X}_k$ sowie $\boldsymbol{U}_k^*$ zuzuordnen. Erst dann kann das System wieder als in $\boldsymbol{u}_k$ bzw. $\boldsymbol{x}_k$ lineare Matrix– bzw. Differenzengleichung ((5.14), (5.29)) angesehen werden.

Die zur Verwendung kommenden algebraischen binären Rechenoperatoren sind die Multiplikation und die Addition. Im Vergleich hierzu bedienen sich andere Ansätze, die ebenfalls ein auf einer Matrixgleichung basierendes Modell anbieten, spezieller, neu zu definierender Algebren, zum Beispiel der Max–Plus–Algebra.

Da sich das durch Algorithmus 2.1 entwickelte dynamische Zustandsmodell in einer Untermenge des $\mathbb{R}^m$ bewegt, nämlich gerade den Ecken eines Würfels, können bekannte und anschauliche geometrische Konzepte wie *Winkel* oder *orthogonale Projektionen* zur Verdeutlichung vieler Sachverhalte genutzt werden. Dies wird in Kapitel 2 und dort insbesondere in den Abschnitten 2.3.2 und 2.3.3 sowie Abschnitt 2.4 deutlich.

Die Benutzung der herkömmlichen algebraischen Operatoren ermöglicht nicht nur die Verwendung bestehender Computer–Algebra–Programme wie Mathematica, Maple oder Matlab ohne Vornahme von Erweiterungen. Sie erleichtert auch den Rückgriff auf bereits bestehende und gut entwickelte Theorien. Zwar wurde in Abschnitt 2.5 gezeigt, daß eine direkte Interpretation eines als Darstellung eines Automaten vorliegenden Differenzengleichungssystems als klassisches Abtastsystem im allgemeinen nicht durchführbar ist.
Dennoch können wertvolle Ansätze und Verfahren aus der Theorie der linearen Abtastsysteme für die neue Methode Verwendung finden.

Bei der Erreichbarkeitsanalyse und der Suche nach einer Steuerfolge in Abschnitt 5.3 wurde dies gezeigt, indem die Rangbedingung (5.34) direkt von der Verträglichkeitsbedingung (5.20) für Abtastsysteme übertragen wurde. Hieraus folgte dann zügig das Erreichbarkeitskriterium 5.5.
Ähnliches gilt für die maximale Länge der Steuerfolge, die in Satz 5.9 festgelegt wird. Die Angleichung der Argumentation an die Herleitung des analogen Kriteriums für Abtastsysteme war auch hier möglich.

Diese Ähnlichkeit der Ansätze gibt zu der Erwartung Anlaß, daß weitere, neu zu entwickelnde Methoden zur Analyse und zum Steuerungsentwurf ereignisdiskreter Systeme – unter Vornahme gewisser Modifikationen oder Einschränkungen – aus der bestehenden Theorie für Abtastsysteme entlehnt werden können. Hieraus ergibt sich nicht nur eine wichtige Erleichterung bei der Erarbeitung dieser Methoden; deren Anwendung ist dann ebenfalls derjenigen bei klassischen Abtastsystemen ähnlich. Anwender, die mit der Behandlung solcher Systeme vertraut sind, können auf diesem Wissen aufbauen.

Die bereits erwähnten Kosten, die die Entwicklung der linearen Darstellung verursacht – nämlich die Dimensionserhöhung der Zustandsvektoren –, lassen sich minimieren. Dies wird in Kapitel 4 gezeigt. Jedoch wird erkennbar, daß diese Minimierung durch Abarbeitung komplexer Algorithmen geschieht, die von dem zentralen Minimierungsalgorithmus 4.21 aus aufgerufen werden. Die Eingabemenge dieses Algorithmus ist auf Zykluslängen $l > 0$ beschränkt.
Bereits für das Auffinden der im Sinne der Zeilenzahl m der Systemmatrix $\boldsymbol{A}$ optimalen Darstellung nur eines Zyklus ist hierbei eine große Rechenzeit nötig. Sollen mehrere Zyklen berücksichtigt werden, so steigt die Rechenzeit nochmals beträchtlich, es kommt zu einer sogenannten *kombinatorischen Explosion*, d.h. es ist ein Ansteigen der Rechenzeit mit der Fakultät der Zyklenanzahl zu erwarten. Aufgrund dieser und weiterer in Abschnitt 4.4 dargelegten Überlegungen erscheint eine Suche nach einer optimalen Darstellung mittels der vorgeschlagenen Algorithmen als nicht gerechtfertigt. Mit dem Fortschritt in der Computertechnik ist zwar eine Verringerung der Rechenzeit zu erwarten; im gleichen Maße verringert sich aber auch der Aufwand, der zur Speicherung und Verwaltung großer Systemmatrizen $\boldsymbol{A}$ betrieben werden muß.

Das Erreichbarkeitskriterium 5.5 für eingangsbehaftete ereignisdiskrete Systeme dient zur Analyse, indem ermittelt wird, ob es eine Steuerfolge gibt, die das System von einem vorgegebenen Zustand x_0 in einen weiteren vorgegebenen Zustand x_e überführt. Gleichzeitig stellt dieses Kriterium auch ein Synthesewerkzeug dar, da die Erreichbarkeit durch Angabe einer Steuerfolge gezeigt werden kann.

Die graphische Darstellung eines nichtautonomen Automaten und damit eines mit Eingängen versehenen ereignisdiskreten Systems in den Abbildungen 5.3 und 5.5 macht deutlich, daß das Erreichbarkeitskriterium für *alle* endlichen und gerichteten Graphen Gültigkeit besitzt. Es stellt

also eine *algebraische* Methode für die Suche nach Pfaden in einem Graphen dar.
Ebenfalls kann es auf S/T–Netze angewendet werden. Diese können auch farbig sein, solange die Anzahl der Farben endlich ist.

Zusammenfassend kann festgestellt werden, daß der vorgeschlagene Ansatz eine aufgrund der möglichen hohen Zeilenzahl der Systemmatrix $\boldsymbol{A}$ zwar nicht immer kompakte, dafür aber lineare Darstellung *jedes* deterministischen und endlichen ereignisdiskreten Systems in Form eines Differenzengleichungssystems erlaubt. Auf dieser einfachen Beschreibungsform aufbauend gelang die Herleitung ebenso einfacher Analyseverfahren. Insbesondere ist hier zu erwähnen, daß die Bestimmung der Zyklen in Abschnitt 3.1 ohne die Berechnung der Eigenwerte des Differenzengleichungssystems auskommt.

Bei der Modellierung als Differenzengleichung findet keine spezielle Algebra Verwendung, so daß Methoden aus anderen Theorien für die neue Beschreibungsform adaptiert werden können, insbesondere aus der Theorie der Abtastsysteme.
Die in großen Teilen der vorliegenden Arbeit stete Nutzung von Erkenntnissen aus der Graphentheorie sowie die Anwendbarkeit des Modellierungsverfahrens auf endliche, gerichtete Graphen und gewisse Klassen von Petri–Netzen verdeutlicht aber auch den engen Zusammenhang zu graphbasierten Beschreibungsformen.

6.1 Weiterführende Fragestellungen

Im Verlauf der Forschungen zu dieser Arbeit wurden mit gewonnenen Erkenntnissen neue Fragen aufgeworfen, deren Beantwortung innerhalb des vorgegebenen zeitlichen Rahmens nicht möglich war. Im folgenden sind diese Fragen und Gedanken aufgeführt, um als Anregung zu weiteren Forschungsarbeiten zu dienen.

6.1.1 Systeme mit einer beliebigen Anzahl von Zuständen

Die Zustandsanzahl N eines ereignisdiskreten Systems wurde in grundlegenden Passagen der vorliegenden Arbeit als eine Potenz von 2 festgesetzt. Der Grund hierfür ist der Aufbau der Walsh–Funktionen, siehe Abschnitt 2.1 sowie [19] und [8]. Daher ist $N = 2^n$ insbesondere in Abschnitt 2.2 zwingend. Nicht verzichtet wurde hierauf auch in Kapitel 5.

Im gesamten Kapitel 4, den Abschnitten 2.3.1 bis 2.3.4 und 2.4 bis 2.6 sowie in Kapitel 3 kann N hingegen den Wert einer beliebigen natürlichen Zahl annehmen.

Auch in dem Falle des Vorliegens eines Automaten, dessen Zustandsanzahl N^* keine Zweierpotenz ist, kann die hergeleitete Theorie Anwendung finden. Es ist dann die kleinste natürliche

Zahl n zu bestimmen, so daß

$$2^{n-1} < N^* < N = 2^n$$

ist. Die fehlenden $N - N^*$ Zustände müssen neu definiert werden, so daß ein größeres Modell entsteht, in das das Modell, welches das reale System beschreibt, eingebettet ist.
Hierbei stellt sich die Frage, auf welche Weise diese neuen, virtuellen Zustände miteinander in Form von Zyklen oder Ketten verknüpft werden sollen. Naheliegend ist, jedem dieser neuen Zustände sich selbst als Nachfolger zuzuweisen. Allerdings könnte man auch die Forderung stellen, die neuen Zustände in Zyklen anzuordnen, die denen der alten Zustände spiegelbildlich sind, wie beispielsweise in Abbildung 2.5 zu sehen ist. Dies würde den Erläuterungen in Abschnitt 2.4 gemäß einen kleineren Wert für m zur Folge haben.
Wenn das betrachtete System Eingänge besitzt, sind weitere Randbedingungen zu beachten. Es ist zu vermeiden, daß die virtuellen Steuergrößen im Modell Steuerfolgen und damit Zustandsfolgen zwischen Systemzuständen ermöglichen, die das reale System nicht aufweist.

Letztendlich können sich bei der geschilderten Problematik graphentheoretische Kriterien als hilfreich erweisen. Denn die realen und virtuellen Systemzustände müssen im Zustandsgraphen des Systems zwei Subgraphen bilden, die nicht miteinander zusammenhängen.

6.1.2 Eine Gleichung zur optimalen Zustandsnumerierung

Der in Kapitel 4 vorgestellte Ansatz zur Bestimmung einer optimalen Zustandsnumerierung hat sich als sehr aufwendig bezüglich der Komplexität und daraus folgenden Dauer der nötigen Berechnungen erwiesen.

In Abschnitt 4.1 wird die Matrix $\overline{\boldsymbol{X}}_1^{\Delta}$ definiert (4.3), deren Spalten die Differentiale des Variablenvektors $\boldsymbol{x}$ in den Zuständen $\boldsymbol{x}_1, \ldots, \boldsymbol{x}_N$ sind. Das j–te Element eines Differentiales ist 0, wenn sich der zugehörige Zustandsvektor beim Übergang auf seinen Folgezustand an der j–ten Stelle nicht ändert. Der Wert des Elementes ist 1, wenn eine Änderung stattfindet. Es ist damit die Anzahl der Elemente mit dem Wert 1 in einem solchen Differential gleich der Hamming–Distanz eines Zustandes zu seinem Folgezustand. Die Hamming–Distanzen sind in der Matrix $\boldsymbol{P}^{\Delta} \in \mathbb{Z}^{(l,l)}$ enthalten (Satz 4.2), und sie sind bekanntlich zwischen allen direkt aufeinanderfolgenden Zuständen eines Zyklus gleich (Satz 2.23). Damit gilt für die Matrix $\overline{\boldsymbol{X}}_1^{\Delta}$ der Differentiale eines Zyklus der Länge l

$$(1, \ldots, 1) \cdot \overline{\boldsymbol{X}}_1^{\Delta} = \left(p_{1,2}^{\Delta}, \ldots, p_{1,2}^{\Delta}\right) .$$

Auf der linken Seite bewirkt die Multiplikation mit dem Vektor $(1, \ldots, 1)$ das spaltenweise Zusammenzählen der Umschaltungen, und das ist jeweils die Hamming–Distanz.

$p^{\Delta}_{1,3}$ ist die Hamming–Distanz zwischen zwei Zuständen, die zwei Schritte auseinanderliegen. In obiger Gleichung bedeutet dies, daß zunächst zwei nebeinanderliegende Spalten von $\overline{\boldsymbol{X}}_1^{\Delta}$ zu addieren sind; dies muß modulo 2 geschehen, denn nur so kann sowohl Umschaltungen als auch *Rück*umschaltungen einzelner Elemente des Zustandsvektors im Verlauf der zwei Schritte Rechnung getragen werden. Damit ergibt sich

$$(1,\ldots,1)\cdot\left[\overline{\boldsymbol{X}}_1^{\Delta}\otimes\begin{pmatrix}1 & & & & 1\\ 1 & 1 & & & \\ & 1 & & & \\ & & \ddots & & \\ & & & 1 & \\ & & & 1 & 1\end{pmatrix}\right] \;=\; \left(p^{\Delta}_{1,3},\ldots,p^{\Delta}_{1,3}\right).$$

Analoges gilt für die Hamming–Distanz über drei Schritte:

$$(1,\ldots,1)\cdot\left[\overline{\boldsymbol{X}}_1^{\Delta}\otimes\begin{pmatrix}1 & & & & 1 & 1\\ 1 & 1 & & & & 1\\ 1 & 1 & & & & \\ & 1 & & & & \\ & & \ddots & 1 & & \\ & & & 1 & 1 & \\ & & & 1 & 1 & 1\end{pmatrix}\right] \;=\; \left(p^{\Delta}_{1,4},\ldots,p^{\Delta}_{1,4}\right).$$

Dies kann fortgeführt werden, bis zuletzt die Hamming–Distanz über l Schritte zu betrachten ist. Ein Zustand $\boldsymbol{x}$ aus einem Zyklus der Länge l wird nach l Schritten wieder auf sich selbst abgebildet. Die l–Schritt–Änderungsrate ist hernach 0 und damit auch

$$(1,\ldots,1)\cdot\left[\overline{\boldsymbol{X}}_1^{\Delta}\otimes\begin{pmatrix}1\\ \vdots\\ 1\end{pmatrix}\right] \;=\; 0\,.$$

Aus diesen Überlegungen ist eine Eigenschaft abzuleiten, die jedes l–Tupel von Zustandsvektoren besitzen muß, wenn eine Darstellung in Form einer Differenzengleichung (2.15) möglich sein soll:

Ein l–Tupel von Zustandsvektoren ist genau dann in Form einer Differenzen-

gleichung (2.15) darstellbar, wenn die gemäß (4.3) gebildete Matrix $\overline{\boldsymbol{X}}_1^{\Delta}$ der Gleichung

$$
(1,\ldots,1)\cdot\left[\overline{\boldsymbol{X}}_1^{\Delta}\otimes\left(\begin{array}{cccccc|cccccc|c}
1 & & & & & & 1 & & & & & 1 & \\
 & 1 & & & & & 1 & 1 & & & & & \\
 & & \ddots & & & & & 1 & & & & & \cdots\cdots \\
 & & & \ddots & & & & & \cdots & & & & \\
 & & & & 1 & & & & & & 1 & & \\
 & & & & & 1 & & & & & 1 & 1 &
\end{array}\right.\right.
$$

$$
\left.\left.\begin{array}{c|ccccc|c}
 & 1 & 0 & & 1 & 1 & 1 \\
 & 1 & 1 & & \vdots & 1 & 1 \\
 & \vdots & 1 & & \vdots & \vdots & \vdots \\
\cdots\cdots & \vdots & \vdots & \cdots & 1 & \vdots & \vdots \\
 & \vdots & \vdots & & 0 & 1 & \vdots \\
 & 1 & \vdots & & 1 & 0 & 1 \\
 & 0 & 1 & & 1 & 1 & 1
\end{array}\right)\right]
$$

$$
= \left(p_{1,2}^{\Delta},\ldots,p_{1,2}^{\Delta},p_{1,3}^{\Delta},\ldots,p_{1,3}^{\Delta},\ldots\ldots,p_{1,l-1}^{\Delta},\ldots,p_{1,l-1}^{\Delta},0\right)
$$

genügt.

Der liegende Vektor auf der linken Seite hat m Elemente. Weiterhin ist $\overline{\boldsymbol{X}}_1^{\Delta}\in\{0,1\}^{(m,l)}$, und jede bis auf die letzte der l Untermatrizen auf der rechten Seite innerhalb der eckigen Klammer besteht aus l Zeilen und l Spalten. Dementsprechend hat der rechtsstehende Ergebnisvektor die Länge $m\cdot(l-1)+1$.

Das Kriterium muß von einem durch ein beliebiges Verfahren konstruierten Zyklus der Länge l, dessen Zustandsvektoren die Dimension m besitzen, eingehalten werden.

Es ist eine weitere Methode zur optimalen Numerierung der Zustände von $\boldsymbol{\mathcal{Z}}$ denkbar. Die Zustände sind die Ecken eines Würfels, und sie liegen deshalb auch auf der Oberfläche der Kugel, in die der Würfel einbeschrieben ist. Da die Winkel zwischen den Zuständen eines Zyklus ganz bestimmten Symmetrien folgen, bilden auch die Endpunkte der als Ortsvektoren aufgefaßten Zustandsvektoren ein Muster auf der Oberfläche der Kugel. Damit kann die Frage nach der optimalen Darstellung auf die Frage nach einer gleichmäßigen Verteilung von l Punkten auf einer m–dimensionalen Kugel zurückgeführt werden. Genau dieser Problematik finden umfangreiche Forschungen statt [22, 10].

6.1.3 Weitere Entwurfsmethoden

Das in Abschnitt 5.3.2 vorgestellte Erreichbarkeitskriterium kann zum Entwurf einer Steuerung genutzt werden. Doch es stellt eine Methode dar, die sich in der Praxis als nicht sehr handlich erweist. Das angegebene Approximationsverfahren kann zur Bestimmung einer Steuerfolge herangezogen werden. Jedoch wird hierfür immer ein Startvektor $\boldsymbol{a}^{(0)}$ benötigt, der eine sehr abstrakte Größe darstellt. Die Entwicklung weiterer Verfahren ist daher notwendig. Hierbei kann [16] als Leitfaden dienen.

6.1.4 Anbindung an zeit– und wertkontinuierliche Systeme

Die Problematik, klassische Systemmodelle mit den in der vorliegenden Arbeit betrachteten Systemen in Einklang zu bringen, kann trotz des in den letzten Jahren hohen Forschungsaufwandes auf diesem Gebiet auf keinen Fall als gelöst angesehen werden.

Es können hierbei zwei Hauptrichtungen beobachtet werden. Zum einen wird versucht, eine aus der Netztheorie entlehnte Beschreibungsform wie beispielsweise zeitbehaftete Petri–Netze mit speziellen Erweiterungen zu versehen, die ein durch Differentialgleichungen gegebenes zeit– und wertkontinuierliches Systemmodell beinhalten.
Die andere und ebenfalls naheliegende Form eines Ansatzes ist die geeignete Algebraisierung des ereignisdiskreten Systems, um ein mathematisches Modell zu erhalten, das möglichst hohe Ähnlichkeit mit Modellformen aus der klassischen Systemtheorie besitzt.

Bei den Forschungen zur vorliegenden Arbeit wurde die zweite Prämisse verfolgt. Nachdem es gelang, eine den Abtastsystemen ähnliche Beschreibungsform herzuleiten, ist die Ergründung der Möglichkeiten, diese Form mit klassischen Systemmodellen zu verbinden, von herausragendem Interesse.

Literatur

[1] Abel, D.: *Modellbildung und Analyse diskret gesteuerter Systeme mit Petri–Netzen.* Automatisierungstechnik 36, 1988, S. 455–462.

[2] Abel, D.: *Petri–Netze für Ingenieure. Modellbildung und Analyse diskret gesteuerter Systeme.* Berlin: Springer, 1990.

[3] Ackermann, J.: *Abtastregelung. Band 1: Analyse und Synthese.* 2. Auflage. Berlin, Heidelberg, Berlin: Springer, 1982. ISBN 3–540–11915–9

[4] Baumgarten, Bernd: *Petri–Netze: Grundlagen und Anwendungen.* Heidelberg; Berlin; Oxford: Spektrum, Akad. Verlag, 1996. ISBN 3–8274–0175–5

[5] Bochmann, D.: *Eine Einführung in die strukturelle Automatentheorie.* Berlin: VEB Verlag Technik, 1975.

[6] Bochmann, D.; Posthoff, C.: *Binäre dynamische Systeme.* München; Wien: Oldenbourg, 1981.

[7] Bronštein, Il'ja N.; Semendjaev, Konstantin A.: *Taschenbuch der Mathematik.* 24. Auflage. Leipzig: Teubner, 1989. ISBN 3–87144–492–8

[8] Burkhardt, Hans: *Ein Beitrag zur Lösung optimaler Steuerungs– und Regelungsprobleme mit Hilfe der Walsh–Transformation.* Diss., Technische Hochschule Karlsruhe: 1974.

[9] Cauchy, A. L.: *Recherche sur les polyèdres.* J. Ecole Polytechnique 9 (1813), pp. 68–86.

[10] Conway, J. H; Sloane, N. J. A.: *Sphere Packings, Lattices and Groups.* 3rd Ed. New York: Springer, 1998. ISBN 0–387–98585–9

[11] Deo N.; Prabu, G. M.; Krishnamoorthy, M. S.: *Algorithms for generating fundamental cycles in a graph.* ACM Trans. Math. Software 8 (1982), pp. 26–42.

[12] Desel, Jörg: *Petrinetze, lineare Algebra und lineare Programmierung: Analyse, Verifikation und Korrektheitsbeweise von Systemmodellen.* Stuttgart; Leipzig: Teubner, 1998. ISBN 3–8154–2312–0

[13] Dörfler, W.; Mühlbacher, J.: *Graphentheorie für Informatiker.* Berlin; New York: Walter de Gruyter, 1973. ISBN 3–11–003946–X

[14] Föllinger, Otto: *Regelungstechnik: Einführung in die Methoden und ihre Anwendung.* 8. Auflage. Heidelberg: Hüthig, 1994. ISBN 3–7785–2336–8

[15] Föllinger, Otto: *Lineare Abtastsysteme.* 6., durchges. Auflage. München; Wien: Oldenbourg, 1993. ISBN 3–486–22725–4

[16] Franke, Dieter: *Sequentielle Systeme: Binäre und Fuzzy–Automatisierung mit arithmetischen Polynomen.* Braunschweig; Wiesbaden: Vieweg, 1994. ISBN 3–528–06527–3

[17] Franke, Dieter: *Arithmetische Logik – Ein Brückenschlag zwischen diskreten Steuerungen und klassischen Regelungen.* Automatisierungstechnik 44 (1996), S. 553–563.

[18] Frick, Klaus: *Zur Beschreibung von Petri–Netzen als Abtastsystem.* Automatisierungstechnik 42 (1994), S. 385–390. München: Oldenbourg, 1994.

[19] Gauß, Eugen: *WALSH–Funktionen für Ingenieure und Naturwissenschaftler.* Stuttgart: Teubner, 1994. ISBN 3–519–02099–8

[20] Gössel, M.: *Automatentheorie für Ingenieure.* Berlin: Akad.–Verlag, 1991. ISBN 3–456–82038–0

[21] Haar, A.: *Zur Theorie der orthogonalen Funktionen.* Math. Annalen, Bd. 69, 1910, S. 331–371.

[22] Hales T. C.: *Sphere Packings.* Discrete Comput. Geom. I: 17 (1997), pp. 1–51; II: 18 (1997), pp. 136–149.

[23] Hanisch, H.-M.: *Netzbasierte Methoden zum Steuerungsentwurf.* Tagungsband EKA'97, Band I, S. 19–40.

[24] Heuser, Harro: *Lehrbuch der Analysis. Teil 1.* 5., durchges. Aufl. Stuttgart: Teubner, 1988. ISBN 3–519–42221–2

[25] Isermann, R.: *Digitale Regelsysteme. Grundlagen: Deterministische Regelungen.* Band I. 2., überarbeitete u. erw. Auflage. Berlin; Heidelberg; NewYork; London; Paris; Tokyo: Springer, 1988. ISBN 3–540–16596–7. Engl. Übers. ISBN 0–387–16596–7

[26] Johnson, Donald B.: *Finding all the elementary circuits of a directed graph.* SIAM Journal of Computing 4 (1975), pp. 77–84.

[27] Kaczmarz, Steinhaus: *Theorie der Orthogonalreihen.* New York: Chelsea Publishing Company, 1951. (1. Auflage Warschau, 1935.)

[28] Kannan, R.; Bachem, A.: *Polynomial algorithms for computing the Smith and Hermite normal forms of an integer matrix.* SIAM Journal of Computing 8 (1979), pp. 499–507.

[29] Kiencke, Uwe: *Ereignisdiskrete Systeme: Modellierung und Steuerung verteilter Systeme.* München; Wien: Oldenbourg, 1997. ISBN 3–486–24150–8

[30] Kirchhoff, G.: *Über die Auflösung der Gleichungen, auf welche man bei der Untersuchung der linearen Verteilung galvanischer Ströme geführt wird.* Poggendorf Ann. Physik 72 (1847), S. 497–508. Engl. Übers. in Trans. Inst. Radio Engrs., CT–5 (1958), pp. 4–7.

[31] Kluwe, M.; Krebs, V.; Lunze, J.; Richter, H.: *Rekonstruktion qualitativer Prozeßzustände durch ereignisdiskrete Beobachter.* Automatisierungstechnik 43 (6/1995), S. 189–296.

[32] König, R,; Quäck, L.: *Petri–Netze in der Steuerungs– und Digitaltechnik.* München, Wien: Oldenbourg, 1988.

[33] Kowalsky, Hans–Joachim: *Lineare Algebra.* 9., überarb. u. erw. Aufl. Berlin, New York: de Gruyter, 1979. ISBN 3–11–008164–4

[34] Kowalewski, Stefan: *Modulare diskrete Modellierung verfahrenstechnischer Anlagen zum systematischen Steuerungsentwurf.* Diss. Univ. Dortmund. Aachen : Shaker, 1996. ISBN 3–8265–1500–5

[35] Kuhnert, Frieder: *Pseudoinverse Matrizen und die Methode der Regularisierung.* Leipzig: Teubner, 1976.

[36] Lenschow, R.: *Methoden zur Modellierung und Analyse ablauforientierter Steuerungssysteme.* Automatisierungstechnik 39 (1991), S. 316–322.

[37] Lichtenberg, Gerwald: *Theorie und Anwendung der qualitativen Modellierung zeitdiskreter dynamischer Systeme durch nichtdeterministische Automaten.* Fortschrittsberichte VDI, Reihe 8, Nr. 686. Düsseldorf: VDI Verlag, 1998. ISBN 3–18–368608–2

[38] Ludyk, G.: *Theoretische Regelungstechnik 1: Grundlagen, Synthese linearer Regelungssysteme.* Berlin, Heidelberg, New York, London, Paris, Tokyo, Hong Kong, Barcelona, Budapest: Springer, 1995. ISBN 3–540–55041–0. Engl. Übers. ISBN 0–387–55041–0

[39] Prabhaker, Mateti; Deo, Narsingh: *On algorithms for enumarating all circuits of a graph.* SIAM Journal of Computing 5 (1976), pp. 90–99.

[40] Mayr, E. W.: *An algorithm for the general Petri net reachability Problem.* SIAM Journal of Computing 13 (1984), pp. 441–460.

[41] Molitor, Paul; Scholl, Christoph: *Datenstrukturen und effiziente Algorithmen für die Logiksynthese kombinatorischer Schaltungen.* Stuttgart; Leipzig: Teubner, 1999. ISBN 3–519–02945–6

[42] Moßig, K.; Rehkopf, A.: *Einführung in die "Max-Plus"-Algebra zur Beschreibung ereignisdiskreter dynamischer Prozesse.* Automatisierungstechnik 44 (1996), S. 3–9.

[43] Özveren, C. M.; Willsky, A. S.: *Observability of discrete event dynamic systems.* IEEE Transactions on Automatic Control 35 (1990), pp. 797–806.

[44] Paley, R. E. A. C.: *A remarkable series of orthogonal functions.* Proc. London Math. Soc. 34 (1932), pp. 241–279.

[45] Quäck, L.: *Aspekte der Modellierung und Realisierung der Steuerung technologischer Prozesse mit Petri–Netzen.* Automatisierungstechnik 39 (1991), S. 116–120.

[46] *Rademacher, F.:* Einige Sätze über Reihen von allgemeinen Orthogonalfunktionen. Math. Annalen 87 (1922), S. 112–138.

[47] Rosenstengel, Bernd: *Petri–Netze: eine anwendungsorientierte Einführung.* 4., verb. und erw. Auflage. Braunschweig: Vieweg, 1991. ISBN 3–528–33582–3

[48] Schnieder, E.: *Methoden der Automatisierung.* Braunschweig, Wiesbaden: Vieweg, 1999. ISBN 3–528–06566–4

[49] Schrijver, A.: *Theory of Linear an Integer Programming.* Whiley, 1986.

[50] Schwarz, Hans Rudolf: *Numerische Mathematik.* 2., durchges. Auflage. Stuttgart: Teubner, 1988. ISBN 3–519–12960–4

[51] Tarjan, Robert: *Enumeration of the elementary circuits of a directed graph.* SIAM Journal of Computing 2 (1973), pp. 211–216.

[52] *Tiernan, J. C.:* An efficient search algorithm to find the elementary circuits of a graph. Comm. ACM 13 (1970), pp. 722–726.

[53] Unbehauen, Heinz: *Regelungstechnik II. Zustandsregelungen, digitale und nichtlineare Regelsysteme.* 5., durchges. Auflage. Braunschweig; Wiesbaden: Vieweg, 1989. ISBN 3–528–43348–5

[54] Vismara, Philippe: *Union of all the minimum cycle bases of a graph.* The Electronic Journal of Combinatorics 4 (1997).

[55] Wagner, Klaus: *Graphentheorie.* Mannheim: Bibliographisches Institut, 1970.

[56] Walsh, J. L.: *A closed set of normal orthogonal functions.* Amer. J. Math. 45 (1923), pp. 5–24.

[57] Zurmühl, R.; Falk, S.: *Matrizen und ihre Anwendungen für Angewandte Mathematiker, Physiker und Ingenieure. Teil 1. Grundlagen.* 5., überarb. und erw. Aufl. Berlin, Heidelberg, New York, Tokyo: Springer, 1984. ISBN 3–540–12848–4